Ludwig Maurer

Fleisch Codex

Das Standardwerk für wahre Liebhaber

CALLWEY

Ludwig Maurer

Fleisch
Codex

AUSGESCHIEDEN

Büchereien Wien
Am Gürtel
Magistratsabteilung 13
Urban-Loritz-Platz 2a
A-1070 Wien

Das Standardwerk für wahre Liebhaber

Fleisch Codex Das Standardwerk für wahre Liebhaber

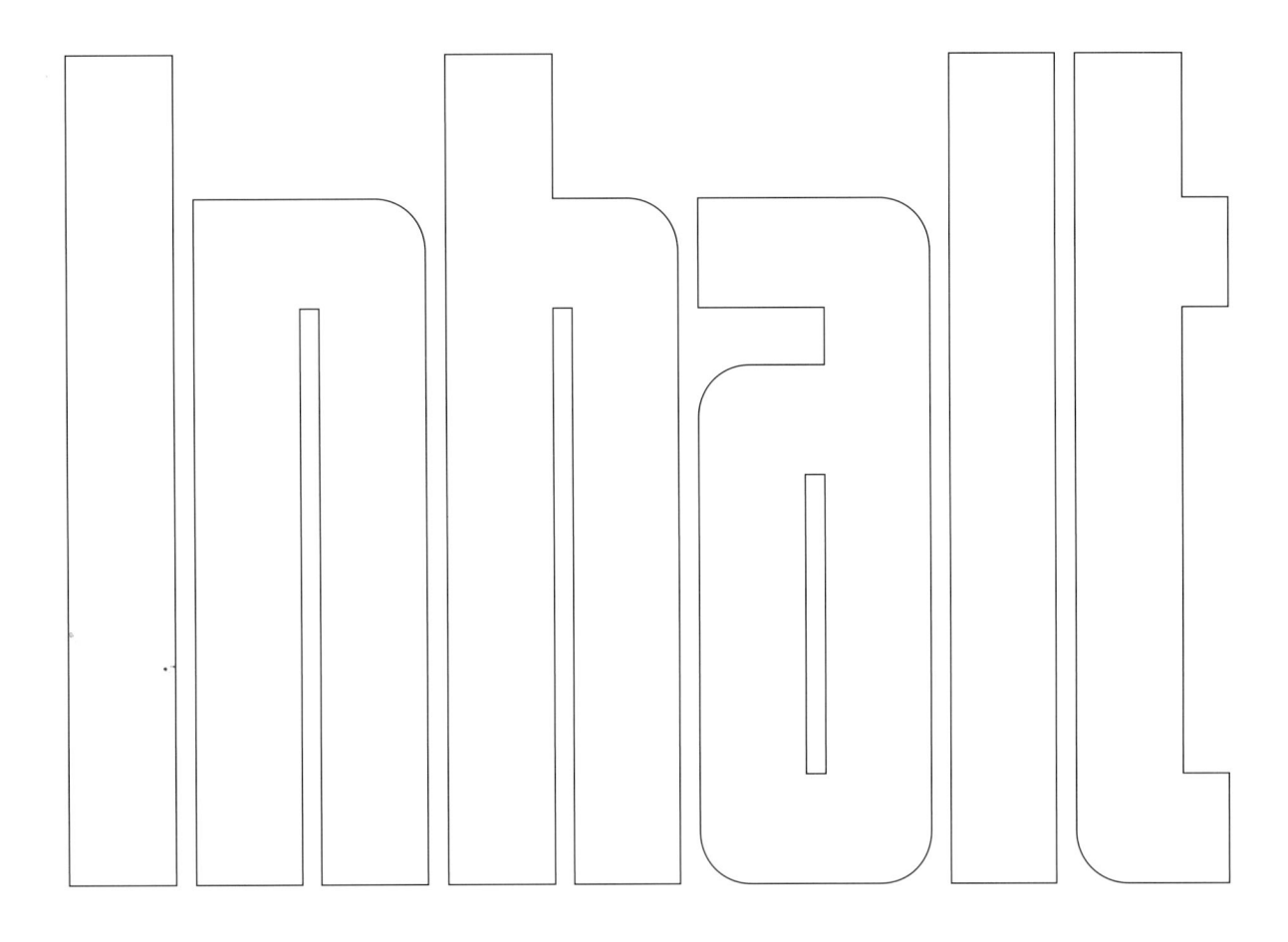

Inhalt

Ab S. 12

Stories

S.06 Ein Vorwort von Ludwig Maurer S.08 Kein Vorwort – sondern eine Liebeserklärung von Tim Mälzer S.12 Nur die ganz Guten machen Fleisch S.16 The STOI Story S.18 Landwirtschaft

Ab S. 20

Das Beef-Getriebe

S.20 Das Beef-Getriebe S.22 Dr. Benjamin Junck: Rasse, Genetik & Aufzucht S.28 Lea Trampenau: Die Schlachtung von Tieren, das Sterben und der Tod S.34 Dr. Bruno Siegmund: Geschlecht, Kastration, Auswirkungen auf die Fleischqualität S.40 Florian Knecht: BBQ S.44 David Pietralla: Woraus besteht ein Steak? S.46 Ronny Paulusch: Fleischreifung S.52 Ludwig Maurer: ZZZ – Zucht, Zerlegung & Zubereitung S.56 Old School

Fleisch Codex Inhalt

Ab S. 58

Rezepte

S.60 Das goldene Kalb – ein biblisches Missverständnis? S.92 Rohes und Faschiertes S.104 Klassiker S.134 Nose to Tail S.154 Beef Around the World S.166 Flüssiges Gold S.174 STOI-Food: Meine japanische Küche im Bayerischen Wald S.192 Glück = Sauce S.200 Director's Cut – meine persönlichen Lieblingsschnitte S.212 Die alte Kuh – der Mythos um die fette galicische Dame S.214 Side Dishes S.216 Low and Slow S.242 Rubs and Mops S.246 Fast Food S.264 Brotzeit S.270 Butchery @home

Ab S. 280

Register

Ab S. 286

Dank

Fleisch Codex | Vorwort | von Ludwig Maurer

Liebe Beef-Brothers and -Sisters!

Fleisch Codex — Vorwort — von Ludwig Maurer

Das ist mein mittlerweile sechstes Buch, und ob ihr es glaubt oder nicht, es handelt von Fleisch. Jetzt stellt sich einem die berechtigte Frage: Braucht es wirklich noch ein Fleisch-Kochbuch? In den letzten Jahren wurden viele Bücher zu diesem Thema veröffentlicht, auch von mir.

Ich habe mich mit diesem besonderen Lebensmittel auf das Intensivste beschäftigt und bereits in meinem ersten Buch ganze Tiere sprichwörtlich seziert, neue Schnitte und Cuts vom Rind, die bis dato fast niemand kannte, verarbeitet und eine moderne Innereienküche kreiert, abseits von den typischen Aromen mit Essig und brauner Einbrenne.
Auch in meinem zweiten Buch „Rind Complete" habe ich mich den neuen Cuts und der ganzheitlichen Verarbeitung eines Rindes gewidmet. Im Laufe der Zeit wurde ich von den Medien als das Gesicht der deutschen Kochszene, wenn es um das Thema Fleisch geht, geadelt. Ich habe verschiedene Titel bekommen, von „Mr. Nose to Tail" bis hin zu „Deutschlands Fleischpapst". Ein Titel, den mir die SAT.1-Sendung „The Taste" 2015 verliehen hat: Ich mag ihn nicht … Ich finde, man könnte bei dem Wort „Fleischpapst" auch denken, ich habe eine frühere Karriere als Pornodarsteller hinter mir.
Mit meinem lieben Freund Heiko Antoniewicz, für mich die höchste Instanz, wenn es ums Kochen geht, und Michael Podvinec, einem Molekularbiologen aus der Schweiz, habe ich 2017 das Buch „Veredelung" geschrieben. Für mich ist es heute noch eines der absolut besten Bücher, die je zum Thema Fleisch geschrieben wurden.
Für diverse Magazine, allen voran *Rolling Pin*, *BEEF!* und *Fire & Food* habe ich über 30 Rezeptstrecken zum Thema Fleisch kreiert. Als einer der Ersten habe ich mit meiner „Meisterklasse" einen digitalen Workshop zum Thema Fleisch & BBQ erstellt.
Mit unserer Fernsehserie „In 80 Steaks um die Welt" habe ich zusammen mit Wolfgang Otto einige Länder bereist, nicht nur um Rotwein zu trinken und Steaks zu essen, sondern auch um stetig einen neuen Einblick auf den Konsum und die Zubereitung dieser wunderbaren Lebensmittel in anderen Kulturen zu bekommen. Wir haben neun Episoden gedreht, waren in Argentinien, Brasilien, Uruguay, Frankreich, Belgien, Österreich, Irland, auf Sylt und nicht zuletzt im Bayerischen Wald. Hätte uns Corona nicht einen Strich durch die Reiseplanung gemacht, wären auch schon die Episoden aus Japan und Nordamerika im Kasten.

Ich habe über 15.000 Bücher verkauft, einige sind in der zweiten Auflage, und habe diverse nationale und internationale Preise gewonnen. Ich bin zweimal mit dem World Gourmond Cookbook Award ausgezeichnet worden, für alle Bücher wurde mir die GAD Medaille verliehen, und ich habe sogar von Jürgen Dollase, einem der gefürchtetsten Buchkritiker überhaupt, regelmäßig gute Bewertungen bekommen.

Und nun … was soll da also jetzt kommen?

Ein sehr guter Stammgast und Fan vom STOI hatte mich unlängst gefragt: Kannst du nicht mal ein Buch für ganz normale Leute schreiben, ohne dass sie sich Spezialequipment für mehrere tausend Euro zulegen und zum Shoppen der Lebensmittel ins KaDeWe fahren müssen?
Ein Buch für „normale" Menschen und kein Fachbuch nur für Köche und Nerds. Mit Endverbraucher-Gerichten und nicht nur Avantgarde. Gerichte für jeden Tag und auch die persönlichen Lieblingsgerichte eines Lucki Maurer. Nachkochbar mit normalem Equipment und in jeder normalen Haushaltsküche. Zutaten aus normalen Läden und Märkten ums Eck. Fleischteile, die auch der normale Landmetzger hat.

Also einfach ein Buch für jedermann. Wo halt einfach ALLES drinsteht… ♛

Fleisch Codex **Vorwort** **von** Tim Mälzer

Kein Vorwort – sondern eine Liebeserklärung!

Liebe Leute,

wenn ihr dieses Buch in der Hand haltet und lest, bekommt ihr vielleicht eine Ahnung, warum ich diesen Mann so liebe. Ausgestattet mit der Optik eines zotteligen, gewaltigen Yetis und dem Herzen einer niederbayerischen Nonna, zähle ich Lucki Maurer zu den feinsten Menschen, die ich kenne.
Dieses Buch ist sein persönlichstes und gibt euch Einblick in das Leben von einem der besten Köche und Geschmacksphilosophen. Im Gegensatz zu mir gehört er eben nicht zu den Dampfplauderern unserer Branche, sondern präsentiert sich durch eine fast „nervende" Bescheidenheit. Unsere Freundschaft währt nun schon viele Jahre, und deshalb werde ich hier nicht mit irgendwelchen Marketingfakten oder Anekdoten langweilen. Vielmehr möchte ich darum bitten, euch mit Zeit und Muße dem Leben Lucki Maurers zu widmen, welches hoffentlich noch lange währt.

Ich fasse in wenigen Worten zusammen, was Lucki für mich bedeutet: Freund, Familie, Kollege, Inspiration, Innovation, Leidenschaft, Vertrauens- und Saufkumpane oder einfach nur MENSCH!
Lasst euch von den Geschichten dieses warmherzigen Wolpertingers begeistern – ich wünsche einem jeden von euch einen Menschen wie Lucki an die Seite.

Tim Mälzer

Fleisch Codex **Vorwort** **von** Tim Mälzer

Fleisch Codex   von Ludwig Maurer

Fleisch Codex

von Ludwig Maurer

| Fleisch Codex | Einleitung | **von** Ludwig Maurer |

Nur die ganz Guten machen Fleisch

Fleisch Codex   Einleitung   von Ludwig Maurer

Mein Papa Sepp Maurer sen. ist im November 1944 in den letzten Wirren des Zweiten Weltkriegs als letztes von neun Kindern geboren worden. Meine Oma war eine unglaublich gute Köchin und hat es geschafft, trotz Krieg und Armut die ganze Familie zu versorgen und zu ernähren. Ich selbst erinnere mich noch gut daran, dass sie bei besonderen Anlässen immer sagte: „Heut gibt's mal ein Stückerl gesottenes Rindfleisch mit Krebrej." Gemeint war damit ein Rindertafelspitz in feiner Meerrettichsauce mit Knödeln oder einfach nur Salzkartoffeln. Das ist übrigens heute noch unser traditionelles und klassisches Familienessen. Das Wichtigste an der Zubereitung der Sauce ist, dass beim Genuss derselben auch mal die Tränen kommen dürfen!
Das war einer der ersten Grundsätze, die mir mein Papa beigebracht hat, wenn's ums Kochen ging.

Fleisch Codex · Vorwort · von Ludwig Maurer

„Mit der Zeit habe ich immer mehr machen dürfen"

Meine Oma stammte von einem großen Bauernhof mit Eigenjagd, wo sehr viel Wildbret zubereitet wurde. Ihre Schwester betrieb den Schlossgasthof Schierer in Schachendorf, wo meine Oma immer mitkochte und so auch in die Geheimnisse der bayerischen Traditions- und Wirtshausküche eingeweiht wurde. Mein Vater hat zusammen mit meiner Mutter in 45 Jahren aus einem kleinen Wirtshaus mit Fremdenzimmern eines der führenden Sporthotels in Bayern geschaffen. Er stand 40 Jahre lang so gut wie jeden Tag bei jedem Mittag- und Abendservice in der Küche. Dabei hat er genauso schnell ein paar „Stramme Max" für eine Wandergruppe zubereitet wie 350 À-la-carte-Essen an einem Feiertag wie Ostern oder Muttertag.

Wie das in einem Familienbetrieb so ist, durften bzw. mussten mein Bruder und ich schon früh mithelfen. Während mein Bruder lieber im Service und an der Theke meine Mutter unterstützte, war ich vor allem hinter den Kulissen und habe in der Küche geholfen. Meine ersten Schnitzel habe ich im Kindergartenalter gemacht, und das erste Mal gekocht habe ich wohl mit acht Jahren – für ein Mädchen, in das ich verliebt war. Es war die Tochter unserer holländischen Stammgäste. Ich war total in sie verschossen und dachte, ich kann sie mit gebackenen Champignonköpfen und Remouladensauce beeindrucken.

Mein Vater hat als Chef immer auf dem Posten des Sauciers gekocht. Früh und am Vormittag hat er die ganzen Braten vorbereitet und in die Röhre geschoben, die Saucen, Brühen und Ansätze gekocht; während des Service hat er annonciert und stand am Grill, um die Steaks zu braten. Mein Job war eher unspektakulär: Ich habe vormittags Himbeerkuchen belegt und dann mit dem Wiegemesser krause Petersilie klein gehackt. Während des Service bestand meine Aufgabe darin, die Teller zu garnieren – ein Salatblatt mit Tomate, auf die Knödel oder Spätzle eine Prise gehackte Petersilie. Bei Wildgerichten kamen Preiselbeeren dazu und beim Schnitzel eine Zitronenscheibe und eine Tüte Portionsketchup. Wenn der Mittagsservice vorbei war, habe ich zusammen mit meinem Bruder Eisbecher gemacht... manchmal für drei Busgruppen hintereinander. Ich trau mich noch heute zu behaupten, dass mein Bruder Sepp und ich als Team jeden Battle gewonnen hätten, wenn es darum ging, möglichst viel Bananensplit, Birne Helene, Sanfter Engel und Coup Danmark in kürzester Zeit perfekt zuzubereiten.

Mit der Zeit habe ich immer mehr machen dürfen, und nachdem ich gefühlt eine Million Tonnen Kartoffeln zu Kartoffelsalat durchgedrückt hatte und selbst im Schlaf den perfekten Knödel hätte machen können, sagte mein Papa zu mir: „Nächsten Sonntag darfst du bei mir auf dem Posten mitkochen, du stehst am Grill. Reiß dich zusammen, denn: Nur die ganz Guten machen das Fleisch!"

Ich denke mal, damals haben sich die Weichen gestellt, dass ich auch später immer diese hohe Achtung vor diesem besonderen Lebensmittel behalten habe. Vielleicht war es bei meinem Papa so, weil er unter ärmlichsten Verhältnissen aufgewachsen ist und dieses „Stückerl Rindfleisch" für ihn immer etwas Besonderes geblieben ist. Über 40 Jahre lang hat fast kein anderer Koch in unserer Küche die Steaks gemacht, und ich erinnere mich noch gut, als mein Papa, der eigentlich schon nicht mehr in der Küche war, immer geholt wurde, wenn ein Gast ein Filetsteak Madagaskar bestellte. Das war damals etwas ganz Besonderes und hat 36 DM gekostet. Natürlich war das Chefsache, denn: Nur die ganz Guten machen das Fleisch.

Viele Gerichte der Rubrik „Klassiker" wurden auf den original Waldschlössl-Tellern angerichtet. Ich habe auch bewusst hier nicht mit irgendwelchen Chips, Gels, Schäumchen und Kressen gearbeitet. Alles ist genauso original, wie es immer bei uns war. Das ist meine kulinarische DNA: die Erinnerung an meine Kindheit, das beste Essen, das ich kenne.

Das ist Heimat.

ACHTUNG! ACHTUNG!
CALIFORNIA
MOTOR STATE
LUDWIG MAURER
STOI
Josef Maurer
Waldschlössl

Fleisch Codex   The STOI Story   von Ludwig Maurer

The STOI Story

Fleisch Codex   The STOI Story   von Ludwig Maurer

„Ich dagegen genoss die ruhige Zeit auf dem Bauernhof ohne Gäste, dafür mit vielen Tieren, und irgendwie hatte ich damals schon das Gefühl, hier schlagen die Uhren ein bisschen langsamer."

Im Jahr 1904 hat mein Urgroßvater Franz Xaver Rabenbauer unseren heutigen Bauernhof Schergengrub gekauft. Er war damals mit 40 Hektar Grund einer der größten Höfe der Gemeinde. Bereits 1484 wurde der Weiler als Schirgenhofen erstmals urkundlich erwähnt. Als im Dreißigjährigen Krieg 1633 die nahe gelegene Burg Neurandsberg zerstört und anschließend als Gefängnis genutzt wurde, wohnten die Mitarbeiter (Schergen) unten in der Talsenke (Grub), was dem Gehöft seinen heutigen Namen einbrachte.

Auf diesem Hof wurde in den letzten fast 120 Jahren so gut wie alles angebaut, gezüchtet und betrieben – von Schweinen über Milchkühe, Geflügel, Schafe, Tannenbaumkulturen, Kartoffeln und Ackerbau bis hin zu japanischen Wagyurindern, der wohl exklusivsten Rinderrasse der Welt.

Aufgewachsen bin ich in einem Wirtshaus, in dem es immer alles zur freien Verfügung gab: Eis, Kuchen und fast jeden Tag Fleisch … In den Ferien, wenn im Wirtshaus und später im Hotel Hochsaison war, waren wir immer bei meinen Großeltern in Schergengrub. Meinem Bruder war nach zwei Tagen schon stinklangweilig, da er sich nach dem Trubel der Gastronomie zurücksehnte. Ich dagegen genoss die ruhige Zeit auf dem Bauernhof ohne Gäste, dafür mit vielen Tieren, und irgendwie hatte ich damals schon das Gefühl, hier schlagen die Uhren ein bisschen langsamer. Ziemlich früh war also klar, dass mein Bruder mal das Wirtshaus übernehmen möchte – und mein Wunschberuf war damals Bauer.

Nach meiner Kochausbildung hatte ich öfter einmal mit dem Gedanken gespielt, mich mit einem kleinen, feinen Restaurant im alten Kuhstall selbstständig zu machen. Wir machten mit unserer Familie einmal Urlaub beim Stanglwirt in Going am Wilden Kaiser, und da habe ich zum ersten Mal das Konzept Landwirtschaft mit Gastronomie gesehen und dachte: Vielleicht mache ich auch mal so was!

Nach vielen Jahren als Freelancer in der Eventgastronomie und im Catering hatte ich mich mit meiner Frau 2005 dazu entschlossen, den Hof zu übernehmen. Wir haben begonnen, Schafe zu züchten, und Topgastronomen wie Stefan Marquard, Martin Baudrexel und Otto Koch mit Biolammfleisch aus Schergengrub beliefert. Später haben wir uns für die Zucht von Wagyurindern auf ökologischer Basis entschieden.

Im Jahr 2014 reifte in uns der Gedanke, das über 300 Jahre alte Bauernhaus grundlegend zu sanieren. Obwohl ich den Traum eines eigenen Restaurants eigentlich schon lange verworfen hatte, haben wir in dem alten Kuhstall eine Kochschule, ein Restaurant und eine Wagyu-Manufaktur gebaut. Der ursprüngliche Name für diesen kulinarischen Tummelplatz war „MeatingPoint" – als kleines Wortspiel aus Meat, also Fleisch, und Point für Treffpunkt. Später brachte mich meine Frau darauf, das Ganze STOI zu nennen, also das bayerische Wort für Stall. Das finde ich immer noch grandios, denn es ist bayerisch, hört sich japanisch an und könnte auch ein internationales Fine Dining Restaurant in Sydney, Tokio oder San Francisco sein!

Im STOI machen wir unsere Events, laden auch gerne Gastköche ein, wie Roland Trettl, Harald Wohlfahrt, Thomas Bühner, Tim Mälzer und viele mehr, und machen natürlich auch unsere Kurse, vom Wurstkurs über Dry-Age-Seminare bis hin zu BBQ- und Steak-Workshops. 2019 wurden wir vom *Rolling Pin* als bestes Gastronomiekonzept Deutschlands ausgezeichnet. Der Best-of-the-Best Award 2019 für den kulinarischen Hotspot Nr. 1 in Deutschland, verliehen von *Chef-Sache*, ging ebenfalls nach Schergengrub. 2020 wurde ich auf Platz 27 der 100 Best Chefs Germany gewählt.

Wir haben im Lauf der letzten Jahre eine eigene Kochstilistik entwickelt, natürlich nach dem Nose-to-Tail-Prinzip, aber auch mit vielen japanischen Einflüssen, manchmal auch nach dem Prinzip „Weniger ist mehr", aber immer mit absolutem Respekt vor dem Lebensmittel, vor allem Fleisch.

PS: Im STOI gibt es leider keine veganen Gerichte.

Fleisch Codex   Landwirtschaft   von Ludwig Maurer

landwirtschaft

Fleisch Codex   Landwirtschaft   von Ludwig Maurer

„Für uns dient die Rinderzucht nicht der Herstellung eines Produkts, sondern sie ist eine Symbiose aus Tier, Natur und Mensch."

Ich betreibe mit meiner Frau eine ökologische Landwirtschaft. Wir züchten Wagyurinder, Angusrinder und die Kreuzungen daraus. Wir sind Mitglied im Bayerischen Bauernverband, im Bayerischen Fleischrinderverband und im Wagyuverband Deutschland.

Neben der Herdbuchzucht haben wir unsere Rinder vor allem zu einem Zweck: zur Gewinnung von Fleisch. Unser oberster Ansatz ist der ethisch korrekte Umgang mit diesen wunderbaren Nutztieren. Für uns dient die Rinderzucht nicht der Herstellung eines Produkts, sondern ist eine Symbiose aus Tier, Natur und Mensch. Uns geht es nicht primär um Marbling und Tenderness, sondern um das absolute Wohlergehen unserer Tiere. Wir sind ein reiner Grünlandbetrieb mit Mutterkuhhaltung und ganzjährigem Weideaustrieb und besitzen die EU-Bio-Zertifizierung. Wir enthornen unsere Tiere nicht, machen keine Embryonentransfers, sie bekommen keine präventiven Antibiotika und werden nicht mit gentechnisch verändertem Futter gefüttert. Wir halten sie in einem Offenstall auf Stroheinstreu. Unsere Tiere sind vom ersten Moment der Kalbung bis zu ihrer letzten Sekunde vor der Schlachtung bei uns auf dem Hof, und wir haben jeden Schritt selbst in der Hand.

Ich habe irgendwann für mich beschlossen, dass das Wort Leben sowohl im Lebensmittel als auch beim Lebewesen die alleroberste Priorität hat. Eigentlich muss ein Rind nur all das spüren können, was essenziell ist: Wind, Wasser, Erde, frische Luft. Das ist meine Vorstellung von Nutztierhaltung, und diese ist nicht sonderlich aufwendig.

Eigentlich sind wir die faulsten Bauern, die es gibt, weil wir uns so wenig wie möglich in die Prozesse einmischen.

| Fleisch Codex | Beef-Getriebe | von Ludwig Maurer |

Beef —

Seit zehn Jahren mache ich nun schon Kochkurse zum Thema Fleisch, BBQ, From Nose to Tail etc., und jedes Mal kommt von den Teilnehmern dieselbe Frage: „Hey Lucki, wie macht man eigentlich das perfekte Steak?"

Ich antworte dann meistens darauf: Wenn man das in einem Satz erklären könnte, würden wir nicht den ganzen Tag für einen Kochkurs benötigen, sondern einfach ein Stück Fleisch würzen, von beiden Seiten anbraten und auf die perfekte Kerntemperatur garen.

Um aber die richtige Antwort auf diese Frage zu geben, muss ich viel, viel weiter ausholen. Wenn ich über Fleisch rede, rede ich nie von einem Produkt, sondern immer von einem LEBENsmittel. Das perfekte Stück Fleisch oder das perfekte Steak ist ein Zusammenspiel vieler einzelner Faktoren.

Ich bezeichne es immer als das Beef-Getriebe. Ähnlich wie bei einem Getriebe müssen viele kleine Zahnrädchen ineinandergreifen. Von A bis Z, also von Aufzucht bis Zubereitung, muss alles stimmen, und dann erhält man das perfekte Steak. Zu diesen Zahnrädchen gehören:

Aufzucht, Rasse, Genetik, Fütterung, Kastration, Alter, Geschlecht, Tötung, Zerlegung, Lagerung, Reifung, Zubereitung

Fleisch Codex Beef-Getriebe von Ludwig Maurer

Getriebe

Wenn nur einer dieser Punkte nicht perfekt ist, ist es wie beim Getriebe: Der Motor läuft nicht rund. Ich habe mich in den letzten 15 Jahren intensiv mit der Fleischrinderzucht beschäftigt und war Pionier der ökologischen Wagyu-Rinderzucht in Europa. Im Lauf dieser Zeit habe ich viele absolute Experten kennengelernt, mit denen ich heute sehr eng zusammenarbeite und die mir zu guten Freunden geworden sind.

Jeder von ihnen hat einen Beitrag für dieses Getriebe aus seinem Spezialgebiet verfasst:

Dr. Benjamin Junck: Rasse, Genetik & Aufzucht
Dr. Bruno Siegmund: Geschlecht, Kastration und Auswirkung auf die Fleischqualität
Lea Trampenau: Schlachtung und Tod
David Pietralla: Woraus besteht ein Steak?
Ronny Paulusch: Fleischreifung
Florian Knecht: BBQ und andere Grillvarianten
Ludwig Maurer: ZZZ – Zucht, Zerlegung und Zubereitung

Mit dem Wissen dieser Experten, oder besser gesagt: den „Lucky Seven", ist es viel einfacher, die Frage nach dem perfekten Steak zu klären und zu verstehen, wie wichtig die einzelnen Zahnräder sind.

Fleisch Codex **Rasse, Genetik & Aufzucht** von Dr. Benjamin Junck

Rasse, Genetik &

Die Entstehung der Rinderrassen begann mit der Domestizierung des Auerochsen, Ur, 10.000 v. Chr. in Kleinasien. Alle heutigen taurinen Hausrinder stammen vom Auerochsen ab. Die echten Hausrinder werden in zwei Gruppen eingeteilt, die *Bos taurus taurus*, die buckellosen europäischen Rinderrassen, sowie die *Bos taurus indicus*, die Zebus (Buckelrinder). Diese Gruppen können weiter nach ihrer Nutzung klassifiziert werden. In Dreinutzungsrassen (Arbeit, Milch und Fleisch), in Zweinutzungsrassen (Milch und Fleisch), Milchrassen und Fleischrassen. Heute gibt es etwa 800 Rinderrassen, wovon 15 Rassen weltweit von wirtschaftlicher Bedeutung sind. Viele andere Rassen haben eine regional begrenzte Bedeutung, andere können nur durch Erhaltungszucht und staatliche Zuchtprogramme vor dem Aussterben bewahrt werden.

In erster Linie domestizierte der Mensch das Rind als Arbeitskraft, ganz abgesehen von seiner Bedeutung als Nahrungs- und Rohstofflieferant. Bis in die jüngste Zeit hat sich daran nicht viel geändert; erst mit dem Beginn der Motorisierung wurden sie von ihren schweren Lasten befreit.

Schon sehr früh zeigten Hausrinder eine bemerkenswerte Variabilität: Sie unterschieden sich in Größe, Farbe, Musterung, Kopf-, Körper- und Hornform. Kurz nach der Domestikation entstanden Hausrinderrassen und deren Landschläge und Linien, die zu bestimmten Kulturen gehörten.

Die Zebus entwickelten sich wohl im Gebiet des heutigen Afghanistans. Im Lauf der Geschichte breitete sich das Buckelrind im südlichen Asien sowie südlich der Sahara aus. Zebus sind die perfekten Rinder für tropische Gebiete, da sie gegen viele durch Parasiten wie Zecken übertragene Krankheiten, an denen europäische Rinder verenden, immun sind. Ihr Nachteil ist die geringe Fruchtbarkeit und Fleischqualität.

Die jungsteinzeitlichen Rinder hatten eine Größe wie die Tiere unserer Zeit. Die Hausrinder wurden bis zum Ausgang des Mittelalters immer kleiner. Bis 1200 herrschte in Mitteleuropa eine Rinderproduktion vor, die durch extensive Haltung auf großen Weideflächen, eine lockere Bindung an den Ackerbau, hohe Viehzahl bei geringer Bevölkerungsdichte und einen hohen Verbrauch an tierischen Produkten je Kopf gekennzeichnet war.

Mit dem Anstieg der Bevölkerung im 13. Jahrhundert weitete sich der Getreideanbau stark aus. In den Getreidebauzonen diente das Rind vor allem als Arbeitstier und Dunglieferant. Die Rinder wurden kümmerlich auf Hutungen oder im Wald ernährt, da die Dreifelderwirtschaft, von Karl dem Großen um 800 eingeführt, keinen Futterbau kannte. Klee, Futterrüben und Hackfrüchte wurden erst im 18. Jahrhundert in die viergliedrige Fruchtfolge bzw. verbesserte Dreifelderwirtschaft eingeführt. Die produktionsbezogene

Fleisch Codex   Rasse, Genetik & Aufzucht   von Dr. Benjamin Junck

Aufzucht

Rinderzucht (Fleisch, Milch, Leder) verlagerte sich in futterwüchsige Grünlandzonen, die für den Ackerbau nicht geeignet waren. Während des gesamten Mittelalters bildeten sich eine Vielzahl von Landrassen und Schlägen, die den verschiedenen natürlichen und wirtschaftlichen Gegebenheiten angepasst waren. Die Rinder wurden in den Gebieten mit Ackerbau aufgrund der ungenügenden Fütterung bis zur Einführung der verbesserten Dreifelderwirtschaft immer kleiner und leichter. Ausgewachsene Kühe waren am Ende dieser Entwicklung nur noch 100 cm groß und hatten ein Gewicht von 100 bis 200 kg. In Gebieten mit gutem, natürlichem Futterwuchs, wie im süddeutschen Alpenvorland oder in den norddeutschen Marschgebieten, entwickelten sich leistungsfähigere Zweinutzungsrassen, die Fleisch und Milch erzeugten.

Ab dem 16. Jahrhundert gewann neben dem Rind auch das Pferd als Arbeitstier immer mehr an Bedeutung; nun entwickelte sich in den fruchtbaren Marschgebieten die Milchviehhaltung. Im 17. Jahrhundert war die Viehzucht bereits Haupterwerbszweig in Holland, und es wurden die ersten planmäßigen Zuchtviehexporte durchgeführt.

Im Gegensatz zur Entwicklung in den Grünlandgebieten war in den Ackerbaugebieten vom 16. bis 19. Jahrhundert die Hauptaufgabe des Rindes die Lieferung von Dung. Die Größe des Rinderbestands richtete sich nach der zu düngenden Fläche. Ein grundlegender Wandel erfolgte mit der Einführung der verbesserten Dreifelderwirtschaft und der damit zusammenhängenden Propagierung der Sommerstallhaltung. Diese gründete vor allem in dem Argument der erhöhten Düngererzeugung und führte zu einer wesentlichen Verbesserung der Futtergrundlage. Die meisten Landrassen bzw. Landschläge waren an extrem schlechte Fütterung angepasst und konnten die aus der verbesserten Fütterung resultierenden Erwartungen an die Gewichtsentwicklung und die Milchleistung nicht erfüllen. Sie wurden deshalb ab 1850 in Norddeutschland von der schwarzbunten und rotbunten Rasse (Holstein Friesian) und in Süddeutschland vom Fleckvieh und Braunvieh weitgehend verdrängt. Fleckvieh ist heute noch ein klassisches Zweinutzungsrind, während sich die Holstein Friesian und das Braunvieh zu einem reinen Milchrind entwickelt haben. Die Rasse Holstein Friesian hat sich zur weitverbreitetsten Milchrasse und Fleckvieh zur weitverbreitetsten Zweinutzungsrasse der Welt entwickelt.

Die Gruppe der Fleischrinder hat sich in Deutschland kaum entwickelt. Sie stammen vor allem aus Großbritannien, aus Frankreich und Italien. Die Fleischrassen lassen sich in die nachfolgenden Gruppen einteilen – die britischen sowie die französischen Fleischrassen.

Britische Rassen (Aberdeen Angus, Hereford, Shorthorn, Galloway etc.):
- Teilweise genetisch bedingte Hornlosigkeit (Aberdeen Angus, Galloway)
- Gutartigkeit, ruhiger Charakter
- Leichtkalbigkeit
- Vitalität
- Fruchtbarkeit
- Schlachtkörper- und Fleischqualität, intramuskuläres Fett
- Frühreife
- Grundfuttertyp

Französische Rassen (Charolais, Limousin, Chianina, Romangnola etc.):
- Spätreife
- Hohe Schlachtkörpergewichte
- Schlachtkörperqualität, geringer Verfettungsgrad
- Schwerkalbigkeit
- Kraftfuttertyp

Fleisch Codex   Rasse, Genetik & Aufzucht   von Dr. Benjamin Junck

Dr. Benjamin Junck

Ab dem 18. Jahrhundert beginnt die Entwicklung der systematischen Einflussnahme des Menschen auf die Rinderzucht. Die Grundlage dieser Entwicklung waren der verbesserte Futterbau und die steigende Nachfrage nach tierischen Produkten in den Städten. Es wurden neue Zuchtmethoden eingeführt, etwa die systematische Nachkommenprüfung der besten Vatertiere, die Festigung des Zuchtziels durch Inzucht und die Einführung von Herdbüchern, welche die Abstammung der Tiere und deren Besonderheiten enthielten. Obwohl in Kontinentaleuropa die Verdrängung der Landrassen in vollem Gang war, entstanden auf den britischen Inseln im 18. Jahrhundert eine Reihe regionaler Rassen, die auf kleiner Zuchtbasis konsolidiert wurden. Weltgeltung erlangten die Rassen Aberdeen Angus, Hereford und Shorthorn.

Dies sind für mich die wichtigsten Fleischrinderrassen, ob als Rinderhalter oder Fleischliebhaber. Aberdeen Angus begann schnell seinen Siegeszug um die Welt und ist bis heute die weitverbreitetste Fleischrinderrasse, durch die Industrialisierung in Großbritannien ausgelöst. In den Industriezentren des 19. Jahrhunderts war der Bedarf der Arbeiter an Nahrungsenergie sehr hoch, was natürlich mit tierischem Fett gedeckt werden konnte. Durch die Frühreife entwickelten sie einen Schlachtkörper von mittlerem Gewicht (250 bis 350 kg), der im Vergleich zu kontinentalen Rassen deutlich früher verfettet – sowohl subkutan, intermuskulär als auch intramuskulär.

Aberdeen Angus hatten aber noch einen entscheidenden Vorteil: die genetisch bedingte Hornlosigkeit. So konnten sie in Schottlands Grünlandgebieten gezüchtet und auf Grundfutterbasis ausgefüttert werden. In Eisenbahnwaggons verladen, wurden sie zu den Schlachthöfen der Industriezentren im Süden transportiert. Aufgrund der Hornlosigkeit konnten sie sich nicht gegenseitig beim Transport verletzen, was bei behornten Rinderrassen immer wieder zu hohen Verlusten führte.

In den großen Fleischrinder-Nationen wie USA, Argentinien und Australien waren die ersten Fleischrinder-Importe Zuchttiere der Rasse Hereford. Die Population dieser Rasse hat sich gut entwickelt, jedoch waren diese Tiere in den neuen Zuchtgebieten aufgrund der starken Sonneneinstrahlung sehr anfällig für Augeninfektionen und Sonnenbrand; die helle Pigmentierung der Augen und der Haut waren von Nachteil. Aberdeen Angus haben diese Probleme nicht, da sie eine dunkle Augenpigmentierung und schwarze Haut besitzen. Durch ihre Anpassungsfähigkeit waren und sind Aberdeen Angus prädestiniert für die extensiven Weidesysteme der Neuen Welt und produzieren dabei ein marmoriertes Fleisch bester Qualität.

Wenn man an intramuskuläres Fett und damit an die Fleischqualität denkt, sollten auch noch echte Hausrinderrassen aus den gemäßigten Gebieten Ostasiens erwähnt werden: Wagyu (Japan) und Hanwoo (Südkorea). Diese Rassen gehören nicht zu den größten Populationen der Welt, aber vor allem die Rasse Wagyu hat seit den 1990er-Jahren deutlich an Bedeutung gewonnen. Sie stammt aus Japan und wurde bis zum Ende des 19. Jahrhundert fast ausschließlich als Arbeitstier verwendet. Heute wird das Wagyufleisch wegen der extrem hohen intramuskulären Fetteinlagerung (bis zu 65 %) unter Fleischliebhabern sehr geschätzt. Eigenschaften wie Leichtkalbigkeit, Vitalität, gute Muttereigenschaften und Krankheitstoleranz machen die einfarbig schwarzen Tiere zu einer geeigneten Rinderrasse für extensive Weidesysteme (wobei die Erzielung bester Schlachtkörperqualität eine intensive Fütterung voraussetzt).

Bei der Rasse Wagyu gibt es verschiedene Linien. Hier seien die drei Hauptlinien erwähnt: Tajima, Shimane und Kedaka. Obwohl diese Tiere zur selben Rasse gehören, unterscheiden sie sich.

Die Tajima stammen aus einer sehr montanen Region Japans. Deshalb war es von Vorteil, dass diese Tiere kleiner waren, um dadurch auf engen und steilen Pfaden in den Bergen die Lasten besser transportieren zu können. Zu ihren Eigenschaften gehört aber auch, dass sie eine späte Zuchtreife haben und sich langsamer entwickeln. Die Tajimas sind diejenigen Wagyus, die Fleisch mit dem höchsten intramuskulären Fettgehalt produzieren können.

Die Kedaka- und Shimane-Linien stammen aus benachbarten Präfekturen der küstennahen, flachen Reisanbaugebiete. Da hier die Umwelteinflüsse andere sind, haben sich hier größere und schwere Tiere zum Transport der Lasten als vorteilhaft erwiesen. Des Weiteren haben sie eine gute Milchleistung, und ihr Fleisch hat eine gute Qualität mit intramuskulären Fettgehalten von bis zu 50 %.

Exemplarisch zeigt sich hier bei der Rasse Wagyu, dass Rinderrassen im Allgemeinen in den meisten Merkmalen heterozygot sind. Lediglich einige wenige qualitative Merkmale wie Farbe, Hornlosigkeit, Körperform etc. sind innerhalb der Rasse homozygot bzw. weitgehend homozygot. In vielen wirtschaftlich bedeutenden Eigenschaften sind die Unterschiede innerhalb der Rasse gleich groß oder größer als die Unterschiede zwischen den Rassen. Deshalb muss auch bei der Auswahl einer Rasse darauf geachtet werden, dass die gewählten Linien innerhalb der Rasse auch die gewünschten Veranlagungen haben, um ein bestimmtes Zuchtziel zu erreichen.

Fleisch Codex   Rasse, Genetik & Aufzucht   von Dr. Benjamin Junck

Fleisch Codex   Rasse, Genetik, Aufzucht   von Dr. Benjamin Junck

Die Aufzucht der Kälber beginnt mit der erfolgreichen Geburt und hat einen entscheidenden Einfluss auf die Gesundheit sowie Leistungsfähigkeit von Zucht- und Mastrindern. Sie stellt eine wichtige, jedoch oft vernachlässigte Säule der Rindermast und Mutterkuhhaltung dar. In der Milchviehhaltung wird eine mutterlose Aufzucht mit Vollmilch- oder Milchpulvertränke von zwei bis drei Monaten, in der Fleischrinderhaltung eine Aufzucht durch die Mutter über eine zumeist sechs- bis zehnmonatige Säugeperiode durchgeführt. Eine sorgfältig durchgeführte Aufzucht erbringt gut entwickelte, gesunde, frohwüchsige und widerstandsfähige Jungtiere. Zudem werden bereits in der Jugendentwicklung die Grundlagen zur Bildung der wertvollen Fleischanteile am späteren Schlachtkörper gelegt. Sowohl zu intensive als auch zu extensive Aufzuchtfütterung kann erhebliche Nachteile für die spätere Nutzung der Tiere mit sich bringen. Durch eine zu intensive Aufzucht kommt es im Körper schon früh zu Fetteinlagerungen, welche die Zuchttauglichkeit einschränken. Ein Ergebnis daraus sind häufig Konzeptions- und Geburtsschwierigkeiten und als Folge eine verkürzte Nutzungsdauer. Bei einer extensiven Aufzucht wird die Geschlechts- und Zuchtreife verlangsamt und das Erstkalbealter erhöht. Wird die reduzierte Lebendmasse bei der ersten Belegung nicht berücksichtigt, kommt es zu Geburtsproblemen und zu unterentwickelten Kühen. Masttiere können ihr Leistungspotenzial nicht ausschöpfen. Für eine erfolgreiche Aufzucht ist eine ausreichende Energie- und Proteinversorgung essenziell.

In der Fütterung wird unterschieden zwischen Grund-, Saft- und Kraftfutter. Grundfutter wird zumeist auf dem eigenen Betrieb erzeugt. Dazu zählen Weide, Gras, Heu, Stroh und Silagen. Diese Futtermittel sichern dem Rind genügend Struktur im Futter und damit eine wiederkäuergerechte Ernährung. Der Großteil des Energie- und Proteinbedarfs kann aus dem Grundfutter gedeckt werden.

Eine Zwischenstellung nehmen die Saftfutter ein, die im Energiegehalt zwischen den beiden anderen Kategorien einzuordnen sind. Hierzu zählen z. B. Kartoffeln, Möhren, Biertreber und Pressschnitzel.

Kraftfutter ist im Vergleich energetisch deutlich höher konzentriert. Dazu gehören Pflanzensamen von Getreide, Mais, Erbse oder Ackerbohne. Des Weiteren werden Nebenprodukte aus der Nahrungsmittelproduktion wie Melasse, Soja-, Sonnenblumen- und Raps-Extraktionsschrot verwendet, da diese überwiegend nur vom Wiederkäuer verwertet werden können. Zum Kraftfutter zählen auch Mischfuttermittel, die aus mehreren Komponenten zusammengesetzt sind und von der Futtermittelindustrie hergestellt werden.

In der Mutterkuhhaltung wird zu Beginn ein Großteil der Nährstoffe über die Milch der Mutter, abhängig von der Milchleistung der jeweiligen Rasse, bereitgestellt. Die Kälber können je nach Angebot Weide, Gras, Heu und Silage bei der Mutter mitfressen. Abhängig von der Milchleistung können sie zusätzlich Kraftfutter erhalten. Bei diesem Verfahren haben die Tiere im Herdenverbund mehrere Monate bis ganzjährig Weidegang und können ihre natürliche Verhaltensweise ausleben. Im Winter werden die Rinder in Stallungen mit Stroheinstreu gehalten, da die Haltung auf Stroh positive Effekte auf die Gesundheit und das Wohlbefinden hat.

> „Wer ein gutes Stück Rindfleisch genießen möchte, sollte neben dem Genusswert des Fleisches einer artgerechten Haltung der Tiere nicht minder viel Aufmerksamkeit schenken."

Fleisch Codex — Rasse, Genetik, Aufzucht — von Dr. Benjamin Junck

Bei der mutterlosen Aufzucht wird von Beginn an Heu und Kraftfutter angeboten. Dadurch, dass das Kalb schon früh unabhängig von Milch ernährt wird, muss es hochwertige Kraftfuttermischungen erhalten. Diese Kälber werden, wenn sie nicht für die Bestandsergänzung benötigt werden, meist in intensiven Mastsystemen genutzt und erhalten Rationen mit hohen Kraftfutteranteilen, wobei der Grundfutteranteil vor allem zur Aufrechterhaltung der physiologischen Pansenfunktion dient. Bei diesem Verfahren soll in relativ kurzer Zeit ein hohes Schlachtgewicht erreicht werden. In Europa nutzt man in diesem System vor allem Fleckvieh, Milchrind-/Fleischrindkreuzungen und die französischen Rassen, um schwere, relativ magere Schlachtkörper zu produzieren. Dieses möglichst schnell erzeugte Fleisch hat einen geringeren Genusswert.

In den USA, Argentinien und Australien werden britische Rassen (vornehmlich Aberdeen Angus und deren Kreuzungen) in diesem System gemästet. Hier wird jedoch ein Qualitätsfleisch mit möglichst hohem intramuskulärem Fettgehalt erzeugt – wobei die qualitativen Merkmale primär Zartheit und Marmorierung sind.

Dabei kann das Rind als Wiederkäuer aufgrund seines Verdauungssystems auch mit für den Menschen minderwertigen Proteinen und Energielieferanten auskommen und befriedigende Leistungen erbringen. Das mikrobielle Verdauungssystem ermöglicht es dem Wiederkäuer, rohfaserreiche Futtermittel aufzuschließen und energetisch zu verwerten. Rinder können daher bestens zur Nutzung von Grünland unterschiedlichster Intensitätsstufen eingesetzt werden.

Die Fähigkeit des Rindes, Nahrungsmittel, die für die menschliche Ernährung nicht von Bedeutung sind, in hochwertiges tierisches Eiweiß in Form von Rindfleisch oder Milch umzuwandeln, erklärt seine überragende Bedeutung als Lieferant von tierischem Protein.

Bei extensiven Fütterungssystemen wird als Futtergrundlage vor allem Grundfutter genutzt. Als Rassen eignen sich die frühreifen britischen Rassen, da der reife Typ Auswirkungen auf die Fleischbeschaffenheit hat. Im Gegensatz zu spätreifen Rassen setzen frühreife Rassen über einen kürzeren Zeitraum Eiweiß an. Sie beenden ihr Muskelwachstum früher und bilden daher weniger Magerfleisch bei gleichzeitig früherer intensiver Fettgewebebildung. Da vor allem das im Muskelgewebe eingelagerte intramuskuläre Fett die sensorische Qualität positiv beeinflusst, hat das frühreife Rind Vorteile gegenüber dem spätreifen Rind. Bei diesem extensiven System werden so viel Grundfutter wie möglich und so viel Kraftfutter wie nötig eingesetzt. Das Kraftfutter wird zum einen zum Ausgleich von Grundfutter geringer Energiedichte eingesetzt; zum anderen kann es in der Endphase der Mast die Marmorierung verbessern. Die Tiere benötigen bei diesem Verfahren aufgrund geringerer Zunahmen mehr Zeit, um die Schlachtreife zu erreichen. Jedoch ist dies nicht von Nachteil, da das Fleisch dadurch reifer und das Aromen-Erlebnis beim Verzehr größer wird. Da dieses System vorwiegend in Dauergrünlandgebieten genutzt wird, können der Standort, die Artenvielfalt und die Zusammensetzung der Flora einen großen Einfluss auf die Sensorik haben.

Wer ein gutes Stück Rindfleisch genießen möchte, sollte neben dem Genusswert des Fleisches einer artgerechten Haltung der Tiere nicht minder viel Aufmerksamkeit schenken.

| Fleisch Codex | Schlachtung & Tod | von Lea Trampenau |

Die Schlachtung von Tieren, das Sterben und der Tod

Fleisch Codex   Schlachtung & Tod   von Lea Trampenau

„Wir sind überzeugt, dass der Tod für das Tier nicht so ein furchtbares Ereignis ist, wie sich das der Mensch, angstgetrieben, vorstellt. Wir denken, es ist eine Art Heimkommen zurück ins Meer der Überexistenz. Angst machen dem Tier die unnötigen, rabiaten und brutalen Begleitumstände des Transports, der Technik und der fehlenden Achtung bei der Schlachtung. [...] Es ist die Unerbittlichkeit der Schlachtung, die uns manchmal zu schaffen macht."

ZITAT
„Metzgerei ohne Kompromisse", in: BC – Magazin zur Förderung der biologisch-dynamischen Landwirtschaft", Demeter. Schwerpunkt Schlachten. Ausgabe Juli 2020: Naturmetzger Hans+Wurst, Martin Hangartner und Martin Ott. Das Interview führte Armin Goll.

| Fleisch Codex | Schlachtung & Tod | von Lea Trampenau |

„Ich durfte miterleben, was im Prozess des Sterbens geschieht."

Das Schlachten von Tieren ist ein gewaltiger Eingriff in deren Leben und beendet dieses kontrolliert. Das Schlachten von Tieren bedeutet, dass wir uns ihrer bemächtigen, über ihr Leben und ihren Tod entscheiden. Wir nutzen Tiere zu unseren Zwecken. Das Mindeste, was wir ihnen schuldig sind, ist, die Verantwortung zu übernehmen für einen wirklich stress- und angstfreien Tod.

Es ist nicht alleinige Aufgabe der Metzger, für einen angst- und schmerzfreien Tod der Tiere zu sorgen; es ist ebenso die Aufgabe der Landwirte, der Köche, der Vermarkter und nicht zuletzt all jener, die das Fleisch essen. Wir alle haben dafür Sorge zu tragen, die Tiere gut bis zu ihrem Lebensende zu behandeln und für die Erzeugnisse einen angemessenen und ehrlichen Preis zu zahlen.

Wer in der Landwirtschaft und mit Tieren arbeitet, hinterfragt selten, ob das Halten und Töten von Tieren zum Zweck der Nahrungsmittelerzeugung gut oder schlecht ist. Menschen und Tiere haben über Jahrhunderte das Zusammenleben erprobt und profitieren in gewisser Weise voneinander. Wir haben Milch, Eier und Fleisch bekommen, die Tiere im Gegenzug Futter, Pflege und einen trockenen Platz. Neben der früheren Funktion als Arbeitskraft (Zugtiere) und der Funktion als Nahrungsmittellieferant brauchen wir auch heute noch den Dung der Tiere für unsere Felder, zum Erhalt eines gesunden Bodens. Aus Sicht der praktischen und kleinbäuerlichen Landwirtschaft ist ein Leben ohne Tiere auf dem Hof nicht denk- und umsetzbar. Es geht demnach nicht um die Abschaffung der Tiere, um Leiden und Schlachtung zu vermeiden, sondern vielmehr darum, wie die Tiere auf dem Hof wesensgerecht leben und wie sie am Tag der Schlachtung getötet werden.

Ist es nicht auch reine Projektion und Vorstellung des Menschen, unser Ich-Bewusstsein, das uns Angst haben lässt vor dem Tod, vor dem Sterben? Sind nicht wir es, die den Tod fürchten? Sind nicht wir es, die dem Leben einen Wert zumessen, den die Tiere darin gar nicht suchen, sondern die einfach sind?

Info
Tiere zu essen setzt voraus, zu akzeptieren, dass wir sie dafür töten müssen. Tiere werden zum Zweck der Nahrungsmittelgewinnung und -erzeugung (Milch, Käse, Eier) gehalten und zur Fleischgewinnung getötet. Sterben ist ein Prozess, der den Übergang vom Leben zum Tod charakterisiert. Sterben ist das vollständige Erlöschen der Organfunktionen eines Lebewesens und führt zwangsläufig zum Tod.

Fleisch Codex   Schlachtung & Tod   von Lea Trampenau

PERSÖNLICHE EINFÜHRUNG

Schon als Kind galt meine Liebe besonders den Tieren. Mein Vater musste Eintagsfliegen und Ameisen von der Straße retten. Ich fand es ungerecht, wenn Tiere allein waren, wenn sie unglücklich aussahen oder wenn jemand ihnen Gewalt antat und sie schlecht behandelte. Ich rettete alles, was ich retten konnte: Jede kleinste Spinne wurde brav nach draußen getragen. Ich fand es ungerecht, wenn Tiere sterben mussten. Auch dann, wenn sie einfach alt oder krank waren. Aber insbesondere dann, wenn es ein Sterbeprozess war, der von Angst, Schmerz und Leid begleitet wurde. Später dann wurde mir klar, dass ich selbst Frieden mit dem Sterben schließen musste. Das ging nur über eine intensive Auseinandersetzung mit dem Sterben und mit dem Tod, in der Praxis, in der Theorie und in der Ethik.

Ich beobachtete das Handeln der Bauern sehr genau. Ich sah, wie sie spätabends ihre Schweine vom Stall in den Transporter zur Schlachtung trieben. Später dann, als ich regelmäßig die Schubkarre vor dem Stall sah, in der die toten Schweine zur Abholung durch den Abdecker übereinanderlagen, entschied ich, Landwirtschaft zu studieren, um die Bauern, ihre Gedanken, Gefühle und ihr Handeln zu verstehen.

Wir sind Freunde geworden, die Bauern und ich. Sie haben mir geholfen zu akzeptieren, dass in der Landwirtschaft Tiere vom Menschen genutzt werden. Sie haben mich gelehrt zu erkennen, dass es nicht darum geht, *dass* Tiere gehalten und getötet werden, sondern darum, *wie* Tiere gehalten und getötet werden. Sie haben mir gezeigt, wie mutig es ist, die eigenen Tiere verantwortungsvoll im Prozess des Sterbens zu begleiten. Ich durfte miterleben, was im Prozess des Sterbens geschieht.

Ich habe begriffen, dass meine Liebe zu den Tieren sich nicht beschränkt auf Haustiere, die Pflege von Tieren, zufriedene Tiere auf der Weide, Tiere auf Gnadenhöfen usw., sondern weit darüber hinaus im landwirtschaftlichen Bezug wirksam ist. Das bedeutet: Verantwortung übernehmen bis zum Ende. Verantwortung bis zum Tod.

In meinem Studium der ökologischen Agrarwissenschaften setzte ich mich intensiv mit der Schlachtung auseinander. Ich besuchte Schlachtbetriebe, kleine und große, sprach mit Metzgern und Landwirten und schrieb meine Diplomarbeit über Rinderschlachtungen, auf der Suche nach einem Verfahren ohne prämortale Belastungen, ohne Stress und Angst.

Was ich fand, war die Weidetötung. Sie bedeutet: Die Tiere werden im vertrauten Herdenverband ohne prämortale Belastungen, ohne Anwendung von Zwangsmaßnahmen durch Kugelschuss (präzise Schussabgabe mit dem Gewehr) betäubt und durch Blutentzug getötet. Dieses Verfahren hat mich stark geprägt und meinen beruflichen Weg beeinflusst. Für mich stand fest: Meine Zeit und Energie fließen in die Entwicklung und Verbreitung des Verfahrens Weidetötung. Auch wenn es diffus klingt: zum Wohl der Tiere. Für den angst- und stressfreien Tod unserer Nutztiere.

Im landwirtschaftlichen Bezug bedeutet das: Die Tiere werden am Hof (Hoftötung; Betäubung durch Bolzenschuss) oder auf der Weide (Weidetötung; Betäubung durch Kugelschuss) betäubt und getötet. Das erfordert nachhaltiges Denken und verantwortungsvolles Handeln. Daraus entstand mein Leitspruch für eine art- und wesensgerechte Tierhaltung bis zum Tod. Das Töten von Tieren auf dem Hof, auf der Weide, im vertrauten Herdenverband, ohne Anwendung von Zwangsmaßnahmen ist die „konsequente Folge artgerechter Nutztierhaltung".

HERKÖMMLICHE SCHLACHTUNG VON TIEREN

In der herkömmlichen Schlachtung werden einzelne Tiere einer Herde (Rinder, Schafe) oder eine Gruppe von Tieren (Schweine, Geflügel) vom Stall oder von der Weide auf einen Transporter verladen, zum Schlachthof transportiert und dort entweder bis zum nächsten Tag aufgestallt oder direkt der Betäubung zugeführt. Bei Geflügel ist das in der Regel die Betäubung im Elektrotauchbad, bei Schweinen die CO_2-Betäubung (kleinere Schlachtbetriebe verwenden die Elektrozange). Bei Rindern erfolgt die Betäubung durch den Bolzenschuss, das anschließende Töten durch Blutentzug. Wichtig ist, dass alle Tiere vor der Tötung betäubt werden, um die Empfindungs- und Wahrnehmungslosigkeit sicherzustellen (Vorgaben der

Fleisch Codex   Schlachtung & Tod   von Lea Trampenau

„Gewöhne dich an den Gedanken, dass der Tod uns nichts angehe; denn alles Gute und Schlimme beruht auf Empfindung; der Tod aber besteht eben in der Aufhebung der Empfindung […]. [Der] Tod geht uns somit nichts an, weil, solange wir sind, der Tod nicht da ist; ist er aber da, so sind wir nicht mehr. Der Tod geht demnach weder die Lebenden noch die Toten etwas an, da er für die Ersteren nicht vorhanden ist, die Letzteren aber nicht mehr sind. Die Menge aber sieht den Tod bald als das größte Übel, bald sucht sie ihn auf als Zuflucht vor den Übeln des Lebens. Der Weise dagegen […] wird weder des Lebens überdrüssig, noch erblickt er im Nichtleben ein Übel." – Aus einem Brief von Epikur (341–271 v. Chr.) an Menoikeus

Tierschutzschlachtverordnung). Eine Ausnahme ist das Schächten, bei dem die Tiere ohne vorangegangene Betäubung durch Blutentzug getötet werden. Das Schächten ist in Deutschland verboten.

In der herkömmlichen Schlachtung werden die Tiere vom Hof oder vom Stall zum Schlachtbetrieb verbracht. Das kann großen Stress verursachen und lässt sich zusammenfassen unter dem Begriff „prämortale Belastungen".

Sowohl auf dem Transport als auch am Schlachthof können die Tiere mit unbekannten Artgenossen zusammentreffen, die familiäre Sicherheit der Herde ist nicht mehr vorhanden, und Rangordnungen müssen neu ausgefochten werden. Fremde Geräusche, Gerüche und die neue Umgebung können verunsichern – man denke an den Begriff „Gewohnheitstiere". Um diese prämortalen Belastungen zu vermeiden, sollte zum Zweck der Schlachtung möglichst wenig verändernd eingegriffen werden.

Das lässt sich am einfachsten erreichen, indem die Tiere dort getötet werden, wo sie leben: am Hof oder auf der Weide, im vertrauten Herdenverband.

DIE HOF- UND WEIDETÖTUNG VON RINDERN

Es sind nicht nur die Verbraucher, die Fleisch aus artgerechter Haltung und stressfreier Schlachtung nachfragen – es gibt auch viele Landwirte, die genau das anbieten wollen. Sie haben genug davon, ihre Tiere auf einen Transporter zu geben und nicht zu wissen, was weiterhin geschieht, wohin sie fahren und wo sie geschlachtet werden. Sie wollen die Verantwortung bis zum Ende übernehmen und den Tieren zum Abschied mit einem festen Blick in die Augen schauen können. Häufig hatten Landwirte, die sich für die Hof- und Weidetötung entschieden haben, ein schlimmes Erlebnis mit ihren Tieren im Zusammenhang mit der Schlachtung, etwa weil sich ein Tier nur mit Gewalt verladen ließ. Weil es zitternd und schwitzend beim Schlachter ankam. Weil es nicht allein gehen wollte … Die persönlichen Verbindungen zwischen Menschen und Tieren, die Geschichten sind es, die uns berühren. Hoftötung heißt wie gesagt, dass zumeist Rinder im Stall oder stallnah per Bolzenschuss betäubt und durch Blutentzug getötet werden.

Für den Bolzenschuss muss das Rind fixiert werden, da das Bolzenschussgerät mit Druck aufgesetzt werden muss. Der Bolzen, der mit hoher Energie und Geschwindigkeit in den Kopf des Rinds eindringt und eine massive Zerstörung erzielt, versetzt das Tier in einen empfindungs- und wahrnehmungslosen Zustand – es ist betäubt. Die Bolzenschussbetäubung kann reversibel sein, deswegen gilt die Vorgabe einer Entblutung innerhalb von 60 Sekunden, um zu vermeiden, dass das Rind das Bewusstsein wiedererlangt.

Weidetötung bedeutet, dass Rinder, die ganzjährig im Freien leben (gesetzliche Vorgabe), per Gewehrschuss ohne Fixierung auf der Weide betäubt und durch Blutentzug getötet werden. Die Schussabgabe erfolgt aus geringer Distanz (ca. 1–10 Meter) in den Kopf des Rinds. Die morphologische Zerstörung durch das Geschoss ist in der Regel so stark, dass die Betäubung irreversibel ist. Die Tötung durch Blutentzug erfolgt ebenfalls direkt nach Schussabgabe. Bei der Weidetötung wird das Rind aus der Herde herausgeschossen. Die Herdenmitglieder verarbeiten das nach einem kurzen Schreck, verursacht durch den Knall des Schusses, sehr gut. Je nachdem, welche Rolle das getötete Rind in der Herdenstruktur einnahm, wird es angeschaut, angestupst oder beschnuppert. Viel mehr passiert in der Regel nicht. Das liegt daran, dass es ein ursprünglich natürlicher Vorgang ist, dass Tiere innerhalb der Herde sterben. Rinderherden bewegen sich im Tagesverlauf viele Kilometer grasend über die Flächen, und natürlicherweise bleiben alte, kranke und sterbende Tiere zurück. Der Vorgang ist mit wenig Unruhe verbunden (das Rind wird aus geringer Distanz geschossen und sackt dann zusammen, von stehend zu liegend), deswegen verhalten sich die Herdenmitglieder ruhig. Das getötete Tier sendet keine negativen Signale aus, und die Herde grast weiter, denn es fehlt das Abstraktionsvermögen, welches den Tod negativ besetzt. Wenn einmal ein ranghohes Tier (zum Beispiel ein Leitrind) geschossen wurde, kommt es vor, dass dieses beklagt wird und eine Neusortierung in der Herde stattfindet.

Nach der Schussabgabe und der Tötung durch Blutentzug kann das Rind in Ruhe für den Transport zum Schlachtbetrieb zur Weiterverarbeitung ver-

Fleisch Codex — Schlachtung & Tod — von Lea Trampenau

Lea Trampenau zu Besuch in unserem Stall.

laden werden; dem Landwirt bleibt die schlaflose Nacht und der Akt des Einfangens, Separierens und Verladens erspart. Auch muss der Schlachter kein lebendes Tier entladen und der Betäubung zuführen. Das Rind kann dort sterben, wo es gelebt hat: auf der Weide.

Wer sich fragt, warum nicht alle Landwirte so schlachten, sei auf die Rechtslage verwiesen und den bürokratischen Aufwand, der dahintersteht: Die Weidetötung ist nur zulässig für Rinder, die ganzjährig im Freien leben. Die Hoftötung kann seit 2021 für Rinder, die saisonal im Stall leben, aber auch für eine kleine Anzahl Pferde und Schweine pro Schlachtung angewendet werden. Beide Verfahren benötigen eine Genehmigung durch die zuständige Veterinärbehörde und die entsprechende Sachkunde zum Schießen, Betäuben und Töten von Tieren. Neben diesen Voraussetzungen ist der Mut zu Neuem, zum Umdenken und zu nachhaltigem, verantwortungsvollem Handeln ein wesentlicher Bestandteil bei der Hof- und Weidetötung.

DIE PROZESSQUALITÄT IM FOKUS

Nicht nur die Genetik und die Fütterung, sondern auch die Haltung, die Tötung und die Fleischreifung haben einen Einfluss auf die Schlachtkörperqualität und somit auf die Fleischqualität. Hierbei spricht man von prämortalen und postmortalen Einflussfaktoren.

Die Schlachtkörperqualität selbst beschreibt die Beschaffenheit und Ausformung des Schlachtkörpers in den Merkmalen Muskelanteil, Fettanteil, Gewebeanteil und chemische Zusammensetzung.

Die Fleischqualität umfasst die ernährungsphysiologischen (Nährwert), hygienisch-toxikologischen (Gesundheitswert), verarbeitungstechnologischen (Eignungswert) sowie die sensorischen (Genusswert) Merkmale. Diese werden nach definierten Parametern beurteilt. Der Genusswert setzt sich zusammen aus Fleischfarbe, Marmorierung, Safthaltevermögen, Geruch, Geschmack, Aroma und nicht zuletzt der Zartheit, die bis heute als ein wesentliches Beurteilungskriterium unter Fleischessern gilt. Werden alle Merkmale des gesamten Erzeugungsprozesses berücksichtigt, sprechen wir von Prozessqualität.

Die Prozessqualität beschreibt die Verfahrensweise innerhalb der Erzeugungskette. Dabei finden folgende Merkmale in ihren Ausprägungen auf die Schlachtkörper- wie Fleischqualität Berücksichtigung: Rasse, Alter, Geschlecht, außerdem Haltungssysteme (z. B. Stall, saisonale Weide, Ganzjahresweide), Schlachtverfahren (z. B. Schlachthof, kleine Metzgerei, Hofschlachtung, Weideschlachtung) und schließlich Reifeverfahren und Kriterien wie Hygiene, Temperatur, Zerlegung und Zuschnitte.

Mit dem Eintritt des Todes beginnt in der Muskulatur ein Ablauf chemischer, biochemischer, physikalischer und morphologischer Veränderungen. Das Glykogen wird zu Milchsäure abgebaut, und das Muskelgewebe verwandelt sich zu Fleisch.

Im Fall starker prämortaler Belastungen ist das Muskelglykogen bereits verbraucht und kann nicht zu Milchsäure abgebaut werden – damit bleibt die Säuerung des Fleisches aus, und der Reifeprozess ist in der optimalen Entwicklung gestört. Das kann bei Rindfleisch zu negativen Merkmalen führen wie fest, leimig und muffig, sogenanntes DFD-Fleisch.

Um also ein hervorragendes Stück Fleisch genießen zu können, bedarf es der Optimierung aller Prozesse der gesamten Erzeugungskette: Haltung, Schlachtung und Reifung. Wir nennen das dann Prozessqualität.

Dipl.-Ing. Lea Trampenau
geboren 1974, absolvierte zunächst eine gärtnerische Ausbildung im Gemüsebau, bevor sie an der Uni Kassel/Witzenhausen ökologische Agrarwissenschaften studierte. In ihrer Diplomarbeit im Jahr 2007 setzte sie sich intensiv mit dem Thema Weidetötung auseinander. 2009 gründete sie die Firma ISS – Innovative Schlachtsysteme und etablierte 2013 in Lüneburg den Foodtruck Goldburger, spezialisiert auf den Verkauf von regionalem, hochwertigem Fleisch aus Weidetötung.
Lea Trampenau verfügt über den Sachkundenachweis (Distanzinjektion, Immobilisation und Töten von Gatterwild und Rindern) nach § 4 TierSchlV.
Zudem hält sie regelmäßig Vorträge und Fortbildungsveranstaltungen zur tierschutzgerechten Rinderschlachtung, ist beratend tätig und engagiert sich im Vertrieb von Schlachtanhängern (T-Trailer).

Geschlecht, Kastration, Auswirkungen auf die Fleischqualität

Fleisch Codex

Eine friedvoll grasende Rinderherde – satte Almwiesen von üppigen Blumen und saftigen Kräutern durchsetzt – strahlend blauer Himmel – schneebedeckte Berggipfel im Hintergrund. Eine Sennerin kommt ins Bild, die sich auf der Terrasse einer urigen Almhütte um ihre Käselaibe und den luftgetrockneten Speck kümmert. Kuhglocken und ein plätschernder Gebirgsbach untermalen ihr fröhliches Schaffen.
Wünschen wir uns nicht alle insgeheim, solche Lebensmittel zu konsumieren? Würde eine ganze Werbeindustrie ein derart nostalgisches Szenario mit ihren Produkten assoziieren, wenn dabei nicht unsere verborgenen Sehnsüchte ausgesprochen würden? Wie aber schaut die Wirklichkeit – in unserem spezifischen Fall – bei der Fleischproduktion in Deutschland aus?

Welche Rolle spielt dabei die Kastration?
Um Sinn, Notwendigkeit und tierschutzgerechtes Prozedere der Kastration männlicher Rinder verstehen und diskutieren zu können, ist es nötig, einen kurzen Überblick über die Entwicklung und Struktur der heutigen Rinderhaltung zu gewinnen.
Was bedeutet in diesem Zusammenhang „konventionelle" oder „intensive" Haltung von Rindern? Wie sieht demgegenüber eine „extensive" Rinderhaltung aus?

Geschlecht, Kastration, Auswirkungen auf die Fleischqualität

Dr. Bruno Siegmund
Ich wurde 1978 in München geboren. Nach der Studentenzeit meiner Eltern zurück in der väterlichen Heimat, Bayerischer Wald an der tschechischen Grenze, durfte ich eine glückliche und zeitlose Kindheit ohne Handy erleben. Der Bezug zur Natur, angeln und jagen wurden mir in die Wiege gelegt. Nicht nur aufgrund meiner französischen Mutter stand Essen schon immer im Vordergrund. Die Dorfglocke um 12.00 Uhr Mittag läutete zum zentralen Ereignis des Tages. Noch heute setzt mit Ertönung dieser Glocke der Speichelfluss bei mir ein…
Mit einem Hang zu extremen Sportarten und Lust auf Reisen, Studium der Tiermedizin in Budapest und München verbrachte ich meine Jugend. Nach der Doktorabeit in der Klinik für Wiederkäuer ging ich zurück nach Hause und arbeite seitdem als Tierarzt in der Rinderpraxis und in der Fleischbeschau.
Bin glücklich verheirateter Familienvater zweier Kinder und freue mich jeden Morgen über den tollen Ausblick „übern Woid" vor meiner Holzhütte.

KONVENTIONELLE HALTUNG

Deutschland ist in erster Linie ein Standort der Milchproduktion und damit führend in der EU. Erst mit der Geburt ihres ersten Kalbs, im zweiten bis dritten Lebensjahr, wird das weibliche Rind als Kuh bezeichnet und gibt auch jetzt erst Milch. Im besten Fall bringt sie nun jährlich bis an ihr Lebensende ein Kalb auf die Welt. Für dieses Kalb produziert sie Milch.

Kein Kalb… keine Milch – so viel Milch, dass es für den Landwirt und uns auch noch reicht.

Ein Kalb kommt nach einer Tragezeit von neun Monaten und zehn Tagen zur Welt. Weibliche Tiere dienen primär zur Ergänzung des Milchviehbetriebs; das männliche Kalb spielt außer in speziellen Ausnahmefällen als Deck- bzw. Zuchttier für die Milchproduktion keine Rolle. Es wird meist nach einigen Lebenswochen mit einem Gewicht von 80–100 kg auf spezialisierte Betriebe zur Mast- und Fleischgewinnung verkauft. Dort nehmen die Tiere bis zu 1,5 kg und mehr pro Tag an Körpermasse zu. Mit etwa 1,5–2 Jahren haben sie die Schlachtreife erreicht.

Diese zeitliche und fütterungsabhängige Intensivierung der Mast ist natürlich der Rentabilität der Rindfleischproduktion geschuldet, die sich auf dem globalen Markt mit einem immensen Konkurrenz- und Preisdruck konfrontiert sieht und sich dementsprechend behaupten muss.

Was einst in kleinbäuerlichen Strukturen die Ernährung der Bevölkerung gewährleistet hat, ist einem Prozess zunehmender Zentralisierung und Intensivierung gewichen, sowohl in der Produktion von Milch als auch von Fleisch. Der Begriff Massentierhaltung wird damit oft, aber unsachgemäß in Verbindung gebracht.

Stetige Urbanisierung der Bevölkerung und damit eine gewisse Entfremdung von Natur, Grund und Boden, aus denen letztlich alles Grundlegende hervorgeht, tragen bei zur Spaltung von landwirtschaftlichem Erzeuger einerseits und Verbraucher andererseits. Missverständnisse und Falschinformationen zwischen diesen gesellschaftlichen Gruppen treten heutzutage stärker in Erscheinung. Doch konventionelle Tierhaltung lässt sich nicht über einen Kamm scheren, wie es zum Teil getan wird. Landwirte klagen in den letzten Jahren vermehrt über ein ungerechtfertigt schlechtes Image in der Wahrnehmung in der medialen Öffentlichkeit.

EXTENSIVE HALTUNG

Die in neuerer Zeit unter Aspekten des Tierwohls geforderte „extensive" Mast der Rinder macht derzeit noch einen sehr kleinen Anteil der Rindfleischproduktion aus. Sicher nehmen Liebhaberei, nebenberuflich gehaltene kleine Mutterkuhherden, aber auch ökologische Landwirtschaft mit oft extensiver Weidemast zu; dennoch müssen professionelle und profitabel organisierte Betriebe über große und billige Flächen und/oder gute Vermarktungsstrategien verfügen, um preislich überhaupt mit dem Weiderind aus der schier endlosen argentinischen Steppe mithalten zu können.

Ein regionaler Bezug zum Lebensmittel wird dem Verbraucher jedoch zunehmend wichtiger. Seit geraumer Zeit findet dahingehend ein Umdenken in der Gesellschaft statt.

Extensive Mastbetriebsformen, meist in Form von Mutterkuhhaltung, sind größtenteils durch Bio- und Ökoverbände zertifiziert und machen derzeit nach wie vor nur einen Bruchteil der Rindfleischvermarktung aus. Neben der konventionellen Bullenmast haben altgediente Milchkühe und weibliche Rinder, die nicht zur Milchproduktion eingesetzt werden, den größten Anteil an der Fleischproduktion.

Bei der Mutterkuh- bzw. Weidehaltung besteht eine durchwachsene, gesunde und stabile Rinderherde aus unterschiedlich alten weiblichen Tieren und deren Kälber sowie einer Leitkuh als „Chefin". Es gibt nur einen männlichen „Big Boss" (der es nicht ist). Nebenbuhler würden Unruhe in die

Fleisch Codex

von Dr. Bruno Siegmund

Tierarzt aus Leidenschaft: Dr. Bruno Siegmund.

Herde bringen. Eine klar definierte Rangordnung und Sozialstruktur schaffen Ruhe und Frieden.

Männliche Tiere in der Geschlechtsreife müssten sich in der Natur unterordnen bzw. alsbald ihren eigenen Weg gehen – so wird auf natürliche Weise Inzucht vermieden. Möchte man also verschiedengeschlechtliche Geschwister auf einer Weide halten, und das, solange man will, so ist es unumgänglich, die männliche Nachzucht zu kastrieren, also zum Ochsen zu machen.

DAMALS

Schon vor 4000 Jahren wurden als Arbeitstiere eher kastrierte Rinder als Pferde verwendet, denn ihre Haltung war vergleichsweise anspruchsloser: Zugochsen ließen sich leichter führen und waren weniger aggressiv. Noch vor 100 Jahren war es auch in Deutschland üblich, Ochsen bei der landwirtschaftlichen Arbeit einzusetzen. Dabei waren in erster Linie deren Umgänglichkeit und Nutzungsdauer von Bedeutung – kulinarische Aspekte standen im Hintergrund. Was damals primär zur Selbsterhaltung diente, findet heute wieder mehr Gefallen in Form von Selbstversorgung oder Kleinvermarktung.

HEUTIGE RINDERRASSEN

Wenn man früher also von einem vielfach genutzten Rind hätte sprechen können, so differenziert man heutzutage eindeutig zwischen fleisch- und milchbetonten Rassen. Die im südlichen Raum weitverbreitete Rinderrasse „Fleckvieh" versucht als sogenannte Zweinutzungsrasse, beide Eigenschaften zu vereinen. Schwarzbunte Kühe sind auf Milch getrimmt, Wagyu und Angus auf Fleisch – um nur ein paar Beispiele zu nennen. Männlichen Kälbern milchbetonter Rinderrassen aber wird aufgrund von geringerem Fleischzuwachs leider „weniger" bzw. fast kein Wert zugemessen. Dadurch hat sich mehr und mehr der Trend etabliert, das Geschlecht der Kälber durch genetische Selektion zu beeinflussen.

KASTRATION (ALLGEMEIN)

Durch den Verlust der Fortpflanzungsfähigkeit und der Testosteron produzierenden Hoden kommt es zu geringeren Gewichtszunahmen als bei herkömmlichen Mastbullen. Durch die mehr als doppelte Lebensdauer kann man nach vier Jahren von einem ausgewachsenen Rindvieh/-fleisch sprechen.

Ein weiterer Grund für die Kastration ist eine zusätzliche „Veredelung" der von Natur her schon extrem hohen Fleischqualität: Sie bewirkt ein langsameres Wachstum und mehr Fetteinlagerungen zwischen und in den Muskelfasern. Inter- und intramuskuläres Fett fungieren als Geschmacksträger, bekannt als sogenannte Marmorierung des Fleisches. Besonders ausgeprägt findet man diese Eigenschaften bei der Rinderrasse Wagyu.

Über den Kastrationszeitpunkt und die Methode lässt sich mit Sicherheit diskutieren, philosophieren oder streiten – oft wohl auch basierend auf den empirischen Erfahrungen des jeweiligen Züchters.

Eine gewisse Dynamik des Muskelwachstums sollte nicht nur genetisch angelegt, sondern auch vom Entwicklungsstand des Rinds her schon umgesetzt sein. Sicherlich muss der Zeitpunkt der Kastration auch ins Betriebsschema passen. Die Eigenschaft des Rinds, rohfaserreiches Futter in Fleisch umzuwandeln, sollte voll entwickelt sein. Was im Umkehrschluss heißen soll: Die Kastration des Milchkalbs ist sicherlich möglich und leicht durchzuführen, findet aber für meine Begriffe zu früh in der Entwicklung statt.

Ein tierschutzgerechtes, ruhiges und strukturiertes Vorgehen mit sachgemäßer Betäubung und Schmerzausschaltung ist oberstes Gebot.

Geschlecht, Kastration, Auswirkungen auf die Fleischqualität

KASTRATION (BLUTIG)

Die sicherste Methode ist die blutige Kastration mit operativer Entfernung beider Hoden. Nach Narkose und Schmerzausschaltung wird die Polkappe des Hodensacks mittig entfernt. Jeder Hoden wird einzeln vorvergelagert und aus dem Hodensack präpariert. Nicht der Hoden selbst, sondern die Samenstränge samt Versorgungsleitungen werden mehrfach abgebunden und danach körpernah abgetrennt. Eine Unfruchtbarkeit ist somit garantiert. Die Tiere haben schon bald nach der Operation wieder eine normale Futteraufnahme und zeigen keine Schmerzreaktionen. Der geöffnete Hodensack wird nicht vernäht und verschlossen – dadurch kann entstehendes Wundsekret ablaufen. Diese Wunde verschließt sich binnen Tagen selbst und trocknet ab. Jedoch besteht bis dahin ein Restrisiko einer Infektion, auch Tetanus (Wundstarrkrampf). Im Gegensatz zu Pferden sind Rinder weniger anfällig und werden auch nicht geimpft. Eine antibiotische Begleittherapie kann deshalb von Vorteil sein.

KASTRATION (UNBLUTIG)

Eine weitverbreitete unblutige Methode wird umgangssprachlich als „Zwicken" bezeichnet. Betäubung und Schmerzausschaltung erfolgen gleichermaßen. Der Hodensack bleibt geschlossen. Die beiden Samenstränge werden lediglich ertastet und durch eine spezielle Quetschzange nach „Burdizzo" einige Minuten einzeln komprimiert. Die verbleibenden Hoden werden nicht mehr ausreichend durchblutet und verkümmern binnen vier bis sechs Wochen. Die Samenproduktion wird eingestellt. Aufgrund des wachsenden Durchmessers der Samenstränge, die sich dadurch immer weniger gut quetschen lassen, ist das „Zwicken" schwererer Tiere, ab ca. 250 kg Lebendgewicht, nur mehr schlecht möglich; eine Unfruchtbarkeit kann immer weniger garantiert werden, und auch Schmerzreaktionen sind wahrscheinlicher, doch das Infektionsrisiko ist deutlich geringer bis gar nicht vorhanden.

Wichtig ist, dass beide Methoden in trockener, sauberer, ruhiger und gewohnter Umgebung bei adäquater Fixierung der Tiere erfolgen.

Es gibt auch noch weitere Möglichkeiten, etwa das Setzen von Gummiringen, die aber weder tierschutzgerecht noch zeitgemäß sind und als obsolet betrachtet werden müssen.

FAZIT

Zusammenfassend kann man sagen, dass die Kastration einen positiven Einfluss auf die Fleischqualität hat. Extensiv gehaltene Tiere können länger gemeinsam auf einer Weide stehen.

Der Verbraucher hat steigende Ansprüche an ökologisch, hygienisch und ethisch einwandfrei produzierte Lebensmittel. Der daraus resultierende Widerspruch, einerseits erschwinglich und reichlich konsumieren zu können, andererseits aber diese erhöhten Vorstellungen an ein rückstandfreies, sicheres und tiergerecht erzeugtes Produkt zu stellen, ist derzeit die größte Hürde in der Landwirtschaft generell. Je mehr das Lebensmittel wertgeschätzt wird und der Verbraucher es auch zahlt, desto mehr Fläche und Zeit muss dem Tier zugesprochen werden.

Meine Gedanken schweifen wieder in die Ferne, hoch hinauf auf den Berg, wo die Welt noch in Ordnung zu sein scheint. Es ist Mittag, und die Sennerin serviert einen Ochsenbraten – gut zu wissen, was man da isst.

Fleisch Codex   **von** Dr. Bruno Siegmund

Fleisch Codex — **BBQ** — von Florian Knecht

Fleisch Codex   BBQ   von Florian Knecht

Gegrillt wird auf der ganzen Welt! Allerdings auf komplett unterschiedliche Arten: vom argentinischen Asado hin zum amerikanischen Barbecue, philippinischen Lechón, mexikanischen Barbacoa oder japanischen Yakitori.
Jedoch gibt es überall einen gemeinsamen Nenner, nämlich FLEISCH. Und mal ganz ehrlich: Was gibt es denn Schöneres, als gemeinsam mit der Familie und Freunden rund um das Feuer (im übertragenen Sinn) zu sitzen und Fleisch zu grillen? Es heißt ja auch nicht umsonst „sich der Fleischeslust hingeben".
Aber ist das wirklich eine Sünde? Meiner Meinung nach nicht! Nur wenn es sich dabei um qualitativ minderwertiges Fleisch handelt. Bei manchen Dingen im Leben ist weniger absolut mehr. Und ganz ehrlich, lieber ein richtig gutes Stück Fleisch pro Woche als fünf mittelmäßige Mahlzeiten.
Zu beschreiben, was ein richtig gutes Fleisch ausmacht, überlasse ich aber lieber den Kollegen vor mir in diesem Buch und kümmere mich als Barbecue- und Grill-Experte besser um dessen Zubereitung. Fleisch kann gegrillt, geräuchert und auch mithilfe von Infrarotwärme gegart werden – aber worin liegen die Unterschiede?

| Fleisch Codex | BBQ | von Florian Knecht |

GRILLEN

DIREKTES GRILLEN

Beim Grillen werden Fleisch, aber auch andere Lebensmittel direkt über dem Feuer, glühender Holzkohle bzw. einer Hitzequelle gegart. Das sogenannte direkte Grillen kann grundsätzlich mit jedem Grill gemacht werden, solange die Möglichkeit besteht, den Rost direkt über das „Feuer" zu geben. Gegrillt wird ab einer Temperatur von 180 °C bis 260 °C, daher eignet sich diese Zubereitungsart besonders für dünnere, kurzfasrige Fleischstücke, die sich zum Kurzbraten eignen (außer sie wurden vorher sous-vide gegart), und auch für verarbeitetes Fleisch wie Würste oder Hamburger.

INDIREKTES GRILLEN

Im Gegenzug zum direkten Grillen ermöglicht das indirekte Grillen das Zubereiten von größeren Fleischstücken, die eine längere Garzeit haben. Dabei wird das Fleisch nicht direkt über die Hitzequelle gelegt, sondern versetzt. Für diese Zubereitungsart benötigt man allerdings einen Grill mit Deckel, damit das Fleisch wie in einem Backofen indirekt garen kann. Man spricht hier auch von „hot & fast" im Gegenzug zu „low & slow". Kugelgrills eignen sich besonders für diese Technik, und bei modernen Grills wie dem Big Green Egg kann auch auf der gesamten Grillfläche indirekt gegart werden. Das indirekte Garen ist im Wesentlichen auch das Prinzip beim Barbecue, dazu aber später mehr.

VORWÄRTS- UND RÜCKWÄRTS-GRILLEN

Die beiden oben beschriebenen Techniken können auch miteinander kombiniert werden. Dann spricht man vom Vorwärts- oder Rückwärts-Grillen. Beim Vorwärts-Grillen wird das Fleisch zuerst bei hoher Hitze direkt über den Kohlen angegrillt – das sogenannte Searen (260–290 °C). Anschließend legt man das Fleisch in einen indirekten Bereich des Grills, also einen ohne direkte Hitzeeinwirkung, schließt den Deckel und lässt es bis zur gewünschten Kerntemperatur garen. Wichtig: Bei dieser Zubereitungsart muss das Fleisch, wenn es vom Rost genommen wird, noch mindestens 5 Minuten ruhen, bevor es angeschnitten wird.

Das Rückwärts-Grillen funktioniert genau umgekehrt, sprich: das Fleisch zuerst bei indirekter Hitze bis zur gewünschten Kerntemperatur garen und anschließend vor dem Servieren nochmals von beiden Seiten searen. Ähnlich wie beim Sous-Vide muss das Fleisch vor dem Anschneiden hier nicht mehr ruhen.

Florian, Grill-Experte von Big Green Egg.

| Fleisch Codex | BBQ | von Florian Knecht |

BARBECUE

Oder auch low & slow! Der große Unterschied zum Grillen ist beim BBQ, dass große Fleischstücke oder ganze Tiere über eine sehr lange Zeit („long job" – oft bis zu 24 Stunden) bei niedriger Temperatur zwischen 95 und 130 °C im Smoker oder sogenannten Pit (Grill-Grube) gegart werden.

Beim originalen amerikanischen Barbecue werden ganze Tiere auf den Pit, direkt über glühende Kohlen gelegt – allerdings ist die Entfernung zwischen Fleisch und Glut so hoch, dass es bei niedrigen Temperaturen gart. Das Asado-Kreuz aus Argentinien, auf dem ganze Tiere aufgehängt und über Holzfeuer gegrillt werden, funktioniert nach der gleichen Methode, nur vertikal und mithilfe von Wind, der die heiße Luft auf das Fleisch „weht".

Im Smoker hingegen wird das Fleisch indirekt mit der heißen Abluft von brennendem Holz gegart, in Amerika meist Hickory-, Maple- oder Mesquite-Holz. „Look pro & Go slow" ist hier die Devise.

BBQs bzw. „long jobs" eignen sich besonders gut für große, langfasrige Fleischstücke, denn die niedrige Hitze über lange Zeit löst im Fleisch eine wichtige Reaktion aus: Im Inneren wandelt sich das zähe und schwer essbare Kollagen in weiche Gelatine um, die das Fleisch besonders zart und saftig macht. Deshalb eignen sich zarte Fleischstücke, sprich: Fleisch ohne Fett, auch nicht besonders gut für low & slow BBQ – es würde schlichtweg zu trocken werden. Charakteristisch für die Zubereitung mit Rauch ist der „Smoke Ring", welcher sich direkt unter der Oberfläche bildet und das Fleisch ca. 0,5 cm rosa färbt.

Oft hört man den Ausdruck „typisches amerikanisches BBQ" – jedoch gibt es kein einheitliches Barbecue. Während in Texas nur mit Salz und Pfeffer gewürzt wird, werden in Kansas Zucker, Paprikapulver und weitere Gewürze vor dem Garen auf das Fleisch aufgetragen. Aussagen wie „The sauce makes the BBQ" oder „Fat side up or down" führen zumindest zu genauso großen Diskussionen wie Gespräche über die Lieblings-Sportmannschaft. Und so haben alle Meinungen ihr Für und Wider, sodass es am Ende von den persönlichen Präferenzen abhängt. Mein Tipp: Learning by Burning, also ausprobieren und dabei ruhig herausfinden, was einem gefällt... und natürlich auch, was nicht. Hierzu empfehle ich, folgende Zubereitungsschritte bei long jobs wie der „Holy Trinity" (Pulled Pork, Brisket & Ribs) zu variieren und zu probieren:

DRY RUB

Trockenmarinade, bestehend aus Salz, Pfeffer, manchmal Zucker und verschiedenen Gewürzen, mit der das Fleisch für mindestens 8 Stunden vor dem Grillen gewürzt werden sollte. Von süß bis bitter – einfach mal ausprobieren.

INJECTION

Das Fleisch kann mit verschiedenen Flüssigkeiten wie Apfelsaft, Bier oder Cola (oder Mischungen mit BBQ Rub) injiziert werden, um es mürber und saftiger zu machen.

BBQ/MOP SAUCE

Die BBQ Sauce ist eine meist auf Tomatensauce basierende rauchige Sauce, die, entweder süß oder sauer abgeschmeckt, zum fertigen Fleisch serviert wird. Ausnahmen wie die Alabama White Sauce basieren auf Mayonnaise; es gibt auch Varianten mit Senf. Einfach mal probieren, was einem persönlich am besten schmeckt.

Die Mop Sauce hingegen ist eine dünnflüssige Würzsauce (oft ähnlich abgeschmeckt wie die BBQ Sauce), die ausschließlich während des Garvorgangs (oft mehrmals) auf das Fleisch aufgetragen wird – meist bei eher mageren Fleischstücken, um diese saftig zu halten.

BUTCHER PAPER (TEXAS CRUTCH)

Die Umwandlung der schwer essbaren Kollagens in Gelatine benötigt Zeit und Energie. Die Kerntemperatur des Fleisches bleibt bei diesem Prozess über mehrere Stunden gleich, hier spricht man von der Plateau-Phase. Mithilfe der sogenannten Texas-Krücke (engl. Texas Crutch) kann der Garprozess etwa von Brisket beschleunigt werden. Man wickelt das Fleisch bei einer Kerntemperatur von 65 °C in Butcher Paper (Metzgerpapier) ein und beschleunigt den Garprozess. Viele sagen, dass das Ergebnis ein saftigeres Stück Fleisch ist; allerdings weicht es auch die charakteristische Kruste, die Bark des Fleisches, auf. Hier gilt wieder: probieren, was einem besser gefällt.

Fleisch Codex — Woraus besteht ein Steak? — von David Pietralla

Woraus besteht ein Steak?

David in seinem Element.

Um zu verstehen, warum ein Steak bestimmte gustatorische Merkmale aufweist, die man im Mund als zart, saftig und aromatisch wahrnimmt, müssen wir uns die einzelnen Bestandteile eines Steaks im Detail ansehen.

Fleisch Codex — Woraus besteht ein Steak? von David Pietralla

Ein Steak besteht zu einem großen Teil aus Fleischfasern, die – zusammengehalten als Bündel – die zentrale Aufgabe eines Muskels erfüllen: Ein Muskel kann sich zusammenziehen (Kontraktion) und wieder entspannen (Relaxation). Diese Faserbündel wiederum werden vom Bindegewebe/Kollagen zusammengehalten. Kollagen kann man sich wie einen Kleber vorstellen, der die Faserbündel stabil in Form hält und die einzelnen Fasern vernetzt. Zwischen den Muskelbündeln sind Fettreserven eingelagert – die sogenannte Marmorierung. Man bezeichnet diese feinen Fettadern auch als intramuskuläres Fett, nicht zu verwechseln mit dem Fett, das sich zwischen einzelnen Muskelpartien ablagert – dem intermuskulären Fett.

Die Beschaffenheit der Fleischfaser innerhalb eines Tieres hängt primär von der Funktion des Muskels ab. Wenn der Muskel viel leisten muss und stark durchblutet ist, äußert sich das in einer groben und festen Struktur der Fleischfaser. Eine zarte Faser könnte einer starken Beanspruchung nicht standhalten und würde im schlimmsten Fall sogar reißen. Wo keine Kräfte wirken, sind hingegen auch keine stabilen, groben Fasern nötig. Daher unterscheidet sich die Struktur der Fasern von Muskel zu Muskel.

Diese Faserstruktur hat einen maßgeblichen Einfluss auf die Textur des Fleisches. Je gröber die Muskelfaserpakete und je länger die Fasern an sich sind, desto zäher ist das Fleisch – so lautet die Faustregel. Die Fleischfasern und ihre Eigenschaften sind jedoch nicht das einzige Kriterium, das Einfluss auf die sensorische Wahrnehmung nimmt. Das wird spätestens dann klar, wenn man ein Stück Fleisch genießt, das ganz offensichtlich grobe Fasern aufweist und dennoch nicht zäh ist. In solchen Fällen richten wir das Augenmerk auf das Bindegewebe.

Eine sehr wichtige Größe gerade im Kontext der Zartheit ist der Kollagengehalt. Wir meinen damit nicht die Sehnen und Silberhäute, sondern vorrangig das Bindegewebe, das die Fasern zusammenhält. Je höher der Gehalt an Kollagen, umso fester empfinden wir den Biss.

Schauen wir uns das Thema Kollagen an dieser Stelle einmal im Detail an. Kollagene sind Strukturproteine und ein Teil des Bindegewebes. In unserem Fall sprechen wir nicht von den Sehnen und Bändern, sondern nur von dem Bindegewebe, das sich im Muskel befindet. Diese speziellen Kollagene halten die Bündel von Muskelfasern zusammen und sind mit bloßem Auge nur schwer zu erkennen. Die Menge und Zusammensetzung dieser Kollagene im Muskel haben einen großen Einfluss auf die Zartheit. Grundsätzlich ist der Gesamtgehalt an Kollagenen im Muskel eine Größe, die Aufschluss über die zu erwartende Zartheit gibt. Allerdings müssen wir etwas genauer hinschauen, wenn wir die Effekte während des Garprozesses vollständig verstehen möchten.

Um Zartheit wissenschaftlich messbar zu machen, lassen sich die sogenannten Scherkräfte* durch einen Versuchsaufbau nach Warner-Bratzler bestimmen. Dabei fällt auf, dass die Scherkräfte im rohen Steak nicht immer mit den Scherkräften im gebratenen Zustand korrelieren. Um diese Diskrepanz zu erklären, müssen wir uns zunächst den Kollagen-Gesamtgehalt ansehen. Dieser beinhaltet bei jedem Steak zwei verschiedene Arten von Kollagenfasern: Zum einen gibt es lange, geradlinige Kollagenfasern, zum anderen werden diese langen Fasern durch Querverbindungen vernetzt. Um ein Stück Fleisch kurz gebraten zu genießen, ist es zuerst wichtig, dass der Gehalt der langen Kollagenfasern relativ niedrig ist. Ein stark beanspruchter Muskel aus der Keule hat im Vergleich zu einem Stück aus dem Rücken einen deutlich höheren Gehalt an langen Kollagenen. Diese langen Kollagene lösen sich erst durch lange Garzeiten bei hohen Kerntemperaturen auf. Das erklärt die Tatsache, dass ein Stück Beinscheibe in rohem und auch kurz gebratenem Zustand kaum bis gar nicht zu zerbeißen ist.

Wenn nun also Hitze notwendig ist, um Fleisch zarter zu machen, stellt sich die Frage: Warum ist ein rosa gebratenes Steak aus dem Rücken fester im Biss als ein rohes? Hierzu müssen wir uns die zweite Art der Kollagene anschauen, die Verästelungen. Diese Verästelungen lösen sich, nachdem sie einmal kontrahiert haben, je nach Temperatur auf – jedoch hängt die grundsätzliche Löslichkeit vom Alter des Tieres ab. Je jünger das Tier ist, desto mehr dieser Verästelungen lösen sich beim Garen auf, und je älter das Tier ist, desto mehr dieser Verästelungen bleiben kontrahiert und verhärtet, auch beim Garen.

Beim Garen von Fleisch existieren also zwei Phasen des Kollagenverhaltens: In der ersten Phase des Temperaturanstiegs ziehen sich die Verästelungen zusammen und entwickeln eine gummiartige Struktur – die Zartheit nimmt ab. In der zweiten Phase löst sich ein bestimmter Anteil des Kollagens wieder – das Fleisch wird durch diesen Auflösungsprozess wieder zarter.

Wie zart das Fleisch beim Garvorgang wird, hängt folglich davon ab, wie viele der Querverbindungen sich beim Überschreiten einer bestimmten Temperatur auflösen. Bei einem jungen Tier geschieht das bei einer größeren Zahl als bei einer alten Kuh. Das bedeutet also bei einem jungen Rinderrücken, dass ein *medium well* gegartes Steak zarter ist als ein *medium* gegartes, da sich ein großer Anteil des Kollagens in der zweiten Phase wieder gelöst hat. Durch den hohen Verlust an Wasser leidet allerdings der Gesamteindruck, und die gewonnene Zartheit kann die fehlende Saftigkeit nicht ausgleichen.

Wenn wir uns im Gegensatz nun eine alte Kuh ansehen, stellen wir fest, dass diese vorzugsweise *rare* genossen werden sollte. Der Grund: Zunächst kontrahieren auch hier alle Querverbindungen bei Hitzeeinwirkung, doch der hohe Anteil an unlöslichen Querverbindungen führt bei alten Tieren dazu, dass sie bei fortschreitendem Garprozess nicht zarter werden, da ein großer Anteil der Kollagen-Querverbindungen in der zweiten Phase nicht wieder gelockert wird. Außen befindet sich dann ein Rand von Kollagenen, die bei über 95 °C aufgebrochen wurden; im Kern hingegen hat noch keine Kontraktion der Kollagene stattgefunden, sodass das Fleisch noch roh und damit zart ist.

Für edle Steaks zeigt sich also, dass nicht der Gesamtgehalt der Kollagene entscheidend ist, sondern vielmehr der Anteil jener Kollagene, die sich bei Wärme lösen. ♛

* In Bezug auf Fleischbeschaffenheit ist Scherkraft die Größe, die angibt, wie viel Kraft aufgewendet werden muss, um das Steak zu zerbeißen.

David Pietralla
geboren in Hannover und aufgewachsen in Niedersachsen. Nach einigen Semestern des Chemiestudiums wandte er sich als Veranstaltungskaufmann der Gastronomie zu. Heute nutzt der selbstständige Gastronom seine Kenntnisse der Biochemie, um Fleisch unter Einbezug wissenschaftlicher Aspekte für den Endkunden zu beleuchten. Dabei stützt er sich auf die zahlreichen empirisch gewonnenen Schlussfolgerungen aus dem gastromischen Alltag. Sein Wissen teilt er in Tastings, Kochkursen und als Dozent an der Fleischerfachschule in Augsburg.

Fleisch Codex   Fleischreifung   von Ronny Paulusch

Fleischreifung

Fleisch Codex   Fleischreifung   von Ronny Paulusch

Einfach mal in Ruhe abhängen, sich entspannen – „chillen", wie man es neudeutsch gerne nennt. Was uns guttut, ist auch für Fleisch unverzichtbar, denn es geht darum, bestmögliche Ergebnisse in Sachen Zartheit und Geschmack zu gewährleisten.

Schon unsere Urgroßväter wussten, dass Fleisch – damals vorwiegend Rind – zuallererst gut abhängen muss, bevor es „tafelreif" nicht nur zum Verzehr geeignet, sondern überdies auch zum gaumenschmeichelnden Genuss wird.

Doch was passiert beim Abhängen eigentlich?
Um es auf den simpelsten Nenner zu bringen: Das Fleisch reift, und mit ihm seine Aromatik und Beschaffenheit.
Die Reifung findet in zwei Phasen statt.

ERSTE REIFUNG

Die erste Phase der Reifung beginnt unmittelbar nach der Schlachtung des Tieres bis zum Einsetzen der „Rigor Mortis" genannten Totenstarre nach etwa 24–48 Stunden. Zu diesem Zeitpunkt ist das Fleisch – bis auf wenige Ausnahmen, z. B. Filet – nicht zum Verzehr geeignet. Es wäre sehr zäh, kaum zu beißen und von metallischem Charakter.

VORGÄNGE IM FLEISCH

In das Gewebe übergehende Kalzium-Ionen lösen Kontraktionen aus und verbrauchen dabei die noch im Muskel gespeicherte Energie.
Das für die Kontraktion erforderliche ATP (Adenosintriphosphat) kommt durch den Abbau des Muskelglykogenspeichers zustande, welcher während der Glykolyse in Milchsäure (Laktat) verstoffwechselt wird. Diese Milchsäure reichert sich im Muskel an und führt zu einer deutlichen pH-Absenkung im Fleisch.

Im Muskel des lebenden Tieres liegt der pH-Wert bei etwa 7,0 und sollte nach der Schlachtung aufgrund o. g. Stoffwechselvorgänge idealerweise bei unter 6,0 – oder besser noch: im Bereich um 5,8 – liegen. Fleisch mit einem höheren pH-Wert hat eine höhere Wasserbindungsfähigkeit, ist anfälliger für Verderb und für die Reifung ungeeignet. Ein wieder steigender pH-Wert deutet darauf hin, dass der Verderb des Fleisches beginnt. Zum Abschluss der Reifezeit wird ein pH-Wert von 5,4–5,6 angestrebt.

ZWEITE REIFUNG

Die zweite Phase beginnt mit dem Einsetzen der Totenstarre und dauert mindestens bis zu deren Auflösung, idealerweise deutlich darüber hinaus, an. Phase 2 geht somit direkt über in die Veredelung des Fleisches.

VORGÄNGE IM FLEISCH

Im Muskelgewebe vorhandene Enzymsysteme, die in der Lage sind, Proteine zu spalten, beginnen damit, die Strukturen der Muskelfasern aufzulösen. Mit fallendem pH-Wert steigt deren Aktivität und zugleich die Zartheit des Fleisches, da sich sowohl Fleischstruktur als auch Bindegewebe lösen. Der Abbau der Proteine zu kleineren Molekülen sorgt dabei für eine Intensivierung des Fleischaromas.

Fleisch Codex — Fleischreifung — von Ronny Paulusch

„Mit der Reife kommt die Exzellenz."

DIE UMGEBUNGSTEMPERATUR IST ENTSCHEIDEND

In beiden Phasen der Reifung ist die Umgebungstemperatur ein entscheidender Faktor für ein gelungenes Endresultat. Zu hohe Temperaturen würden den Prozess des Glykogenabbaus beschleunigen und somit schnelleren Verderb begünstigen, während zu niedrige Temperaturen, insbesondere vor Eintritt der Totenstarre, die Gefahr eines „Cold Shortening" mit sich bringen, wobei sich der Muskel um bis zu 50 Prozent seiner Länge verkürzen kann. Jegliche Versuche, das Fleisch danach noch zart auf den Teller zu bringen, sind zum Scheitern verurteilt.

Bis zum Eintritt der Totenstarre sollte die Temperatur des Schlachtkörpers daher nicht unter 14 °C gesenkt werden. Ab Phase 2 der Reifung sind Temperaturen zwischen 1 °C und max. 4 °C ideal. Eine Ausnahme bilden hierbei bereits veredelte, teils gepökelte und/oder gewürzte Reifeprodukte wie Schinken, Käse, aber auch Dauerwürste oder Trockenfleisch (Biltong, Beef Jerky). Hierbei sind je nach Art und Rezeptur auch höhere Temperaturen ausdrücklich gewünscht. Werte unter 1 °C sind generell zur reinen Lagerung, nicht aber zur Fleischreifung geeignet.

AEROB VS. ANAEROB

Den zwei elementaren Phasen der Reifung, die bei allen Fleischarten und Rassen gleich ist, folgt die Entscheidung, welchem Reifeverfahren der Vorzug gegeben wird. Man unterscheidet grundsätzlich zwischen der aeroben und der anaeroben Reifung.

Das klassische Abhängen ist dabei der aeroben Reifung zuzuordnen, also der Reifung mit Sauerstoffzufuhr, bei der das Fleisch mehr oder weniger ungeschützt seinen Umgebungseinflüssen ausgesetzt ist. Der einzige Schutz ist die „natürliche Reifeversiegelung" in Form von Knochen und Fettabdeckung sowie im Idealfall ein hygienisch und klimatisch einwandfreies Umfeld.

Das *dry aged* – also trocken gereifte – Fleisch, das sich nach wie vor größter Beliebtheit erfreut und als die Reifemethode schlechthin gilt, zeichnet sich durch besondere Zartheit, appetitlichen Duft und eine Vielzahl an Aromen aus, die u. a. der Oxidation an der Fleischoberfläche durch Einwirkung von Sauerstoff zu verdanken sind. Längst hat man erkannt, dass es sich dabei um keinen kurzlebigen, aktuellen Trend handelt, sondern vielmehr um eine Renaissance althergebrachter Traditionen unter Einsatz moderner Technik. Die aerobe Reifung gilt als Mittel der Wahl für ein qualitativ hochwertiges Endprodukt, das sensorisch auf ganzer Linie überzeugt.

Damals wie heute bilden Temperaturschwankungen die größte Schwierigkeit bei der aeroben Reifung, da sie die Gefahr von bakterieller Kontamination und frühzeitigem Verderb mit sich bringen. Der Faktor Zeit, nur beschränkter Platz in den Kühlräumen und nicht zuletzt auch die Wirtschaftlichkeit waren und sind teils heute noch verantwortlich dafür, dass dem Fleisch oftmals nicht die aerobe Reifezeit zugutekommt, die es benötigen würde, um seinen vollen Genuss zu entfalten.

Mit Einzug der Vakuumtechnik stieg die Lebensmittelindustrie in den 1970er-Jahren größtenteils auf die Nassreifung um. Die Reifung fand nun anaerob – also ohne Zufuhr von Sauerstoff – im Vakuumbeutel statt. Dieses *wet aging* versprach eine schnelle Reifezeit bei weniger Gewichtsverlust und keine Gefahr durch bakterielle Kontamination von außen. Die Bedingungen im Inneren des Beutels führen zur Vermehrung von Milchsäure bildenden Bakterien, den sog. Laktobazillen, auf der Fleischoberfläche, die die Entwicklung und das Wachstum von Verderbnis erregenden Keimen hemmen bzw. verhindern. Dieses Verfahren ist heute das meistverwendete bei der Fleischreifung, bietet es doch große Vorteile: keinen Abtrocknungsrand und damit einhergehenden Schnittverlust, außerdem optimale hygienische Lagerungs- und Transportmöglichkeiten. Größter Nachteil des *wet aged*-Fleisches ist der meist säuerlich/metallisch anmutende Geruch und Geschmack, wohingegen beim *dry aging* durch den Einfluss von Sauerstoff besondere Geschmacksnuancen entstehen, die sich mit längerer Reifezeit noch weiterentwickeln, meist als buttrig, nussig, erdig bis blauschimmelartig beschrieben.

REIFEDAUER

Auch bei der Reifedauer gilt es, zwei Faktoren zu betrachten: an erster Stelle die Zartheit und, nicht minder wichtig, die Aromatik. Während die Aromatik,

Fleisch Codex **Fleischreifung** **von** Ronny Paulusch

Fleisch Codex — Fleischreifung — von Ronny Paulusch

Ronny Paulusch, unser Reife-Experte.

sprich: die Geschmackskomponente, ein subjektiver und damit kaum messbarer Eindruck ist, lässt sich die Zartheit mit einer Scherkraftmessung bestimmen. Die Scherkraft ist dabei die Kraft, die aufgewendet werden muss, um das Fleisch zu schneiden. Hierbei hat sich eine Reifezeit von 21 Tagen als optimal erwiesen; ab diesem Moment hat das Fleisch seine maximale Zartheit erreicht. Wie von einem guten Käse oder Schinken mit Reifezeiten von drei Jahren und mehr bekannt, intensiviert sich durch den Wasserentzug (kontrollierte Dehydration) der Geschmack analog zur Reifezeit. Ab 28 Tagen Trockenreifung bildet sich das typische *dry age*-Aroma, das sich im Laufe fortschreitender Reifezeit mehr und mehr entwickelt.

Dem folgend sollten dem Fleisch mindestens 3–4 Wochen Reifezeit für maximale Zartheit und intensives Fleischaroma gegeben werden. Ist *dry aged* gewünscht, sind mindestens 28 Tage anzustreben. Je nach gewünschtem Grad der Aroma-Ausprägung spricht auch nichts gegen eine Reifezeit von 6–8 Wochen und mehr. Denn: Mit der Reife kommt die Exzellenz.

REIFEVARIATIONEN

Mit dem Comeback der Trockenreifung in der öffentlichen Wahrnehmung haben sich auch andere Reifeverfahren etabliert:

TALG-REIFUNG/BUTTER AGING

Ihren Ursprung hat die Reifung mit Talg im österreichischen Kaisertum, was ihr auch den Beinamen „Alt-Wiener Fleischermethode" eingebracht hat. Generell ist dabei zu unterscheiden, ob eine vollständig anaerobe Reifung oder vielmehr die Versiegelung von Schnittflächen & Co. zur Minimierung des Trocknungsverlusts angestrebt wird.

Das Fleisch, in ausgelöster Form oder mit Knochen, wird mit dem vorbereiteten Talg besprüht oder bepinselt und somit vor äußeren Einflüssen geschützt. Um die Viskosität des eher spröden Talgs zu erhöhen, sollte man dem Rinderfett 20 Prozent Rapsöl beimischen.

Statt Talg wird auch oftmals handelsübliche Butter verwendet, die in einer fingerdicken Schicht ringsum aufgetragen wird, entweder pur oder mit einer Kräuter-/Gewürzmischung. Die Reifung in Butter ist allerdings mehr ein aktueller Hype als eine sinnvolle Reifemethode. Einziger Vorteil neben der ansprechenden Optik: Die Butter lässt sich zum Filetpreis verkaufen. Zur Versiegelung von Schnittflächen, verletzten Fettabdeckungen oder sensiblen Teilstücken kann alternativ auch handelsübliches Schweine- oder Butterschmalz verwendet werden.

ASCHEREIFUNG

Das Fleisch wird mit einer Mischung aus Asche, Gewürzen und ggf. etwas Salz ummantelt oder direkt in eine mit Asche gefüllte Box gelegt und bei mittlerer Luftfeuchtigkeit kühl gelagert. Die Asche wirkt antiseptisch, schützt vor Bakterien und Schimmelbefall und konserviert zugleich. Je nach Reifezeit wird eine festere, trockenere Struktur erzielt. Das Fleisch erhält eine tolle archaische Optik, einen ausgeprägten Eigengeschmack und ein dezentes Raucharoma.

WHISKY AGED

Nicht nur Whisky, auch Gin oder Wein sind sehr beliebt, um Fleisch darin zu „reifen" und es anschließend mit klangvollen Namen feilzubieten. Es handelt sich hierbei um ein typisches anaerobes *wet aging*, wobei das Fleisch aber nicht ausschließlich im eigenen Saft reift, sondern mehr oder minder dem zugefügten Medium ausgesetzt ist. Die Reifemethode bringt keine Vorteile in Sachen Zartheit, dafür aber einen besonderen Geruch, je nach Medium eine Farbveränderung und abhängig von der Dosierung auch eine spannende Geschmackskomponente.

SCHIMMELREIFUNG

Die Kombination Schimmel und Fleisch ist im Gegensatz zu ausgewählten Käsesorten oder exklusiven Salamis eher ungewohnt und aus gutem Grund auch unerwünscht. Dank moderner Produktionsstätten, ausgeklügelter Reifeschränke und hoher Hygienestandards kann die Bildung von unerwünschtem Schimmel während der Reifung heutzutage weitestgehend ausgeschlossen werden.

Fleisch Codex   Fleischreifung   von Ronny Paulusch

REIFETIPPS

Für bestmögliche Ergebnisse ist es unabdingbar, von Anfang an auf höchstmögliche Qualität zu achten. Keine Reifeart kann Fleisch minderwertiger Qualität besser machen, wohl aber hochwertiges Fleisch um ein Vielfaches veredeln.

Es empfiehlt sich daher, wo immer möglich, das Fleisch selbst in Augenschein zu nehmen, um sich von der Qualität zu überzeugen: Eine gute Marmorierung verspricht Saftigkeit und Zartheit, ein geschlossener Fettdeckel gewährleistet wenig Abtrocknungs- und damit verbundenen Schnittverlust. Sauber zugeschnittenes Fleisch deutet eher auf einen Handwerksbetrieb als auf die Akkordzerlegung hin. Schnell schmelzendes Fett steht für ungesättigte Fettsäuren als Garant für beste Qualität, und große Fleischstücke, idealerweise am Knochen, bedeuten mehr Ertrag.

Eine Ausnahme bildet die Reifung im LUMA-Verfahren – eine von den Schweizer Lebensmittelbiologen *Lucas Oechslin* und *Marco Tessaro* im Jahr 2010 entwickelte Kombination aus traditioneller Reifung am Knochen an der Luft *(dry aging)* und einer Edelschimmelpilzbehandlung. Der verwendete Pilz wurde von LUMA in der Natur gefunden und kultiviert. Um ihn in der Lebensmittelbranche verwenden zu dürfen, muss er kontrolliert und unter ganz bestimmten Bedingungen gezüchtet werden – ohne ihn evolvieren zu lassen. Nur so ist garantiert, dass er in seiner reinsten Form verwendet wird. Er durchwächst das Fleisch gleichmäßig und baut auf natürliche Weise das Bindegewebe ab. Zugleich wirkt der Edelschimmelpilz wie ein „Polizist" im Fleisch: Er verhindert, dass sich andere, unerwünschte Mikroorganismen ausbreiten.

Weitere biologische Prozesse bringen eine neue Qualität in Sachen Zartheit, Saftigkeit und Geschmack hervor. Bevor es in den Handel kommt, wird das Fleisch von Knochen und sichtbarem Schimmel befreit und vakuumiert.

FAZIT

So vermeintlich verschieden die Reifearten auf den ersten Blick auch sein mögen – letztlich gilt es nur zu unterscheiden zwischen aerob und anaerob. Und selbst bei diesen sind die Prozesse im Fleisch während der ersten und zweiten Reifephase identisch. Im Ergebnis jedoch gibt es gravierende Unterschiede. Die ursprünglichste, kompromissloseste und am wenigsten verfälschte Art der Fleischreifung ist die aerobe Trockenreifung *(dry aging)*, am besten am Knochen.

Fleisch Codex ZZZ **von** Ludwig Maurer

ZZZ – Zucht, Zerlegung & Zubereitung

Fleisch Codex ZZZ

von Ludwig Maurer

Fleisch ist kein Produkt, sondern ein Lebensmittel, das aus einem Lebewesen entsteht – und somit ist der oberste und einzig vertretbare Ansatz, Fleisch zu essen:

Respekt und Achtung vor dem Leben

Als ich 2005 meinen sogenannten Masterplan schmiedete, war mir eines ganz klar: Ich züchte ab jetzt die exklusivste Nutzrinderrasse der Welt und verkaufe das Fleisch später an meine Kochfreunde und Kulinarikkumpels aus dem Netzwerk, das ich mir bis dahin aufgebaut hatte. Berühmte Köche wie Stefan Marquard, Tim Mälzer, Frank Buchholz und Otto Koch hatten vorsorglich schon mal ihre Bestellung bei mir getätigt.

So weit, so gut – das alles hörte sich nach einem richtig guten Plan an. Also haben wir die ersten Rinder gekauft. Schon ein paar Monate später kam das erste Kalb zur Welt, und frei nach dem Prinzip Learning by Doing, Lernen aus Fehlern und rein ins kalte Wasser, wurden wir zu Wagyu-Züchtern. Nach drei weiteren Jahren war es dann so weit: Das erste Tier war schlachtreif.

Und auf einmal war mein Plan gar nicht mehr so meisterhaft. Ich habe diese wunderbaren Geschöpfe kennen- und lieben gelernt, war bei der Kalbung dabei, habe ihnen Namen gegeben und habe ihre „Pubertät" und Entwicklung mitbegleitet. Auf einmal waren aus diesen Nutztieren und „Produktlieferanten" Geschöpfe geworden, zu denen ich eine sehr emotionale Bindung aufgebaut hatte. Und diese sollte ich jetzt töten?! Ich vergleiche das gerne mit folgendem Beispiel: Man wünscht sich von Herzen, dass man fliegen kann, macht den Flugschein, kauft sich ein Flugzeug und stellt dann plötzlich fest, dass man eigentlich Flugangst hat.

Ich habe mir im Laufe meiner Zeit als Koch nie groß Gedanken gemacht über die Massen von abgepackten Fleischstücken in roten Fleischkisten, die wir bei Events verarbeitet haben. Für mich war das genauso ein Artikel wie ein Sack Zwiebeln, eine Dose Sauerkraut oder eine Flasche Ketchup. Eben ein Rohstoff zum Kochen. Doch durch meine Erfahrungen als Züchter und Landwirt habe ich eine ganz andere Denkweise entwickelt: Fleisch ist kein Produkt, sondern ein LEBENsmittel, das aus einem LEBEwesen entsteht – und somit ist der oberste und einzig vertretbare Ansatz, Fleisch zu essen: Respekt und Achtung vor dem LEBEN. ⚘

Fleisch Codex   von Ludwig Maurer

Fleisch Codex

von Ludwig Maurer

Fleisch Codex   **Old School**

Old School

Als Koch ist es wie als Musiker: Immer kommt irgendetwas Neues. Neue Bands, neue Musikrichtungen und neue Tanzstile. Immer ist irgendetwas „in" und irgendetwas „out".

Auch ich habe schon so einige Trends kommen und gehen sehen und habe mich dabei oft selbst ertappt, wie ich Dinge einfach mit aufgenommen und gemacht habe, nur weil sie neu und hip waren. Zum Beispiel kann ich mich noch gut daran erinnern, als ich 2005 in Skandinavien gearbeitet habe und der Haufen internationaler Jungköche, mit dem ich zusammengearbeitet habe, nur noch von einer Person gesprochen hat: Ferran Adrià aus dem El Bulli in Spanien. In dieser Zeit hat irgendwie jeder versucht, molekularen Kaviar aus irgendwas herzustellen, jede nur erdenkliche Flüssigkeit wurde durch einen Sahnebläser geballert und zur Espuma verkonstruiert. Und aus jedem Fischkopf hat man versucht, Lollis oder Chips herzustellen.

Zwei, drei Jahre später hat die mittlerweile nicht mehr wegzudenkende Microplane-Reibe die traditionelle Kastenreibe komplett abgelöst, und jeder junge, hippe Koch hat auf einmal an jedes erdenkliche Gericht Limetten-, Yuzu- und Zitronenabrieb gegeben. Sogar im letzten schwäbischen Wirtshaus mit Hausmannskost war auf einmal Limettenabrieb auf den Maultaschen. Jeder Kochlehrling, der noch nicht mal zwei Spiegeleier braten konnte und eine Woche zuvor seine Lehrstelle angetreten hat, hat auf jeden Fall schon mal was von „ausgewogener Säure" gefaselt. Diese Beispiele könnte ich noch unendlich weiterführen, sei es die Balsamico-Glace, die es als Standardartikel neben Mehl und Eiern in tatsächlich jede Gastronomie geschafft hat, oder die Nordic Cuisine, die einige Köche dazu inspiriert hat, dass eine rohe Eismeerkrabbe mit einem Stück Baumrinde als vollständiges, komplexes Gericht anzusehen ist.

Natürlich waren auch einige Lebensmittel, die wir aus der guten alten Lehrzeit kannten, nicht mehr en vogue, und natürlich hat keiner mehr damit gearbeitet. Auch ich nicht. Mittlerweile ist mir das komplett egal. Ich höre mir immer wieder gerne ein AC/DC-Album von 1975 an und denke mir, das kann man heute nicht mehr besser machen. Wenn ich mir ein Motörhead-Album anhöre und Lemmy sagt, das ist Rock 'n' Roll, dann ist das einfach so! Genauso ist es beim Kochen: Nicht alles, was Old School ist, ist out. Zumindest nicht für mich!

Ich liebe Worcestershire-Sauce, Filterkaffee, Cayennepfeffer, Speckbohnenbündchen, Kroketten, grünen Pfeffer in Lake, Toast Hawaii – und JA: Ich mach mir auch mal einen Spritzer Maggi in die Rinderbrühe! Old school and true! ♆

Fleisch Codex   Old School

Fleisch Codex   Rezepte

Fleisch Codex   Rezepte

Fleisch Codex Das goldene Kalb

Das goldene Kalb
– ein biblisches Missverständnis?

Seit ich denken kann, gab es in unserem Wirtshaus zu besonderen Festen immer mit das teuerste Essen: die gefüllte Kalbsbrust oder zur Spargelzeit das Kalbskotelett. Ein rosa gegarter Milchkalbrücken war immer die Krönung jedes Galamenüs. Denn Kalbfleisch ist etwas ganz Besonderes. So habe ich das mal gelernt. Zu meiner Kommunion hat mein Papa mir einen Kalbsrahmbraten mit Spätzle gemacht. Schon im Alten Testament wurde das goldene Kalb verehrt und hätte Moses beinahe in ziemliche Schwierigkeiten mit dem lieben Gott gebracht. Aber was ist dran an diesem besonderen Fleisch?
Um Milch zu produzieren, braucht man Kühe. Damit sie Milch geben, müssen sie kalben. Weibliche Kälber werden später wieder zu Milchkühen, und männliche Rinder, vor allem bei den intensiven Milchviehrassen, werden meist als Kalbfleisch im Alter von vier bis sechs Monaten geschlachtet, weil es sich für viele Betriebe nicht lohnt, diese aufzustallen und zu mästen. – Ganz krass gesagt ist Kalbfleisch ein Nebenerzeugnis aus der intensiven Milchwirtschaft.
In der Fleischrinderzucht ist die Produktion von Kalbfleisch nicht geläufig, da hier die Bullen bzw. Ochsen von höherem Wert sind. Ob Kalbfleisch wirklich etwas Besonderes ist oder ob es nicht eher die Textur dieses zarten Fleisches ist, die weit vor dem Geschmack steht, ist letztlich eine Glaubensfrage.

Fleisch Codex **Das goldene Kalb**

mit Sauce Café de Paris und geschmortem Chicorée

Kalbsbries gebraten

GRUNDREZEPT SAUCE:

300 g Wurzelgemüse (Karotten, Lauch, Sellerie, Staudensellerie, Zwiebeln, Knoblauch)
1 EL Tomatenmark
50 g Butter
500 ml Rotwein
Rapsöl
1 Nelke
2 Lorbeerblätter
1 TL Pfefferkörner
4 Wacholderbeeren
Stärke
Zucker
Salz und schwarzer Pfeffer

ZUTAT CHICORÉE:

400 g Chicorée

ZUTATEN KALBSBRIES:

500 g Kalbsbries
Salz
Zucker
20 g Butter

GARNITUR:

Gartenkresse

ZUBEREITUNG Das Wurzelgemüse in grobe Würfel schneiden und in der Butter anrösten. Das Tomatenmark zugeben und alles mit Rotwein ablöschen, dann die Gewürze dazugeben und mitköcheln lassen. Anschließend passieren und so lange einreduzieren, bis die Sauce leicht bindet (ggf. mit etwas Stärke abbinden).

ZUBEREITUNG CHICORÉE Den Chicorée halbieren und in einem Teil der passierten Sauce ca. 30 Minuten simmern lassen.

ZUBEREITUNG KALBSBRIES Die Haut vom Kalbsbries abziehen und portionieren (pro Portion ca. 100 g). Anschließend salzen und zuckern und in schaumiger Butter braten.

ANRICHTEN Den Chicorée aus dem Sud nehmen, trocken tupfen und auf dem Teller anrichten. Daneben reichlich Sauce angießen und das gebratene Kalbsbries auf den Chicorée legen. Mit etwas Gartenkresse garnieren.

mit Limettenfilet, Kartoffelsalat und Endiviensalat

Kalbsbries gebacken

ZUTATEN KARTOFFELSALAT:

600 g Kartoffeln (vorwiegend festkochend)
Salz und schwarzer Pfeffer
Zucker
5 EL weinwürziger Essig
2 EL Sonnenblumenöl

ZUTATEN ENDIVIENSALAT:

1 Endiviensalat
Salz
Zucker

ZUTATEN KALBSBRIES:

500 g Kalbsbries
Salz und schwarzer Pfeffer
200 g Mehl
2 Eier
300 g Semmelbrösel
20 g Butter
1 EL Rapsöl

GARNITUR:

2 Limetten

ZUBEREITUNG KARTOFFELSALAT Die Kartoffeln kochen, schälen und in grobe Stücke schneiden. Mit Salz, schwarzem Pfeffer und Zucker würzen und mit Essig und Öl vermischen.

ZUBEREITUNG ENDIVIENSALAT Den Endiviensalat putzen und waschen und in kleine Segmente schneiden. Salzen und zuckern. Die Limetten schälen und die Filets herausschneiden.

ZUBEREITUNG KALBSBRIES Vom Kalbsbries die Haut abziehen und portionieren. Anschließend mit Salz und Pfeffer würzen. Mehl, Eier und Semmelbrösel vermischen und das Bries damit panieren. Das Bries anschließend in einer Mischung aus Butter und Rapsöl rausbraten.

ANRICHTEN Den Kartoffelsalat mit dem Endiviensalat in der Mitte des Tellers anrichten. Dann das Kalbsbries darauflegen und mit Limettenfilets ausgarnieren.

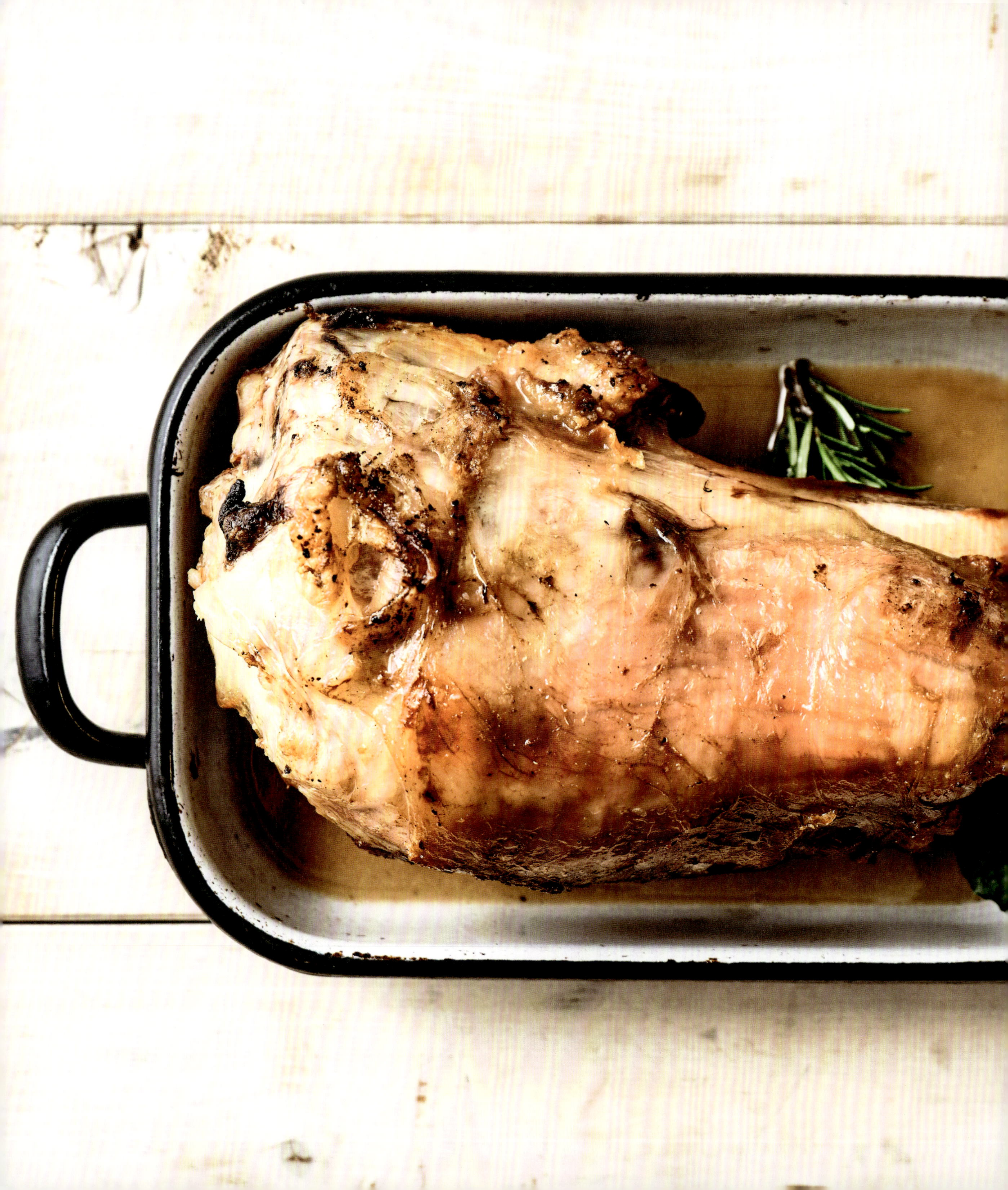

mit Kartoffelsalat

Kalbshaxe

ZUTATEN KARTOFFELSALAT:

600 g Kartoffeln (vorwiegend festkochend)
Salz und schwarzer Pfeffer
Zucker
4 EL feinwürziger Essig
Rapsöl
2 rote Zwiebeln
250 g Romanasalat
1 Bund frischer Schnittlauch

ZUTATEN KALBSHAXE:

1,5 kg Kalbshaxe (mit Knochen)
Zucker
Salz

ZUTATEN REINDLSAUCE:

300 g Wurzelgemüse (Karotten, Staudensellerie, Zwiebeln)
Rapsöl
2 EL Tomatenmark
50 g Butter
500 ml Rotwein
250 ml Wasser
2 Lorbeerblätter
4 Wacholderbeeren
Zucker
Salz
1 TL Pfefferkörner
Stärke

ZUBEREITUNG KARTOFFELSALAT Die Kartoffeln kochen, schälen und in grobe Stücke schneiden. Mit Salz, schwarzem Pfeffer und Zucker würzen und mit Essig und Öl vermischen. Die Zwiebeln in Würfel schneiden und unter den Salat mischen.

Den Romanasalat putzen, waschen und in feine Streifen schneiden, salzen, zuckern, mit etwas Öl vermengen und bis zum Anrichten beiseitestellen.

ZUBEREITUNG KALBSHAXE Das Wurzelgemüse in etwas Öl anbraten, mit dem Tomatenmark tomatisieren und mit Rotwein ablöschen. Etwas Wasser, die Lorbeerblätter, Pfefferkörner, Wacholderbeeren, Salz und Zucker zugeben. Auf die Hälfte einreduzieren und in eine Reine geben. Die Kalbshaxe salzen und zuckern und von allen Seiten in Butter anbraten und anschließend auf das Gemüse in die Reine legen. Bei 180 °C ca. 1 Stunde im Ofen braten. Nach dem Braten die Haxe aus der Reine nehmen und in Alufolie einwickeln. Die Sauce passieren und auf die gewünschte Konsistenz einreduzieren. Ggf. mit Stärke binden.

ANRICHTEN Die Kalbshaxe vom Knochen lösen und in gleich große Scheiben schneiden. Pro Portion ca. 3–4 Scheiben anrichten und mit reichlich Sauce bedecken. Daneben den Kartoffelsalat und darauf den marinierten Romanasalat mit frischem Schnittlauch anrichten.

mit Gnocchi und Parmesan

Kalbsnieren (Ragout)

ZUTATEN KALBSNIEREN:

800 g Kalbsniere
100 g Schalotten
30 g Butter
50 ml Cognac
200 g Sahne
Salz
Zucker

ZUTATEN GNOCCHI:

600 g Kartoffeln (vorwiegend festkochend)
50 g Hartweizengrieß
Salz und weißer Pfeffer
Muskat
250 g Mehl

GARNITUR:

1 Bund Garten-Senfrauke (Rucola)
50 g Parmigiano Reggiano
schwarzer Pfeffer aus der Mühle

ZUBEREITUNG KLABSNIEREN Die Nieren werden zuerst von ihrer Fettkapsel befreit und enthäutet sowie der Harnstrang entfernt. Anschließend werden sie gewässert. Um den Urin weitestgehend auszuspülen, empfiehlt sich mehrfaches Wässern. (Eine andere Methode besteht darin, die Nieren in Milch einzulegen oder sie mit ordentlich Salz kräftig durchzukneten und mit kaltem Wasser gut durchzuspülen.) Im Anschluss die Nieren in große Würfel schneiden und in einer Pfanne mit den gewürfelten Schalotten in Butter anbraten, mit Cognac ablöschen und mit Sahne auffüllen. Dann das Ganze mit Salz und Zucker abschmecken und einmal aufkochen lassen. (Die Nierchen sollten im Kern noch leicht glasig sein.)

ZUBEREITUNG GNOCCHI Die Kartoffeln schälen und anschließend in Salzwasser kochen, je nach Größe 30–40 Minuten. Anschließend gut ausdampfen lassen. Mit dem Grieß, einer Prise Salz, weißem Pfeffer, Muskat und einem Teil gesiebtem Mehl zu einem Teig kneten. Am besten eine Schüssel mit flachem Boden verwenden. Nach und nach den Rest des Mehls dazugeben. Den gesamten Teig vierteln. Aus den Stücken daumendicke Würste rollen. Mit einer Palette Stücke abschneiden und diese mit Mehl bestäuben (ansonsten kleben sie aneinander).

Die Gnocchi mithilfe einer Schaumkelle im gut gesalzenen Wasser siedend kochen. Das Wasser darf nicht sprudelnd kochen, weil sonst die Gnocchi zerfallen. Sie sind fertig, wenn sie an der Oberfläche auftauchen. (Wir haben die Gnocchi nach dem Kochen in schaumiger Butter nochmals angeschwenkt.)

ANRICHTEN Den Parmesan in Plättchen hobeln und bereitstellen. Den Rucola waschen und grob zerkleinern. Das Ragout in einen tiefen Teller geben und darauf die Gnocchi anrichten. Das Ganze mit frisch gehobeltem Parmesan und dem Rucola garnieren. Zum Schluss mit Pfeffer aus der Mühle würzen.

Man hasst sie oder man liebt sie! Bei Stefan Marquard habe ich gelernt, die Nieren mehrfach mit Salz durchzukneten und zu wässern. Dann ist auch der Uringeschmack weg. Als ich vor vielen Jahren auf meiner ersten Argentinienreise von einem richtigen Rinderbaron an seinem Tisch als Ehrengast zum Essen eingeladen wurde, kredenzte dieser ebenfalls Beef Kidneys. Diese waren allerdings nicht so zubereitet, wie ich es kannte, sondern ich hatte das Gefühl, ich stehe vor einem Festivalklo! Um nicht unhöflich zu wirken, habe ich die Nieren natürlich gegessen, aber das war das Schlimmste, was ich kulinarisch die letzten 25 Jahre erlebt habe!

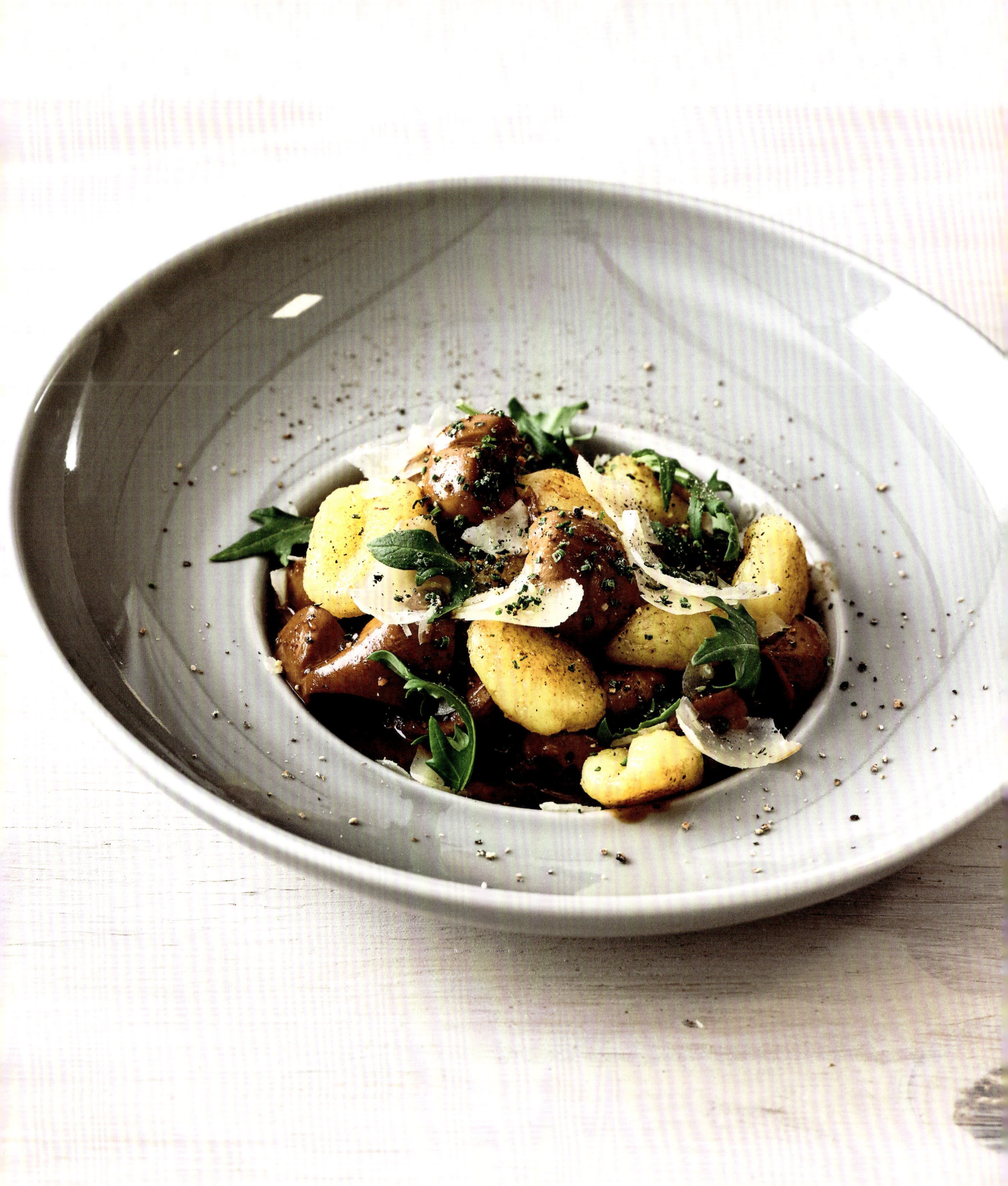

Kalbskopf-Praline/Kalbszunge süß-sauer/Kalbsbacke geschmort

3erlei Kalbskopf

ZUTATEN KALBSKOPF-PRALINE UND
KALBSZUNGE SÜSS-SAUER:

½ Kalbskopfmaske (enthaart und
ohne Knochen, ca. 0,8–1 kg)
½ Kalbszunge
1 Zwiebel
2 Karotten
1 Knollensellerie
½ Stange Lauch
350 ml Weinessig
250 ml dunkle Sojasauce
5 Wacholderbeeren
4 Lorbeerblätter
1 TL Pfefferkörner
3 Pimentkörner
20 g Butter
2 Eier
150 g Mehl
200 g Paniermehl
50 ml weinwürziger Essig
Saft von 1 Zitrone
Zucker
Salz und schwarzer Pfeffer

ZUTATEN KALBSBACKE GESCHMORT:

400 g Kalbsbacke
Rapsöl
300 g Wurzelgemüse (Karotten,
Lauch, Sellerie, Staudensellerie,
Zwiebeln, Knoblauch)
20 g Butter
1 EL Tomatenmark
300 ml Rotwein
2 Lorbeerblätter
4 Wacholderbeeren
2 Eier
100 g Mehl
150 g Paniermehl oder Panko
Zucker
Salz und schwarzer Pfeffer

ZUBEREITUNG KALBSKOPF-PRALINE UND KALBSZUNGE SÜSS-SAUER Die Kalbskopfmaske waschen und mit der Zunge, dem Gemüse und den Gewürzen in einen Topf geben und alles mit Wasser bedecken, langsam aufkochen. Dann etwa 2–3 Stunden weich kochen. Die Zunge etwas früher herausnehmen, weil sie eine kürzere Garzeit hat (ca. 1 Stunde). Dann im kalten Wasser abschrecken *(siehe Rezept Rinderzunge Madeira)*. Die Zunge in Quaderform schneiden (wir haben eine kleine Quaderform gewählt: 4 × 3 cm) und für ca. 1 Stunde in Sojasauce einlegen, dann die Quader panieren und von allen Seiten in einer Pfanne mit schaumiger Butter anbraten.

Sobald der Kalbskopf weich ist, mit kaltem Wasser abschrecken, putzen und alles in 1 cm große Stücke schneiden. Mit Salz, schwarzem Pfeffer, Zucker, Essig und etwas Zitronensaft sehr pikant abschmecken, da der Essig noch nachlässt.
(Der Kalbskopf-Fond sollte leicht überwürzt schmecken.)

Die Kalbskopf-Würfel in eine mit Klarsichtfolie ausgelegte Terrinenform geben. Mit dem Fond auffüllen und alles leicht beschweren. Das Ganze einen Tag im Kühlschrank ziehen lassen, dann aus der Form stürzen, die Folie entfernen und mit der Aufschnittmaschine oder einem scharfen Messer in die gewünschte Form schneiden. Anschließend die Quader panieren und von allen Seiten in einer Pfanne mit schaumiger Butter anbraten.

ZUBEREITUNG KALBSBACKE GESCHMORT Die Kalbsbacke in einem Topf mit Rapsöl von beiden Seiten anbraten und wieder herausnehmen. Dann das Wurzelgemüse klein schneiden und in Butter anbraten, salzen und zuckern und mit Tomatenmark anrösten. Mit Rotwein aufgießen, die Lorbeerblätter und Wacholderbeeren dazugeben und die Backen wieder zurück in die Sauce legen und weich schmoren (ca. 1–2 Stunden je nach Größe). Mit einem scharfen Messer in die gewünschte Form schneiden. Anschließend die Quader panieren und von allen Seiten in einer Pfanne mit schaumiger Butter anbraten.

Fleisch Codex — Das goldene Kalb

ZUTATEN SAUCE RAVIGOTE:

100 g rote Zwiebeln
100 g Gewürzgurken
50 g Sardellen
2 EL Kapern
2 EL Schnittlauch
2 EL Petersilie
100 ml Ketchup
1 EL Mayonnaise
3 EL Senf
Zucker
Salz und schwarzer Pfeffer

GARNITUR:

1 Zitrone
2 EL Kapern
50 g junger Blutampfer

ZUBEREITUNG SAUCE RAVIGOTE Die Zwiebel schälen, in Würfel schneiden. Die Gewürzgurken in Würfel schneiden. Die Hälfte der Sardellen für die Garnitur aufheben, die andere Hälfte zusammen mit den Kapern hacken. Den Schnittlauch und die Petersilie fein schneiden, dann Ketchup, Mayonnaise und Senf vermischen und alle Zutaten hinzufügen. Mit Salz, schwarzem Pfeffer und Zucker abschmecken.

GARNITUR/ANRICHTEN Die Sauce Ravigote in die Mitte des Tellers geben und die panierten Quader danebenlegen. Die Zitrone in Scheiben schneiden und die restlichen Sardellen zu feinen Röllchen rollen und mit den Kapern anrichten. Mit frisch gewaschenem Blutampfer garnieren.

mit Schmorsauce und unseren Waldschlösslknödeln

Kalbsnierenbraten

ZUTATEN WALDSCHLÖSSLKNÖDEL:

150 ml Milch
250 g Knödelbrot
2 Schalotten
1 EL Butter
2 Eier
200 g Kartoffelteig (roher Kloßteig)
Anissamen
Fenchelsamen
Koriander
Muskatnuss
1 EL fein gehackte Blattpetersilie
Salz und weißer Pfeffer

ZUTATEN KALBSNIERENBRATEN:

1 kg Kalbsbrust
400 g Kalbsnieren
20 g Butter
1 Bund Blattpetersilie
1 Zitrone
Zucker
Salz und schwarzer Pfeffer

ZUTATEN SCHMORSAUCE:

300 g Wurzelgemüse (Karotten, Lauch, Sellerie, Staudensellerie, Zwiebeln, Knoblauch)
Rapsöl
2 EL Tomatenmark
50 g Butter
500 ml Rotwein
250 ml Madeira
250 ml Wasser
50 g Sahne
3 Lorbeerblätter
1 TL Pfefferkörner
4 Wacholderbeeren
Zucker
Salz und schwarzer Pfeffer

ZUBEREITUNG WALDSCHLÖSSLKNÖDEL Die Milch erwärmen und das Knödelbrot damit übergießen. Die Schalotten fein hacken und in der Butter glasig andünsten. Die Eier und den Kartoffelteig unterheben. Anis, Fenchel und Koriander in einer Pfanne ohne Öl anrösten und anschließend im Mörser fein mahlen. Gewürze unterheben, mit Salz, weißem Pfeffer und Muskatnuss abschmecken. Die Petersilie fein hacken und untermengen. Anschließend Knödel formen.

Tipp: An besonderen Feiertagen kann man auch mal 100 g geräucherte Speckwürfel mit untermengen.

ZUBEREITUNG KALBSNIERENBRATEN UND SCHMORSAUCE Die Kalbsbrust von einer Seite mittig einschneiden, aber nicht durchschneiden (Taschenschnitt). Anschließend die Nieren salzen und zuckern und in die Mitte der Kalbsbrust legen. Alles fest einrollen und mit nassem, dünnem Küchengarn wie einen Rollschinken binden. In heißer Butter rundherum anbraten.

Für die Sauce das Wurzelgemüse in etwas Öl anbraten, mit dem Tomatenmark tomatisieren, mit Rotwein und Madeira ablöschen. Etwas Wasser, die Lorbeerblätter, Pfefferkörner, Wacholderbeeren, Salz und Zucker zugeben. Auf die Hälfte einreduzieren und in eine Reine geben. Die gefüllte Kalbsbrust daraufsetzen und im Ofen bei 170 °C für 2 Stunden braten. Anschließend das Fleisch aus der Reine nehmen, das Garn entfernen und in gleichmäßige Scheiben schneiden.

Die Sauce in der Reine durchmixen und grob durchpassieren. (Die Sauce soll ihre Bindung durch das Gemüse erhalten.) Zum Schluss die Sauce mit Salz, schwarzem Pfeffer, Zucker und Zitronensaft abschmecken und mit der Sahne verfeinern.

ANRICHTEN Den Braten mit reichlich Sauce auf dem Teller anrichten und daneben die Knödel mit frisch geschnittener Blattpetersilie garnieren.

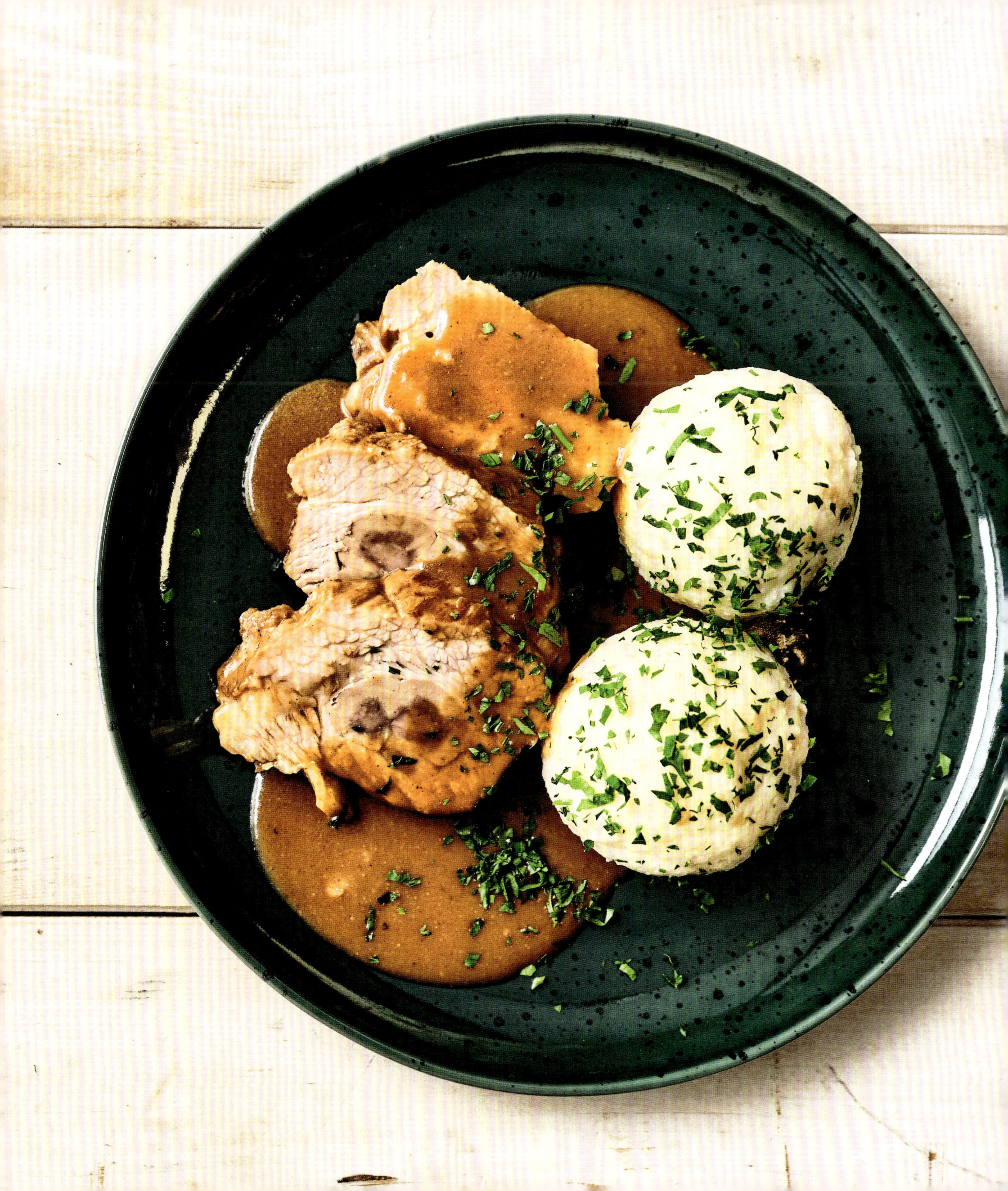

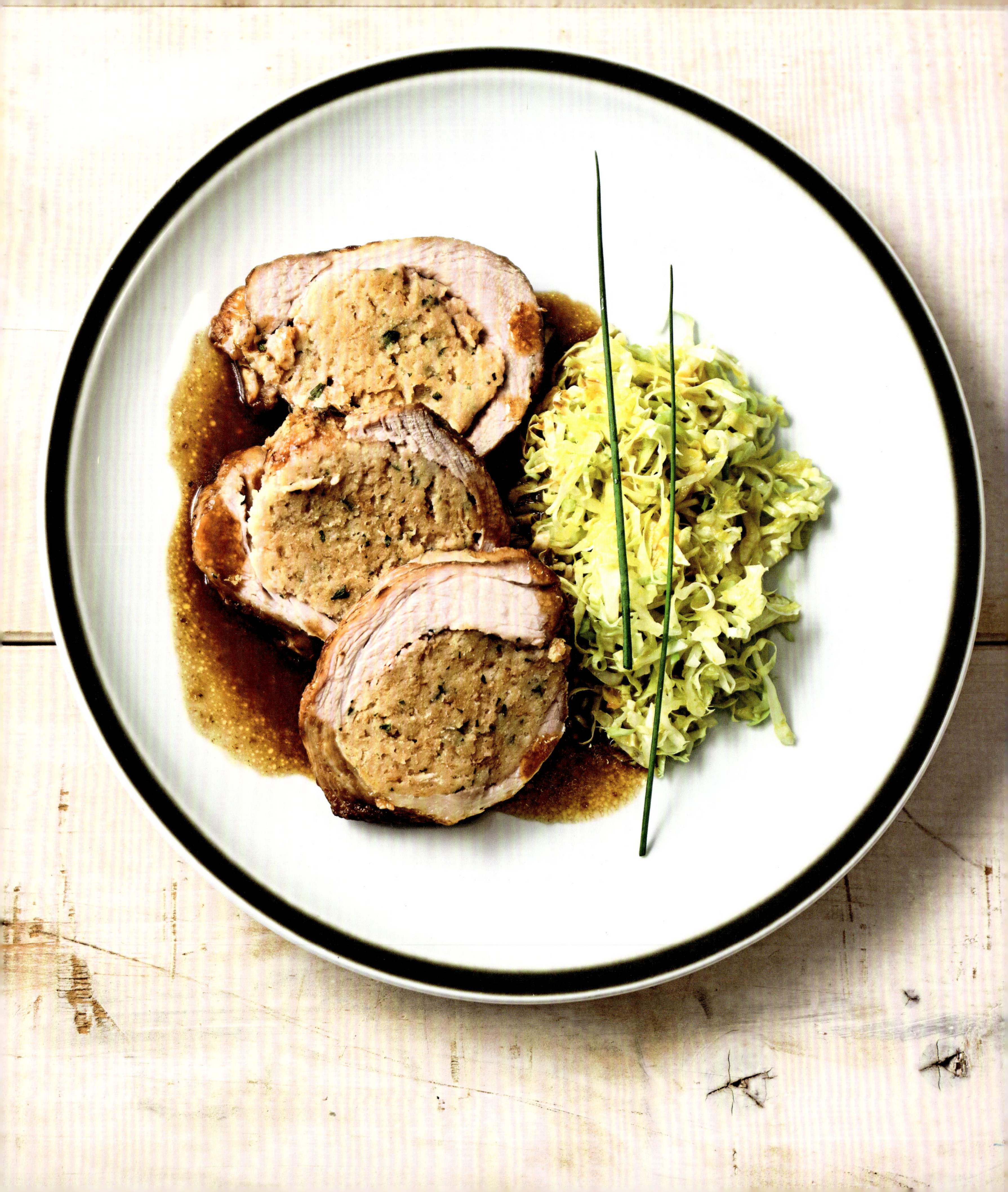

mit Semmelfülle, Endiviensalat und Senfsauce

Gefüllte Kalbsbrust

ZUTATEN SEMMELFÜLLE:

500 g Knödelbrot
200 ml Milch
3 Eier
1 weiße Zwiebel
50 g Butter
1 Bund Blattpetersilie

ZUTATEN ENDIVIENSALAT:

1 Kopf Endiviensalat
1 EL mittelscharfer Senf
Rapsöl
Muskat
Zucker
Salz und schwarzer Pfeffer

ZUTATEN KALBSBRUST:

800 g Kalbsbrust
50 g Butter
Zucker
Salz und schwarzer Pfeffer

ZUTATEN SENFSAUCE:

300 g Wurzelgemüse (Karotten, Staudensellerie, Zwiebeln)
Rapsöl
2 EL Tomatenmark
500 ml Rotwein
250 ml Wasser
2 Lorbeerblätter
1 TL Pfefferkörner
4 Wacholderbeeren
Salz und schwarzer Pfeffer
4 EL mittelscharfer Senf
Zucker
50 g Butter
Stärke

GARNITUR:

1 Bund Schnittlauch

ZUBEREITUNG SEMMELFÜLLE Das Knödelbrot in eine Schüssel geben und mit der Milch vermischen (man kann die Milch auch erwärmen), dann die Eier dazugeben. Die Zwiebel in Würfel schneiden und in Butter kurz anbraten. Die Petersilie schneiden und zusammen mit den angebratenen Zwiebelwürfeln in die Masse geben.

ZUBEREITUNG ENDIVIENSALAT Den Endiviensalat halbieren, den Strunk entfernen und waschen. Anschließend in feine Streifen schneiden, salzen, zuckern und mit dem Senf und etwas Öl vermischen.

ZUBEREITUNG KALBSBRUST Die Kalbsbrust von einer Seite mittig einschneiden, aber nicht durchschneiden (Taschenschnitt).

Anschließend die Semmelmasse einfüllen, einrollen und mit nassem, dünnem Küchengarn wie einen Rollschinken binden. In heißer Butter rundherum anbraten. Das Wurzelgemüse in etwas Öl anbraten, mit dem Tomatenmark tomatisieren und mit Rotwein ablöschen. Etwas Wasser, die Lorbeerblätter, Pfefferkörner, Wacholderbeeren, Salz und Zucker zugeben. Auf die Hälfte einreduzieren und in eine Reine geben. Die Kalbsbrust salzen und zuckern und von allen Seiten in Butter anbraten und anschließend auf das Gemüse geben.

Im Ofen bei 170 °C für 2 Stunden braten. Anschließend das Fleisch aus der Reine nehmen, das Garn entfernen und in gleichmäßige Scheiben schneiden.

Die Sauce in der Reine durchmixen und grob durchpassieren. (Die Sauce soll ihre Bindung durch das Gemüse erhalten.) Zum Schluss die Sauce mit Salz, schwarzem Pfeffer, Zucker und dem Senf abschmecken.

ANRICHTEN Die gefüllte Kalbsbrust in Scheiben schneiden und auf dem Teller mit reichlich Sauce und daneben den Endiviensalat anrichten. Als Garnierung ein paar frische Schnittlauchstängel auf den Salat legen.

mit Bratkartoffeln und Gurkensalat

Kalbsschnitzel

ZUTATEN KALBSSCHNITZEL:

600 g Kalbsoberschale
Salz und schwarzer Pfeffer
Paprika, edelsüß
2 Eier
200 g Mehl
300 g Semmelbrösel
50 g Butter
2 EL Rapsöl

ZUTATEN BRATKARTOFFELN:

600 g Kartoffeln (vorwiegend festkochend)
150 g Speck (Schweinebauch)
1 Zwiebel
20 g Butter
1 EL Rapsöl
Salz und schwarzer Pfeffer
1 TL Kümmel, ganz
1 Bund Petersilie

ZUTATEN GURKENSALAT:

2 Gurken (600 g)
1 Bund Dill
Zucker
Salz und schwarzer Pfeffer

SONSTIGES:

1 Glas Preiselbeeren
1 Zitrone

ZUBEREITUNG KALBSSCHNITZEL Die Kalbsoberschale in Scheiben schneiden (4–5 große Scheiben oder 8–10 kleine) und plattieren. Mit Salz, Pfeffer und edelsüßem Paprika würzen und anschließend panieren (die Panade nicht zu sehr andrücken, da das Schnitzel beim Anbraten sonst keine Wellen schlägt). Dann die Schnitzel in einer Mischung aus Butter und Rapsöl rausbraten.

ZUBEREITUNG BRATKARTOFFELN Die Kartoffeln in Salzwasser kochen, anschließend schälen und auskühlen lassen. (Man kann die Kartoffeln einen Tag vorher kochen und sie dann im Kühlschrank auskühlen lassen.) Die Kartoffeln in Scheiben, den Speck in Streifen und die Zwiebel in Würfel schneiden. Dann die Kartoffeln in Butter anbraten, herausnehmen und nun den Speck und die Zwiebeln mit etwas Öl anbraten. Zum Schluss die Kartoffeln wieder dazugeben und alles mit Salz, schwarzem Pfeffer und ganzem Kümmel würzen. Petersilie in feine Streifen schneiden und daruntermischen.

ZUBEREITUNG GURKENSALAT Die Gurken waschen und fein hobeln, dann mit Salz und Zucker würzen. Den ersten Saft entfernen und im Anschluss nochmals mit Salz, schwarzem Pfeffer und etwas Dill abschmecken.

ANRICHTEN Die Schnitzel und die Bratkartoffeln auf den Teller geben. Einen Löffel Preiselbeeren und eine Scheibe Zitrone anlegen. Den Gurkensalat in eine separate Schale geben.

Beim Schnitzel scheiden sich die Geister. Mein Vater hat es immer in richtig viel Fett frittiert. Später war es en vogue, das Schnitzel NUR in der Pfanne zu braten und mit etwas Butter nachzubraten. Als ich ein kleiner Junge war, habe ich mal ein Schnitzelranking durchgeführt: Egal, wo wir zum Essen hingingen, ich habe mir immer Schnitzel bestellt und sie bewertet. Der klare Sieger: das Schnitzel daheim im Waldschlössl!

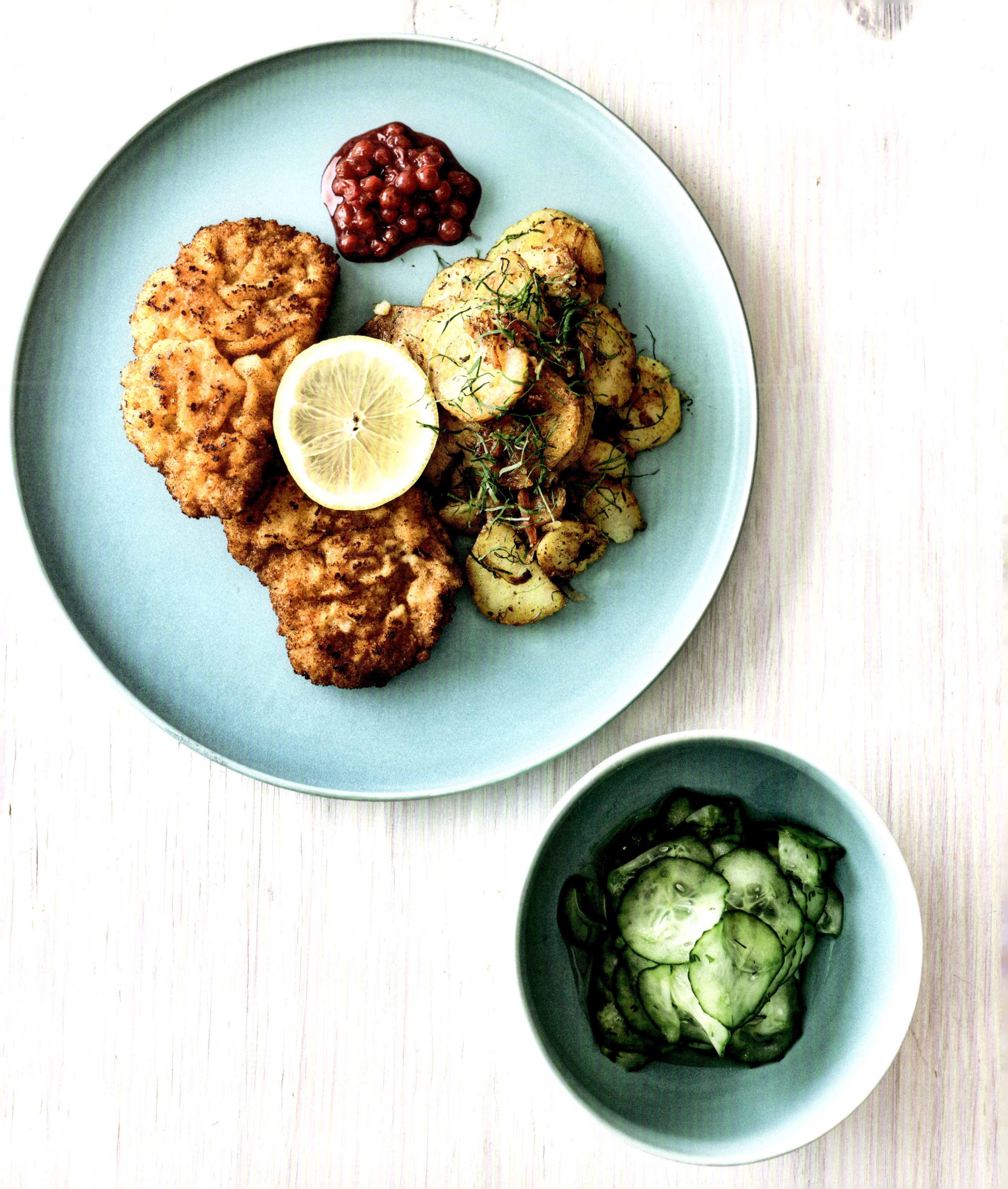

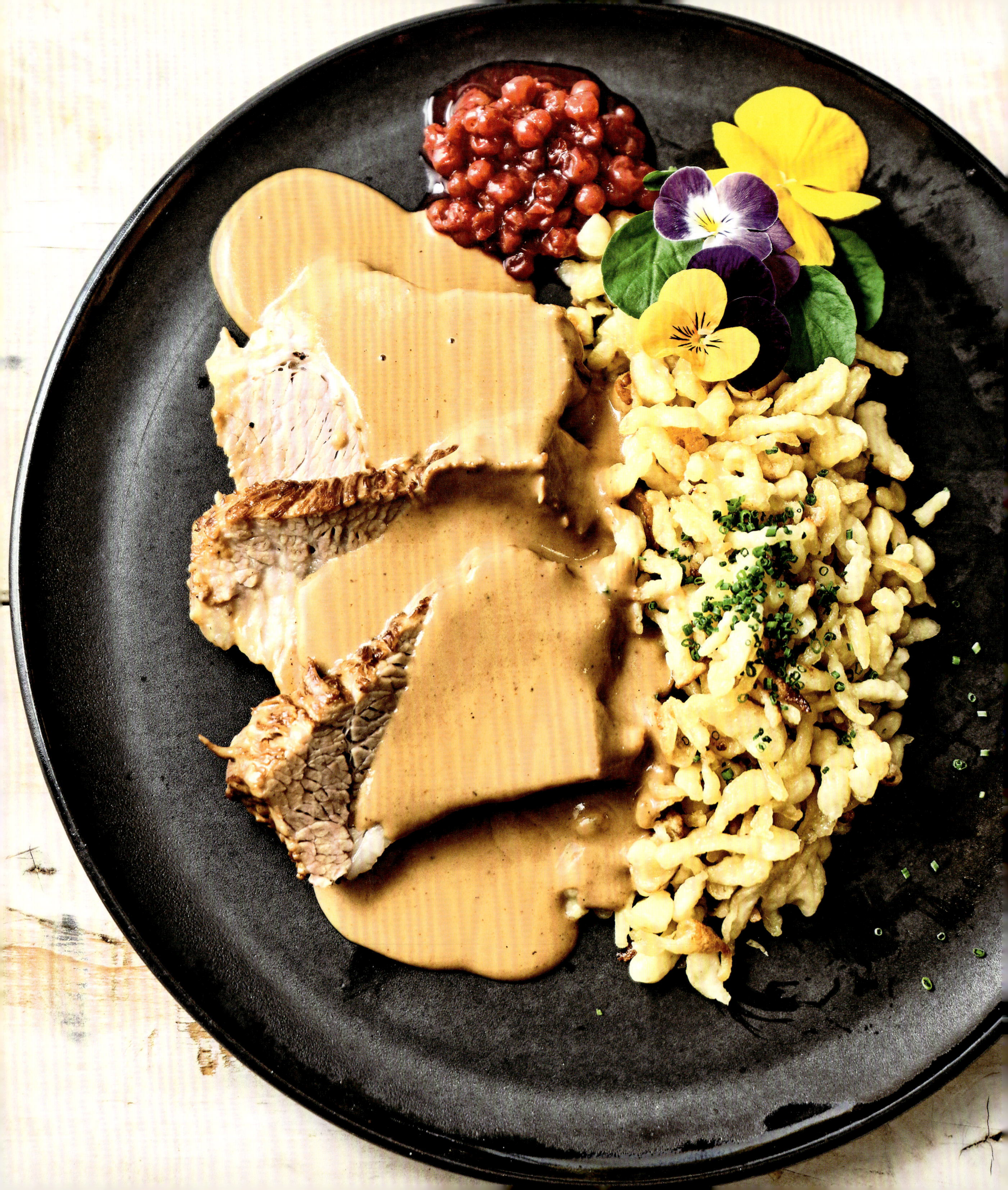

mit Spätzle und Preiselbeeren

Kalbsrahmbraten

ZUTATEN BRATEN:

1–1,2 kg Kalbsnuss (oder Bug)
Zucker
Rapsöl
500 g Wurzelgemüse (Karotten, Lauch, Sellerie, Staudensellerie, Zwiebeln, Knoblauch)
50 g Butter
2 EL Tomatenmark
750 ml Rotwein
200 ml Wasser
250 g Sahne
2 Nelken
3 Lorbeerblätter
1 TL Pfefferkörner
5 Wacholderbeeren
1 Zweig Rosmarin
Salz und schwarzer Pfeffer

ZUTATEN SPÄTZLE:

200 g Mehl (Typ 405)
300 g doppelgriffiges Mehl (Wiener Grießler)
5 Eier
Muskat
50 ml Milch
20 g Butter
Salz und weißer Pfeffer

GARNITUR:

1 Glas Preiselbeeren
frischer Schnittlauch
Blüten

ZUBEREITUNG BRATEN Das Kalbfleisch in 2–3 Bratenstücke schneiden (je nach Größe), dann salzen und zuckern und von allen Seiten in Öl anbraten. Anschließend aus dem Topf nehmen.

Das Wurzelgemüse im selben Topf mit Butter anschwitzen, das Tomatenmark dazugeben, rösten und mit Rotwein ablöschen. Mit Wasser aufgießen, Gewürze und Kräuter dazugeben und die Bratenstücke darin für ca. 2–3 Stunden schmoren.

Das geschmorte Fleisch herausnehmen und die übrige Flüssigkeit durch ein Sieb geben. Anschließend etwas einreduzieren lassen, die Sahne dazugeben und alles mit Salz, schwarzem Pfeffer und Zucker abschmecken, ggf. mixen.

ZUBEREITUNG SPÄTZLE Die beiden Mehltypen sieben und mit den Eiern vermengen. Das Ganze mit Salz, weißem Pfeffer und Muskat würzen und am besten mit einem Holzlöffel so lange rühren, bis daraus eine zähe, klebrige Masse entsteht. Diese für ca. 15 Minuten ruhen lassen. Dann die Milch zugeben und nochmals glatt rühren.

Einen hohen Topf mit gesalzenem Wasser aufstellen und die Masse in 3 Durchgängen durch einen Spätzlehobel in den Topf tropfen lassen. Die Spätzle sollten pro Kochvorgang ca. 3 Minuten kochen. Anschließend mit einer Schaumkelle herausnehmen und in einer Pfanne mit Butter anschwenken. (Man kann die Spätzle auch in kaltem Wasser abschrecken und sie anschließend in einem dafür vorgesehenen Gefäß mit Deckel im Kühlschrank einlagern.)

ANRICHTEN Den Braten in gleichmäßige Scheiben schneiden und mit reichlich Sauce anrichten. Die Spätzle daneben auf den Teller geben und mit etwas Schnittlauch garnieren. Abschließend einen Esslöffel Preiselbeeren neben die Spätzle geben und mit Blüten dekorieren.

Der Kalbsrahmbraten mit Spätzle war bei uns kein Standardgericht, den gab es nur zu ganz besonderen Anlässen: Ich habe zum Beispiel zu meiner Erstkommunion einen bekommen.

Kalbsleber

Berliner Art mit Apfel, Zwiebel und Kartoffelpüree

ZUTATEN KARTOFFELPÜREE:

600 g Kartoffeln (mehligkochend)
250 ml Milch
100 g Butter
Salz und weißer Pfeffer
Zucker
Muskat

ZUTATEN ZWIEBELRINGE:

3 Zwiebeln
100 g Mehl
500 ml Pflanzenöl zum Frittieren

ZUTATEN APFELSCHEIBEN:

2 Äpfel
50 g Butter
brauner Zucker
100 ml Calvados

ZUTATEN KALBSLEBER:

800 g Kalbsleber
50 g Mehl
20 g Butter
Salz und schwarzer Pfeffer

GARNITUR:

1 Bund Pimpinelle
1 Bund Schnittlauch

ZUBEREITUNG KARTOFFELPÜREE Die Kartoffeln schälen und je nach Größe 30–40 Minuten weich kochen, dann abgießen und etwas ausdampfen lassen. In der Zwischenzeit die Milch und die Butter leicht erwärmen und mit Salz, weißem Pfeffer, Zucker und einer Spur Muskatnuss würzen (die Masse sollte leicht überwürzt sein). Kartoffeln mit einer Presse in die Milch-Butter-Mischung pressen und nur leicht vermengen. (Das Kartoffelpüree darf nicht zu lange durchgerührt werden, da es sonst klebrig wird.)

ZUBEREITUNG ZWIEBELRINGE Die Zwiebeln mit einer Aufschnittmaschine in Ringe schneiden, mehlieren und anschließend im Fett bei ca. 170 °C für 2–3 Minuten goldgelb frittieren.

ZUBEREITUNG APFELSCHEIBEN Die Äpfel schälen, das Kernhaus entfernen und in Scheiben schneiden. Dann in einer Pfanne mit Butter und etwas braunem Zucker karamellisieren, mit Calvados ablöschen und leicht einreduzieren.

ZUBEREITUNG KALBSLEBER Die Leber in Scheiben schneiden, anschließend mehlieren und in einer Pfanne mit reichlich Butter von beiden Seiten anbraten. Nach dem Braten mit Salz und schwarzem Pfeffer würzen.

ANRICHTEN Die Leber sofort nach dem Braten in der Mitte des Tellers platzieren und daneben das Kartoffelpüree anrichten. Die glasierten Apfelscheiben zusammen mit den Röstzwiebeln auf die Leber legen. Das Ganze mit Pimpinelle und Schnittlauch garnieren.

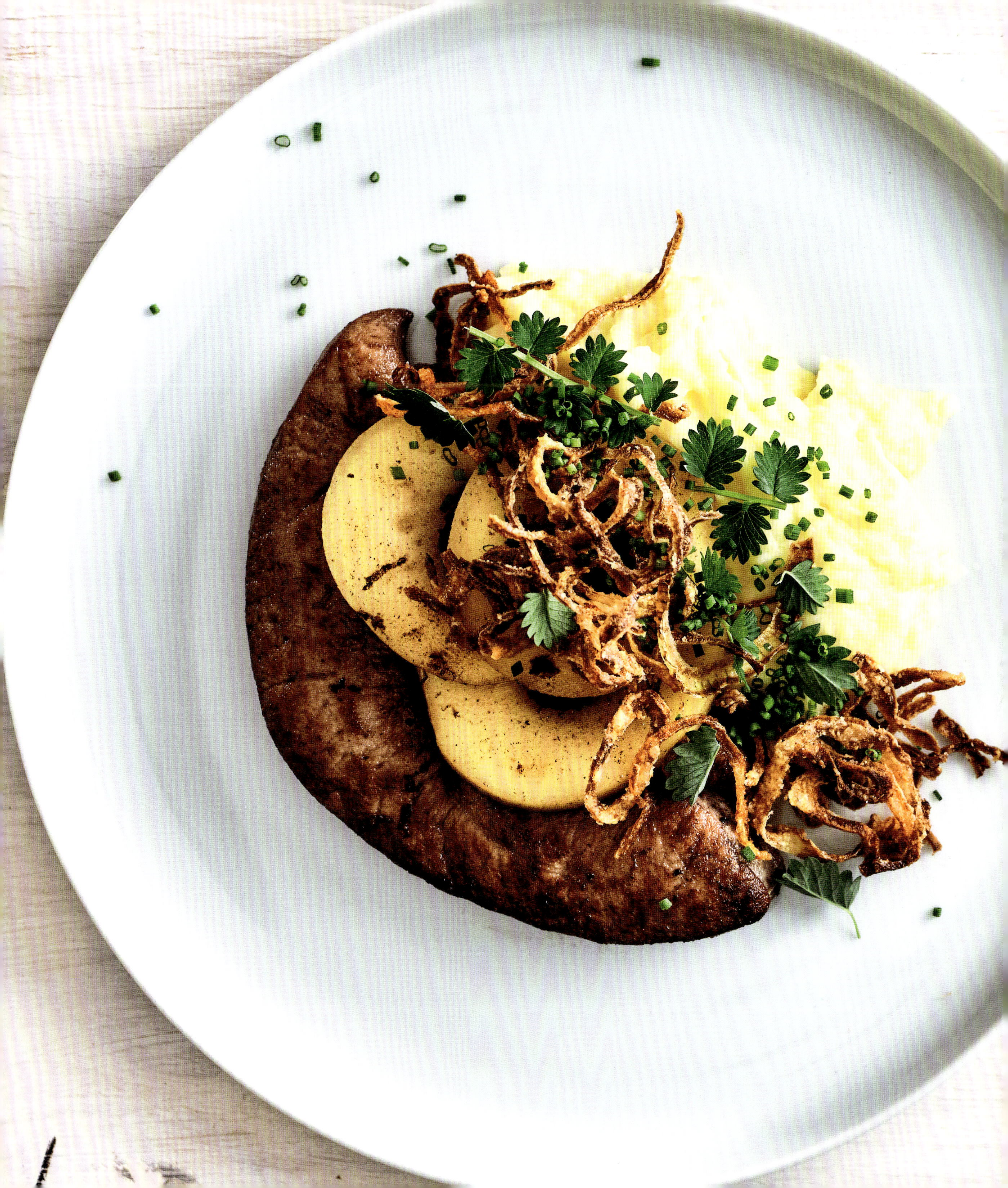

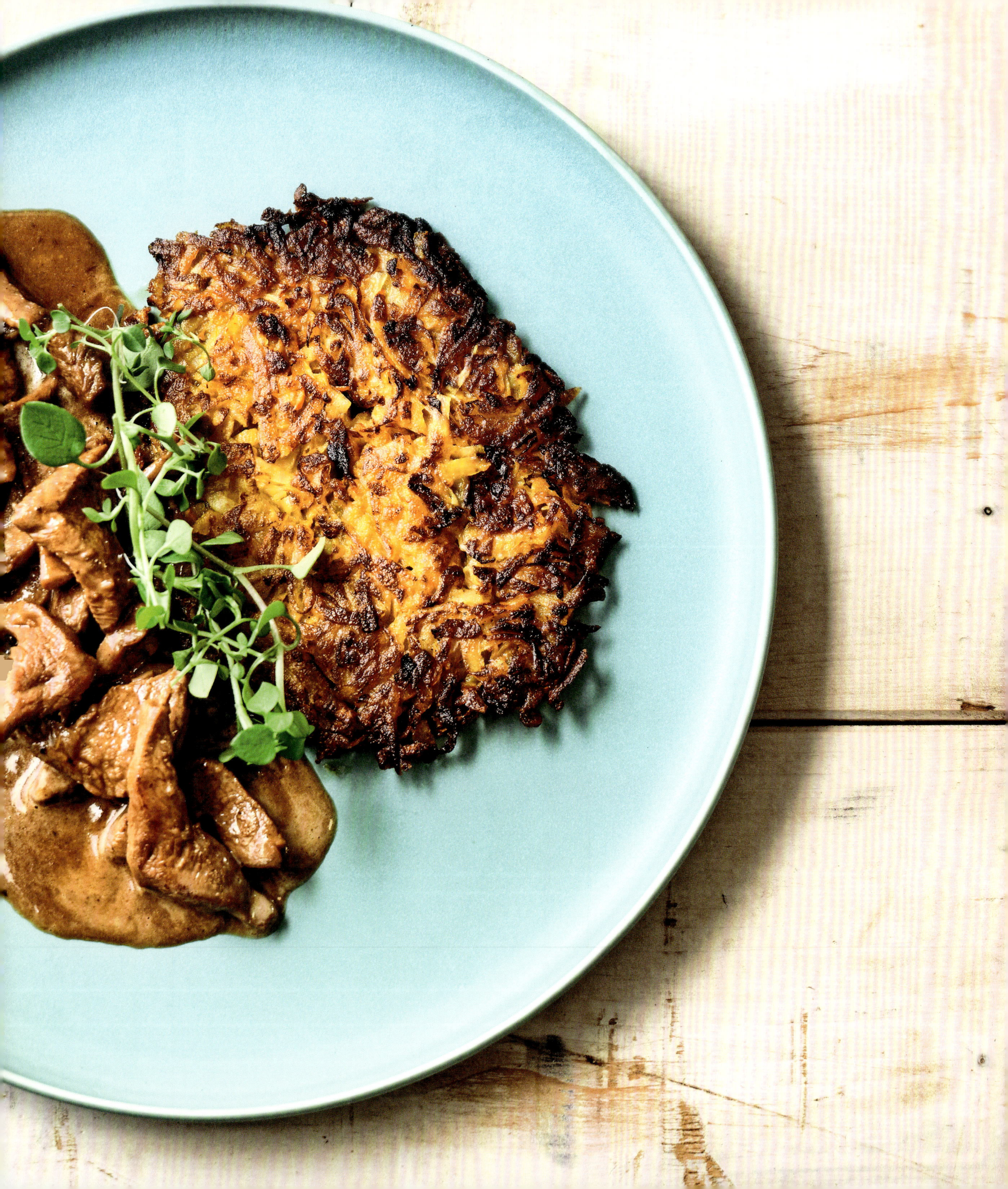

mit Kartoffel und Hokkaido-Rösti

Kalbsgeschnetzeltes

ZUTATEN HOKKAIDO-RÖSTI:

400 g Kartoffeln
400 g Hokkaido-Kürbis
1 Ei
Rapsöl
Zucker
Salz und schwarzer Pfeffer

ZUTATEN KALBSGESCHNETZELTES:

600 g Kalbshüfte
Rapsöl
20 g Butter
1 Zwiebeln, klein gehackt
50 ml dunkle Sojasauce
2 cl Cognac
200 g Sahne
Zucker
Salz

GARNITUR:

20 g Vogelmiere

ZUBEREITUNG HOKKAIDO-RÖSTI   Die Kartoffeln und den Kürbis schälen und grob in eine Schüssel raspeln, das Ei unterrühren und mit Salz, schwarzem Pfeffer und Zucker würzen. Öl in einer Pfanne erhitzen, einen Schöpfer der Masse (ca. 200 g) hineingeben und flach drücken. Bei mittlerer Hitze ca. 10–15 Minuten braten, bis die Unterseite goldbraun ist. Dann vorsichtig wenden (ggf. etwas Öl hinzufügen) und in weiteren 10–15 Minuten fertig braten.

ZUBEREITUNG KALBSGESCHNETZELTES   Das Kalbfleisch in Streifen schneiden, salzen und zuckern und anschließend in Öl scharf anbraten. Dann etwas Butter und die gehackte Zwiebel dazugeben, alles durchschwenken, mit Sojasauce und Cognac ablöschen, die Sahne zugeben und aufkochen. Anschließend reduzieren, bis die Sauce die gewünschte Konsistenz erreicht hat.

ANRICHTEN   Das Geschnetzelte mit viel Sauce auf den Teller geben, daneben den Rösti anlegen und mit Vogelmiere garnieren.

| Fleisch Codex | Rezepte | Kalb |

| Fleisch Codex | Rezepte | Kalb |

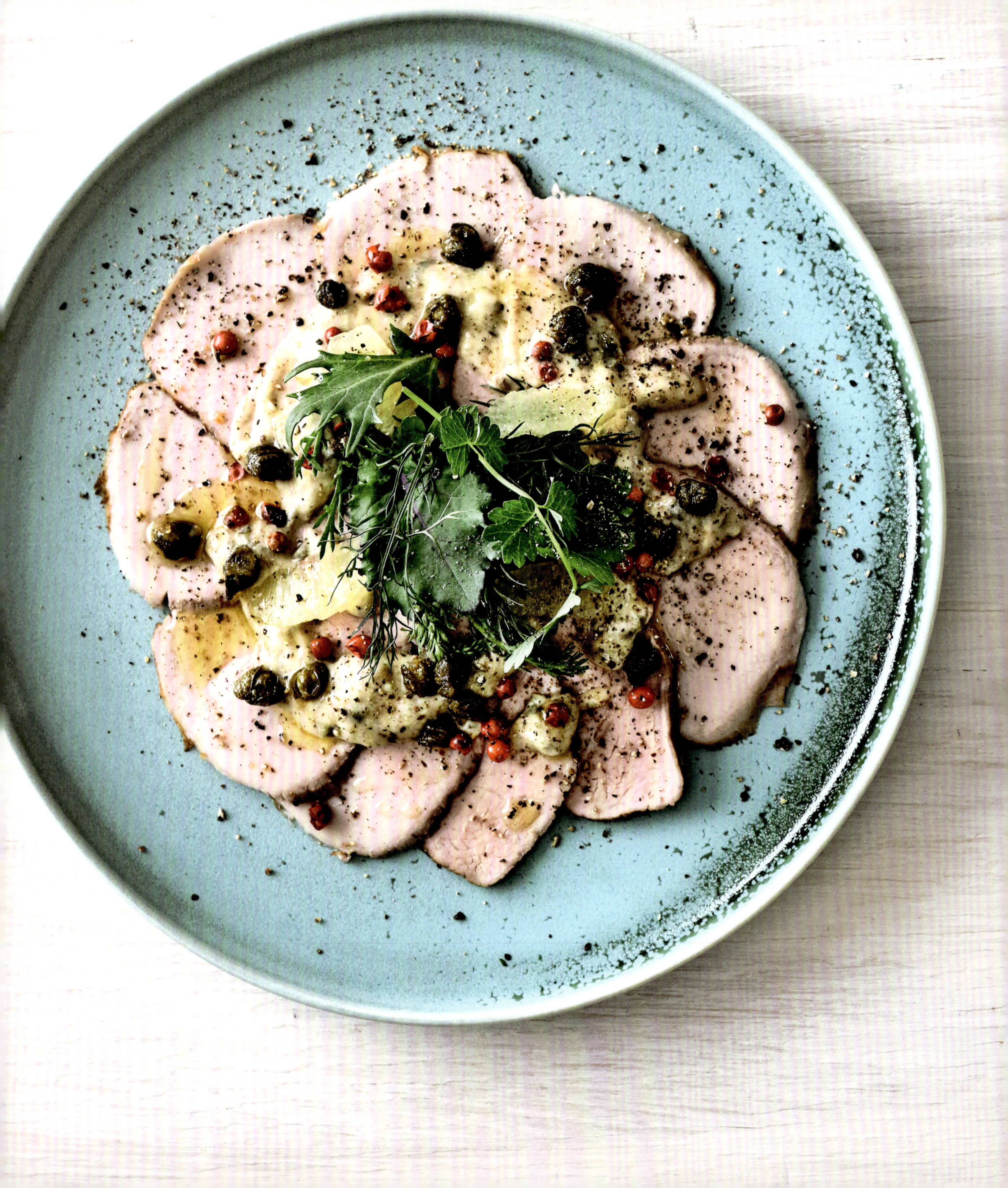

aus der Semerrolle mit rosa Pfeffer und Kapern

Vitello Tonnato

ZUTATEN SEMERROLLE:

400 g Semerrolle vom Kalb
20 g Butter
Zucker
Salz

SONSTIGES:

1 EL rosa Pfefferbeeren
Olivenöl
150 g Sardellen
1 Zitrone
1 Bund Liebstöckel
1 Bund Blattpetersilie
1 Bund Dill
2 EL getrocknete Kapern
Zucker
Salz und schwarzer Pfeffer aus der Mühle

ZUBEREITUNG Semerrolle salzen und zuckern, von allen Seiten anbraten, anschließend vakuumieren und bei 60 °C für 45 Minuten sous-vide garen. Herausnehmen und mit einer Aufschnittmaschine in dünne Scheiben schneiden. (Wenn die Semerrolle ausgekühlt ist, kann man sie einfacher schneiden.)

Die rosa Pfefferbeeren in Olivenöl einlegen. Die Sardellen mit eigenem Öl durchmixen und ggf. mit Salz, schwarzem Pfeffer und Zucker abschmecken.

Die Zitrone schälen und die Filets herausschneiden. Den Liebstöckel, die Blattpetersilie und den Dill zupfen, waschen und anschließend mit etwas Salz und Zucker würzen.

ANRICHTEN Die Scheiben der Semerrolle auf den Teller legen (pro Portion ca. 80–90 g). Rundherum die Sardellencreme gleichmäßig verteilen, die gezupften Kräuter in die Mitte geben und alles mit den rosa Pfefferbeeren und dem Öl beträufeln. Zum Schluss die getrockneten Kapern und die Zitronenfilets anlegen und mit Pfeffer aus der Pfeffermühle nochmals würzen.

mit Blaukraut und Petersilienwurzel-Püree

Kalbsfleischpflanzerl

ZUTATEN FLEISCHPFLANZERL:

1 Zwiebel
20 g Butter
600 g faschiertes Kalbsfleisch
2 Eier
1 EL mittelscharfer Senf
gemahlener Kümmel
Saft von 1 Zitrone
Rapsöl
Zucker
Salz und schwarzer Pfeffer

ZUTATEN BLAUKRAUT:

500 g Blaukraut
1 Zwiebel
1 Apfel
20 g Butter
Rapsöl
3 EL weinwürziger Essig
150 ml Rotwein
100 ml Wasser
4 Wacholderbeeren
2 Lorbeerblätter
3 Pimentkörner
1 Nelke
Stärke nach Belieben
Zucker
Salz und schwarzer Pfeffer

ZUTATEN PETERSILIENWURZEL-PÜREE:

400 g Petersilienwurzel
200 g Sahne
Oxalis
Zucker
Salz

ZUBEREITUNG FLEISCHPFLANZERL Die Zwiebel schälen, in Würfel schneiden und in Butter glasig anschwitzen. Dann mit dem faschierten Kalbsfleisch vermischen, die Eier und den Senf dazugeben und durchkneten. Mit Salz, schwarzem Pfeffer, Zucker, Kümmel und Zitronensaft abschmecken. 4 gleichmäßige Pflanzerl formen (pro Portion ca. 150 g). In einer Pfanne mit etwas Butter und Öl von beiden Seiten anbraten.

ZUBEREITUNG BLAUKRAUT Das Kraut waschen, den Strunk entfernen und das Blaukraut hobeln. Dann salzen und zuckern und gut durchkneten. (Das Kraut sollte dadurch schon etwas weich werden.)

Die Zwiebel und den Apfel schälen, fein hacken und in etwas Butter und Öl anschwitzen, den Zucker dazugeben und karamellisieren, dann mit Essig und dem Wein ablöschen, das Blaukraut dazugeben und mit etwas Wasser aufgießen.

Den Wacholder, Lorbeer, Piment und die Nelke in ein Gewürzsäckchen geben und mit in das Blaukraut legen. Das Blaukraut für ca. 30–40 Minuten weich dünsten lassen und mit Salz, schwarzem Pfeffer und Zucker fein abschmecken. (Für eine cremigere Konsistenz kann man das Blaukraut abschließend mit etwas Stärke abbinden, um den Saft kompakt zu halten.)

ZUBEREITUNG PETERSILIENWURZEL-PÜREE Petersilienwurzel schälen, salzen und zuckern und in Sahne weich kochen. Anschließend pürieren.

ANRICHTEN Das Petersilienwurzel-Püree mit einem Löffel in der Mitte des Tellers ausstreichen. Darauf das Pflanzerl legen und daneben das Blaukraut anrichten. Mit etwas Oxalis garnieren.

Bei den Fleischpflanzerl ist es ja in Bayern ähnlich wie beim Knödel: Jeder hat seine eigene Taktik, sein eigenes Spezialrezept und ist der festen Überzeugung, dass nur seine Fleischpflanzerl die besten sind! Für mich sind die besten von meiner Schwiegermama Maria. Die serviert sie im Winter gerne mit Blaukraut, und das ist wirklich eine Kombi zum Niederknien.

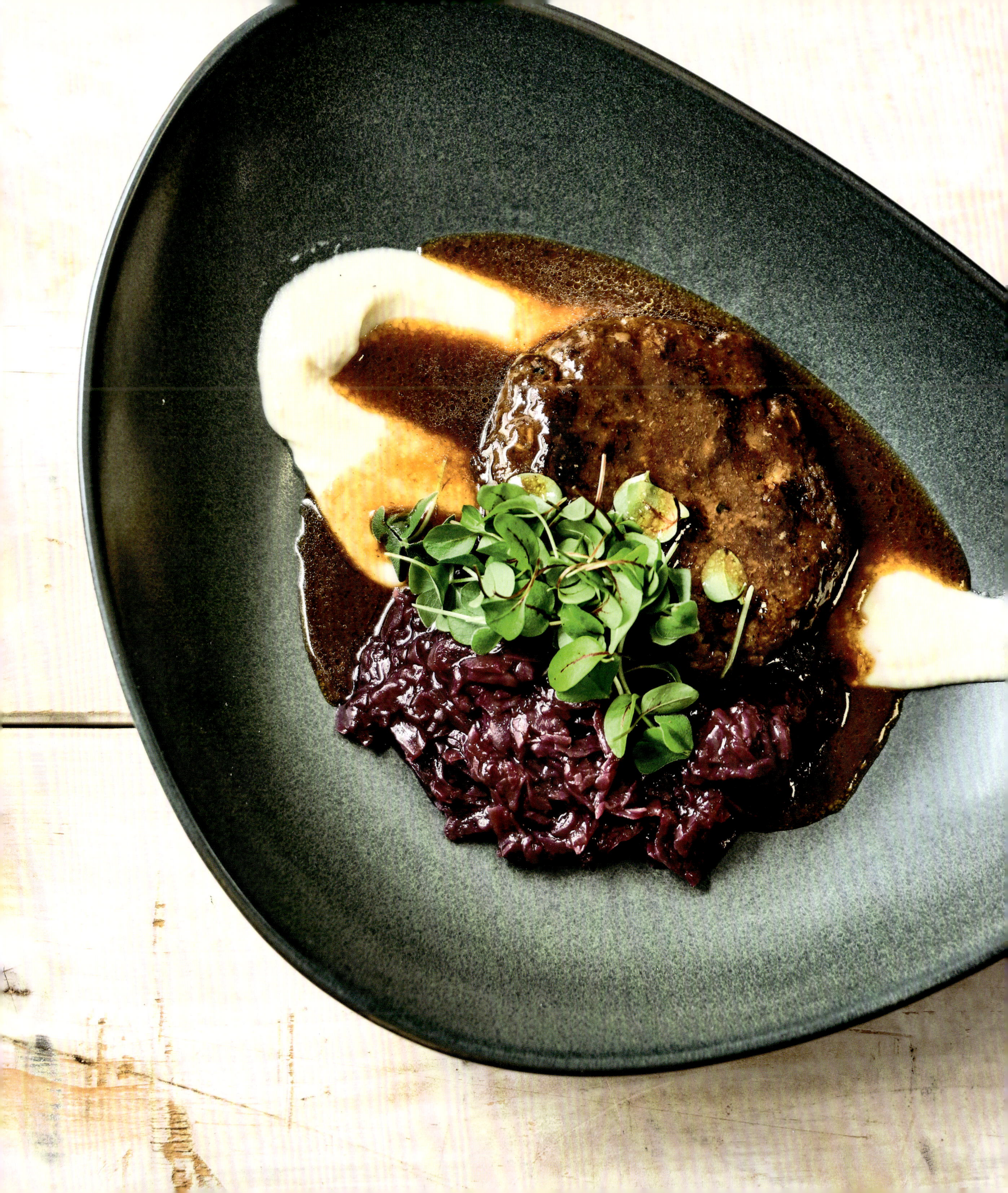

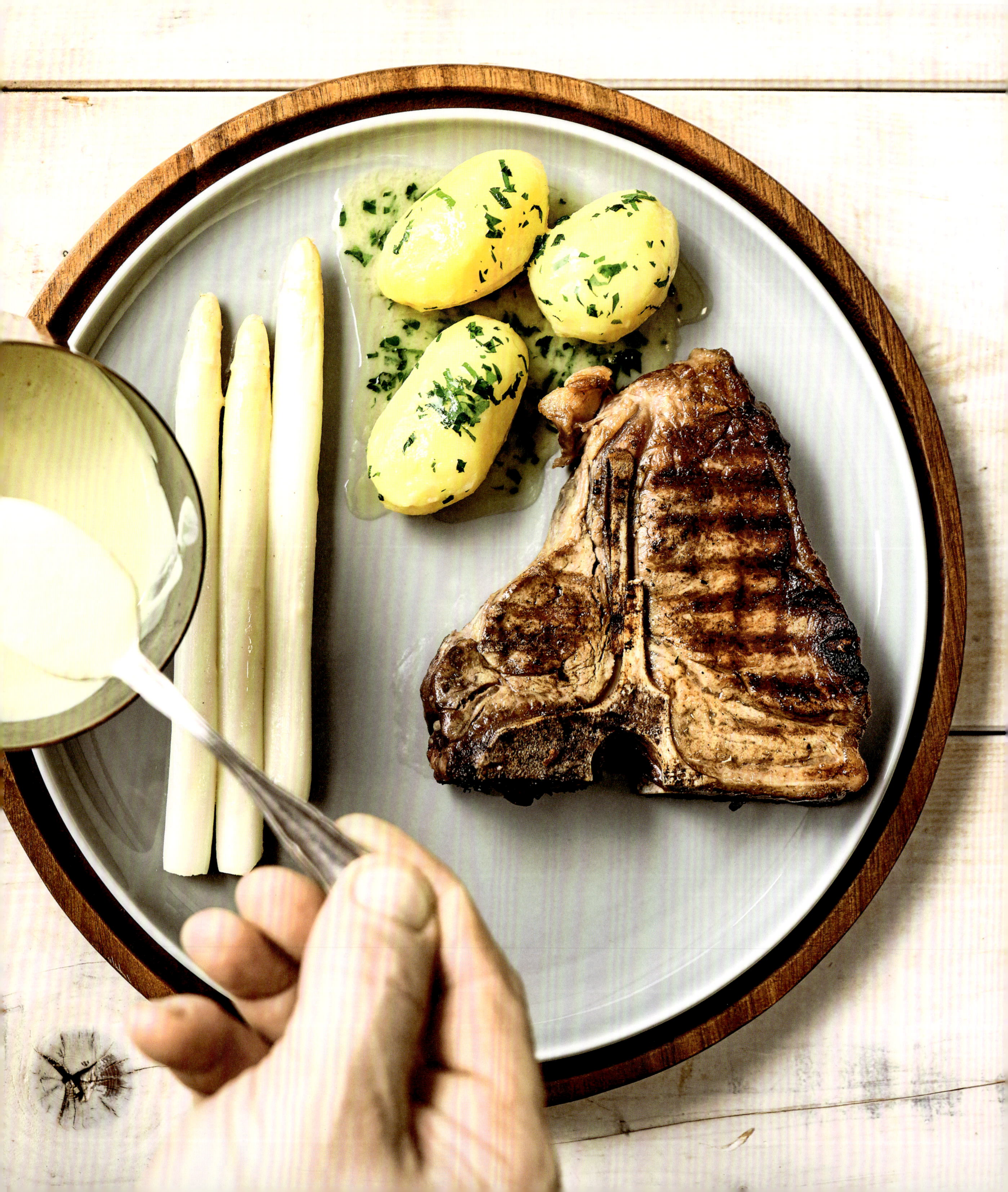

vom Kalb mit Petersilienkartoffeln und STOI Hollandaise

Porterhouse Steak

ZUTATEN STEAK:

1 Porterhouse vom Kalb
Rapsöl
Zucker
Salz

ZUTATEN SAUCE HOLLANDAISE:

1 Schalotte
200 ml Weißwein
20 ml Estragonessig
1 Lorbeerblatt
250 g Butter
4 Eigelb
Salz
1 TL schwarze Pfefferkörner

ZUTATEN SPARGEL/KARTOFFELN:

500 g neue Kartoffeln
1 Bund weißer Spargel
Weißwein, nach Belieben
20 g Butter
Rapsöl
Zucker
Salz

GARNITUR:

1 Handvoll Petersilie, gehackt
flüssige Butter

VORBEREITUNG STEAK Das Steak ca. 1 Stunde vor der Zubereitung aus dem Kühlschrank legen.

ZUBEREITUNG SAUCE HOLLANDAISE Die Schalotte schälen, klein schneiden und in einer Pfanne anbraten. Zusammen mit dem Weißwein, Estragonessig, Pfefferkörnern und dem Lorbeerblatt 10 Minuten auf die Hälfte der Flüssigkeit einreduzieren lassen.

250 g Butter in einem Topf schmelzen und im Anschluss die Eigelbe mit der Reduktion über dem Wasserbad in einer Metallschüssel mit einem Schneebesen schaumig schlagen. Sobald die Masse dickflüssiger wird, langsam die Butter einfließen lassen und kräftig weiterrühren. Mit Salz abschmecken.

Bis zum Anrichten abdecken und warm stellen.

ZUBEREITUNG SPARGEL/KARTOFFELN Die Kartoffeln schälen und in gesalzenem Wasser ca. 25 Minuten kochen.

In der Zwischenzeit den Spargel schälen und einen großen Topf mit Wasser zum Kochen bringen. Das Kochwasser mit Salz, Zucker, Weißwein und 1 EL Butter abschmecken. Den Spargel in das kochende Wasser geben und je nach Dicke 10–15 Minuten bei ganz schwacher Hitze ziehen lassen.

FORTSETZUNG STEAK Das Steak auf beiden Seiten mit Salz und Zucker würzen und scharf in Rapsöl anbraten.
Anschließend ca. 10 Minuten bei 80 °C im Backofen nachziehen lassen.

ANRICHTEN Die Kartoffeln mit Butter und der frisch gehackten Petersilie vermengen. Den Spargel aus dem Kochwasser nehmen und mit flüssiger Butter bepinseln, das Steak aus dem Ofen nehmen und mit anrichten. Die Hollandaise in ein kleines Schälchen geben.

mit Schlagrahm, wildem Blumenkohl und Herzoginkartoffeln

Kalbsbackerl geschmort

ZUTATEN SCHMORSAUCE:

300 g Wurzelgemüse (Karotten, Lauch, Sellerie, Staudensellerie, Zwiebeln, Knoblauch)
1 EL Tomatenmark
50 g Butter
500 ml Rotwein
200 ml Wasser
Rapsöl
2 Lorbeerblätter
1 TL Pfefferkörner
3 Pimentkörner
4 Wacholderbeeren
Stärke
Zucker
Salz und schwarzer Pfeffer

ZUTATEN KALBSBACKERL:

1–1,2 kg Kalbsbacken
50 g Sahne
Zucker
Salz und schwarzer Pfeffer

ZUTATEN HERZOGINKARTOFFELN/BLUMENKOHL:

600 g Kartoffeln (vorwiegend mehligkochend)
50 g Butter
3 Eigelb
1 Bund Blattpetersilie
Muskat
1 EL Wasser
Salz und weißer Pfeffer
300 g wilder Blumenkohl
20 g Butter
Rapsöl
Zucker

GARNITUR:

30 g Blattpetersilie
30 g Bronzefenchel

ZUBEREITUNG Die Kalbsbacken salzen und zuckern und von beiden Seiten in etwas Rapsöl scharf anbraten. Anschließend heraus nehmen und beiseite legen. Das Wurzelgemüse in grobe Würfel schneiden und im Bratansatz der Backerl mit der Butter rösten. Das Tomatenmark zugeben und leicht anrösten. Mit Rotwein ablöschen und auf die Hälfte reduzieren. Anschließend die Backen und alle Gewürze zugeben, mit Wasser auffüllen und für ca. 2 Stunden schmoren. Die Backerl herausnehmen und die Sauce passieren. Tipp: Je nach Belieben kann das verkochte Gemüse auch durch die Flotte Lotte gedreht werden. Nach dem Passieren die Sauce auf die gewünschte Konsistenz einreduzieren (ggf. mit Stärke binden). Kurz vor dem Servieren leicht angeschlagene Sahne unterheben und nochmals mit Salz, Schwarzem Pfeffer und Zucker feinabschmecken.

ZUBEREITUNG HERZOGINKARTOFFELN Die Kartoffeln schälen und in Salzwasser ca. 30-40 Minuten (je nach Größe) gar kochen, abgießen, gut ausdampfen lassen, durch die Kartoffelpresse drücken. Diese Masse in leicht warmem Zustand mit der Butter, zwei Eigelb, Salz, Weißer Pfeffer und Muskat gut mischen. Die Kartoffelmasse mit einem Spritzbeutel (mit der jeweiligen Spritztülle) auf ein Blech mit Backpapier aufspritzen. Das dritte Eigelb mit etwas Wasser mischen und jede geformte Herzogin-Kartoffel damit einpinseln. Im 180°C heißen Ofen ungefähr 15 - 20 Minuten backen, bis die Herzogin-Kartoffeln goldgelb geworden sind.
Die Kräuter zupfen, waschen und die Blattpetersilie in feine Streifen schneiden.

ZUBEREITUNG BLUMENKOHL Den wilden Blumenkohl putzen und halbieren und mit Salz und Zucker aktivieren. Dann in der Pfanne mit etwas Butter anbraten.

ANRICHTEN Die Bäckchen seitlich auf den Teller legen. Daneben 3-4 Herzoginkartoffeln anrichten. Reichlich Sauce über das Fleisch gießen. Zwischen den Kartoffeln und dem Fleisch den Wilden Brokkoli anlegen und das Ganze mit etwas gehackter Blattpetersilie und Bronzefenchel garnieren.

Reichlich Sauce über das Fleisch gießen. Zwischen den Kartoffeln und dem Fleisch den wilden Brokkoli anlegen und das Ganze mit etwas gehackter Blattpetersilie und dem Bronzefenchel garnieren.

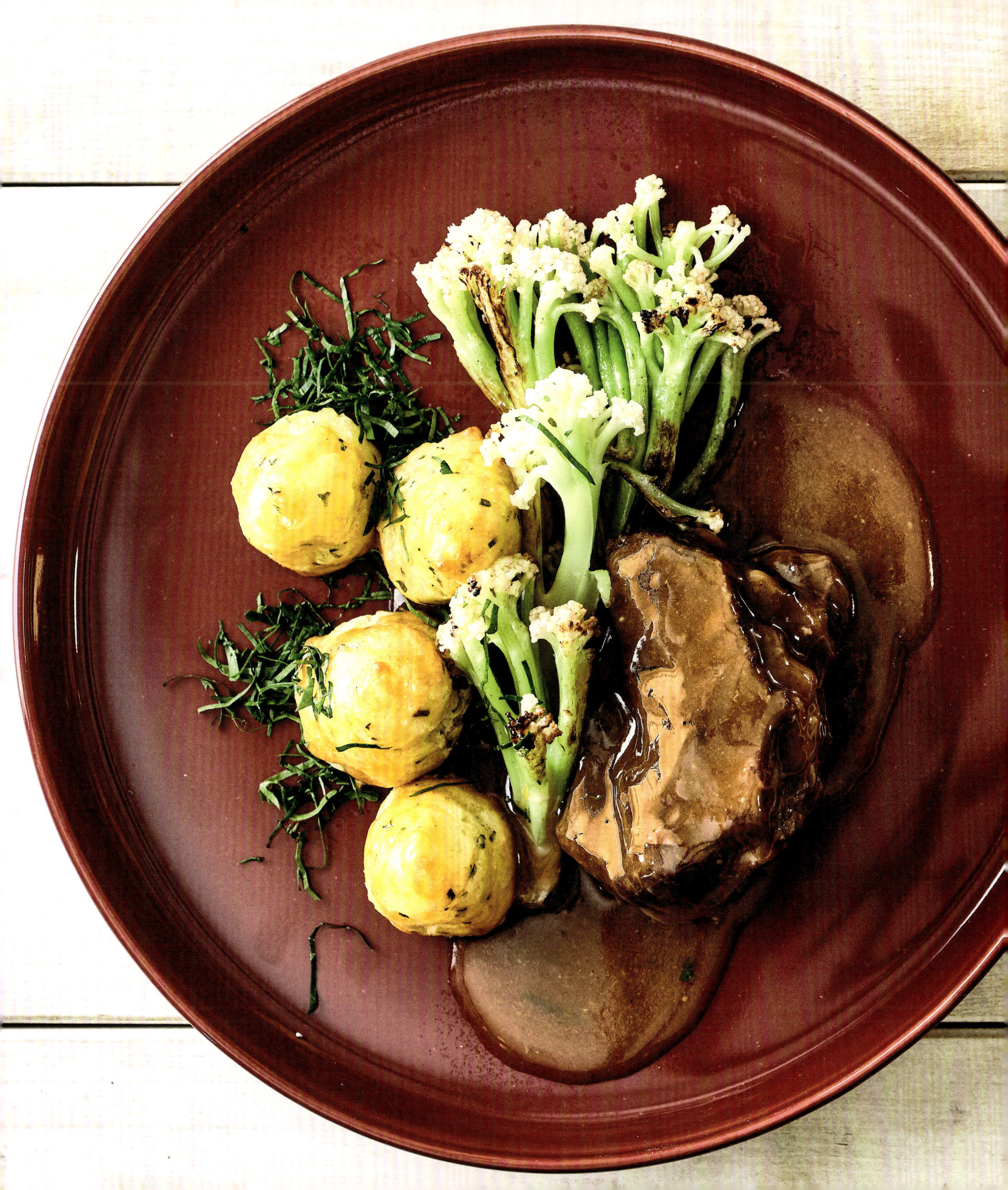

Fleisch Codex | Rezepte | Rohes & Faschiertes

Rohes & Faschiertes

| Fleisch Codex | Rezepte | Rohes & Faschiertes |

mit Senf-Mayonnaise und Eigelb

Tatar klassisch

ZUTATEN ARRANGEMENT:

Friséesalat
Kerbel
2 Schalotten
3 EL Senf
4 EL Mayonnaise
Zucker
Salz und schwarzer Pfeffer

ZUTATEN TATAR:

350 g roh faschiertes Rindfleisch
(Black Angus)
Zucker
Salz und schwarzer Pfeffer

SONSTIGES:

5 EL Ketchup
1 EL Kapern
4 Eigelb
Kerbelzweig zum Garnieren

ZUBEREITUNG ARRANGEMENT   Den Friséesalat und den Kerbel zupfen und waschen. Die Schalotten würfeln. Den Senf mit der Mayonnaise vermengen und mit Salz, Zucker und schwarzem Pfeffer abschmecken.

ZUBEREITUNG TATAR   Das Fleisch mit einer 4-mm-Scheibe durch den Fleischwolf drehen (man kann das Fleisch auch mit der Hand klein schneiden). Das gewolfte Fleisch mit Salz, Zucker und etwas Pfeffer abschmecken.

ANRICHTEN   Pro Portion ca. 80–90 g Hackfleisch in eine Ringform geben, den Ring abziehen und rundherum die Senf-Mayonnaise-Creme und das Ketchup mit den Kapern, Schalotten und dem Friséesalat anrichten. Zum Schluss das rohe Eigelb in die Mitte des Tatars setzen und mit einem Kerbelzweig garnieren.

STOI Tatar

mit Pickle-Sud und Rote-Bete-Creme

ZUTATEN TATAR:

350 g roh faschiertes Rindfleisch
(Black Angus)
3 EL Olivenöl
Zucker
Salz und schwarzer Pfeffer

ZUTATEN PICKLE-SUD:

50 ml Essig
1 EL Zucker
1 TL Salz
100 ml Wasser
1 Sternanis
2 Pimentkörner
3 Wacholderbeeren
2 Lorbeerblätter

ZUM EINLEGEN IM SUD:

1 schwarzer Rettich
1 Daikon-Rettich
2 rote Zwiebeln

SONSTIGES:

500 g gekochte Rote Bete
1 Tl Essig
20 g Senfkaviar (STOI-Edition)
Dill zum Dekorieren

ZUBEREITUNG PICKLE-SUD/RETTICHE/ROTE BETE Pickle-Sud herstellen, den schwarzen Rettich und den gelben Daikon-Rettich in Scheiben schneiden und ca. 1 Stunde darin einlegen. Die roten Zwiebeln in Ringe schneiden und ebenfalls im Sud einlegen. Währenddessen die Rote Bete mixen, mit Zucker und etwas Essig abschmecken.

ZUBEREITUNG TATAR Das Fleisch mit einer 4-mm-Scheibe durch den Fleischwolf drehen (man kann das Fleisch auch mit der Hand klein schneiden). Das gewolfte Fleisch mit Olivenöl, Salz, Zucker und etwas Pfeffer abschmecken.

ANRICHTEN Pro Portion ca. 80–90 g in eine Ringform geben, den Ring abziehen und rundherum mit den gerollten Rettichscheiben-Pickles arrangieren. Mit der Rote-Bete-Creme dekorieren. Das Tatar mit Senfkaviar und den eingelegten Zwiebelringen garnieren. Wir haben außerdem noch etwas Dill darübergestreut.

Kalbstatar mit Staudensellerie, Parmesan und Pistazien

Carne Cruda

ZUTATEN KALBSTATAR:

350 g roh faschiertes Kalbfleisch
(Black Angus)
Saft und Abrieb von 3 Limetten
2 EL Olivenöl
Zucker
Salz und schwarzer Pfeffer

ZUTATEN STAUDENSELLERIE:

20 g Staudensellerie
Limettensaft
2 EL Olivenöl

ZUTATEN PARMESANCHIP:

50 g Parmesan

ZUTATEN SAUERRAHM:

150 g Sauerrahm
etwas Wasser
1 Bund Schnittlauch, gehackt

GARNITUR:

1 EL Pistazien
1 kleines Glas Kapernäpfel

ZUBEREITUNG KALBSTATAR Das Kalbfleisch mit einer 4-mm-Scheibe durch den Fleischwolf drehen (man kann das Fleisch auch mit der Hand klein schneiden). Das gewolfte Fleisch mit Limettensaft und etwas -abrieb, Olivenöl, Salz, Zucker und ein wenig Pfeffer abschmecken.

ZUBEREITUNG STAUDENSELLERIE Den Staudensellerie waschen und die Fäden ziehen, in kleine Würfel schneiden, salzen, zuckern und mit Limettensaft und etwas Olivenöl abschmecken.

ZUBEREITUNG PARMESANCHIP Den Parmesan hobeln und in einer beschichteten Pfanne schmelzen lassen, bis sich kleine Löcher gebildet haben. Anschließend zum Abkühlen aus der Pfanne nehmen und auf einem Küchenkrepp abtropfen lassen.

ZUBEREITUNG SAUERRAHM Den Sauerrahm mit etwas Wasser glatt rühren und den frisch gehackten Schnittlauch dazugeben.

ANRICHTEN Das Fleisch in eine Ringform nach gewünschter Größe geben (wir haben drei verschieden große Formen gewählt). Den Parmesanchip auf das Tatar legen und rundherum den marinieren Staudensellerie, die Pistazien und die Kapernäpfel anrichten. Zum Schluss mit etwas Schnittlauch-Sauerrahm arrangieren.

mit Caesar-Salad, Pfifferlingen, Pecorino und Pistazien

Carpaccio

ZUTATEN CARPACCIO:

400 g Rinderhüfte (Irish Hereford)

ZUTATEN PFIFFERLINGE UND SALAT:

100 g frische Pfifferlinge
150 g Romanasalat
etwas Rapsöl
Zucker
Salz

SONSTIGES:

4 EL gekochte Senfkörner
STOI Jalapeño-Senf-Sauce
(siehe Grundsaucen → Seite 194)
Salz und weißer Pfeffer
1 Bund junges Basilikum zum Garnieren
4 EL Olivenöl
1 Packung Grissini (Brotstangen aus Hefeteig) zum Garnieren

ZUBEREITUNG CARPACCIO Die Rinderhüfte mit der Aufschnittmaschine in dünne Scheiben schneiden. (Wenn man das Fleisch einen Tag vorher einfriert, lässt es sich einfacher und schöner schneiden.)

ZUBEREITUNG PFIFFERLINGE UND SALAT Die Pfifferlinge putzen, den Salat waschen und in kleine Segmente zupfen. Im Anschluss die Pfifferlinge und den Salat salzen und zuckern („aktivieren") und ca. 5 Minuten stehen lassen, dann alles in etwas Rapsöl anbraten.

ANRICHTEN Das Carpaccio in der Mitte des Tellers flach auslegen (pro Portion ca. 80–100 g). Auf die Fleischscheiben die gekochten Senfkörner, die gebratenen Pfifferlinge und den Romanasalat geben. Dann die Jalapeño-Senf-Sauce darüberträufeln. Das Ganze mit Salz, weißem Pfeffer und etwas Olivenöl würzen. Wir haben als Garnitur noch junges Basilikum und zerbrochene Grissini-Stangen verwendet.

mit Teriyaki, Saiblingskaviar, Nori und Sushireis

Beef-Sashimi

ZUTATEN BÜRGERMEISTERSTÜCK:
250 g Bürgermeisterstück (Wagyu Tri Tip)

ZUTATEN SUSHIREIS:
100 g Sushireis
250 ml Wasser
20 ml Reisessig (Sushi-Zu)

ZUTATEN SESAM:
1 EL schwarzer Sesam
1 EL weißer Sesam
Teriyaki-Sauce (siehe Grundsaucen → Seite 196)

ZUTATEN MISO-MAYONNAISE:
ca. 220 g (1 Packung) helle Misopaste
ca. 150 g (1 kleines Glas) Mayonnaise
Zucker
Salz und schwarzer Pfeffer

GARNITUR:
50 g (1 Glas) Saiblingskaviar
50 g Nori-Algenblätter
frische Gartenkresse

ZUBEREITUNG BÜRGERMEISTERSTÜCK Das Fleisch mit der Aufschnittmaschine in dünne Scheiben schneiden. (Wenn man das Fleisch einen Tag vorher einfriert, lässt es sich einfacher und schöner schneiden.)

ZUBEREITUNG SUSHIREIS Den Sushireis zunächst mit frischem kaltem Wasser bedecken und durchkneten. Anschließend durch ein Sieb abgießen. Jetzt Wasser so oft dazugießen und erneut abseihen, bis es vollständig klar ist. Im klaren Wasser soll der Reis jetzt für etwa 30 Minuten ruhen. Nach der Ruhezeit wird der Reis in 200 ml Wasser aufgekocht. Etwa 15 Minuten bei schwacher Hitze köcheln lassen. Anschließend ein Leinentuch zwischen Topf und Deckel klemmen und alles erneut etwa 20 Minuten ruhen lassen. Der Sushireis wird nun in eine große, flache Schüssel gefüllt. Mithilfe eines Spatels auflockern und den Reisessig (Sushi-Zu) einarbeiten. Dabei bitte nicht rühren, die Reiskörner können sonst gequetscht werden. (Wir ziehen Furchen in den Reis, damit er schneller abkühlen kann.)

ZUBEREITUNG SESAM Den schwarzen und weißen Sesam in einer Pfanne kurz anrösten, danach in die Teriyaki-Sauce geben (Zischgeräusch) und darin ziehen lassen.

ZUBEREITUNG MISO-MAYONNAISE Die Misopaste mit der Mayonnaise zu einer homogenen Masse verrühren und mit Salz, Pfeffer und Zucker abschmecken.

ANRICHTEN Das Sashimi auf dem Teller flach auslegen (pro Portion ca. 80 g). Die Teriyaki-Sauce angießen. Daneben in einem Ring den Sushireis anrichten und darauf eine kleine Nocke Saiblingskaviar geben. Die Miso-Mayonnaise in eine Spritztülle füllen und nach Belieben Punkte anrichten. Die Nori-Algenblätter in feine Streifen schneiden und den Reis damit garnieren. Wir haben zusätzlich noch frische Gartenkresse verwendet.

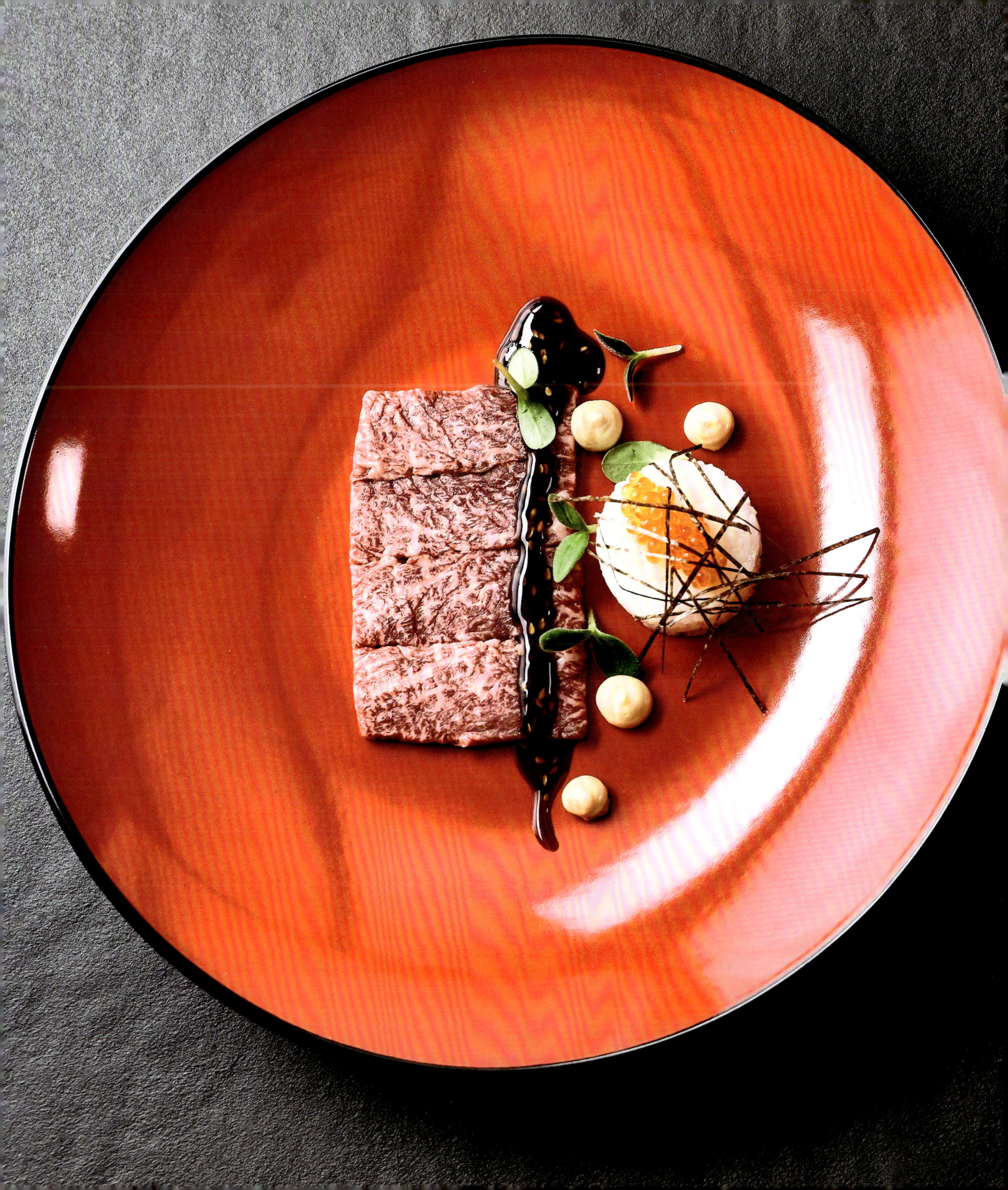

Involtini

aus Cima di Rapa mit getrockneten Tomaten und Pinienkernen

ZUTATEN:

400 g Rinderhüfte (Black Angus)
200 g Stängelkohl (Cima di Rapa)
20 g Pinienkerne
30 g getrocknete Tomaten
4 EL Olivenöl
Zucker
Salz und schwarzer Pfeffer

GARNITUR:

50 g Parmesan
20 g Salbei
1 EL getrocknete Kapern
Blätter des Stängelkohls
1 Limette

ZUBEREITUNG Die Rinderhüfte in dünne Scheiben schneiden (pro Portion 3 kleine Scheiben) und leicht plattieren. Den Stängelkohl putzen und waschen und als Füllung die Stiele mit den getrockneten Tomaten klein schneiden. Die Pinienkerne dazugeben und das Ganze mit Olivenöl, Salz, schwarzem Pfeffer und Zucker abschmecken. Den Parmesan in Spalten schneiden. Den Salbei in Öl bei ca. 160 °C ungefähr 30–45 Sekunden frittieren und trocken legen.

ANRICHTEN Die Hüftscheiben flach auslegen, leicht salzen und zuckern und 1 EL der Füllmasse in die Mitte geben und einrollen (pro Portion ca. 3 Involtini). Zum Ausgarnieren die Parmesanspalten, den frittierten Salbei, die getrockneten Kapern, 2-3 Limettenspalten und und die Blätter des Stängelkohls verwenden und nach Belieben anrichten.

Bratwurstgehäck auf gegrilltem Bauernbrot

Metzgertatar

ZUTATEN:

4 Scheiben geröstetes Graubrot
8 EL Bratwurstmasse **(siehe Grundrezepte Wurst → Seite 273)**
20 g Butter
1 EL frischer Meerrettich
1 ganze Zwiebel
1 EL Schnittlauch

ZUBEREITUNG Die Butter in eine heiße Pfanne geben und das Graubrot darin anrösten. Anschließend mit der Wurstmasse bestreichen, die Zwiebel in dünne Ringe schneiden und mit dem Meerrettich und dem geschnittenen Schnittlauch garnieren.

Egal wie und wo: Wenn wir bei unseren Caterings oder im Restaurant ein Tatar servieren, sind alle glücklich! Außer der Koch, der hinterher den Fleischwolf putzen muss! Wir machen es klassisch ohne Firlefanz: mit Kapern, Sardellen, Schalotten und Cornichons. Das beste Tatar meines Lebens gab es immer als kleines Cornetti an der Bar meines Lieblingsrestaurants, des Tantris in München. By the way: Hans Haas war, ist und bleibt der Beste!

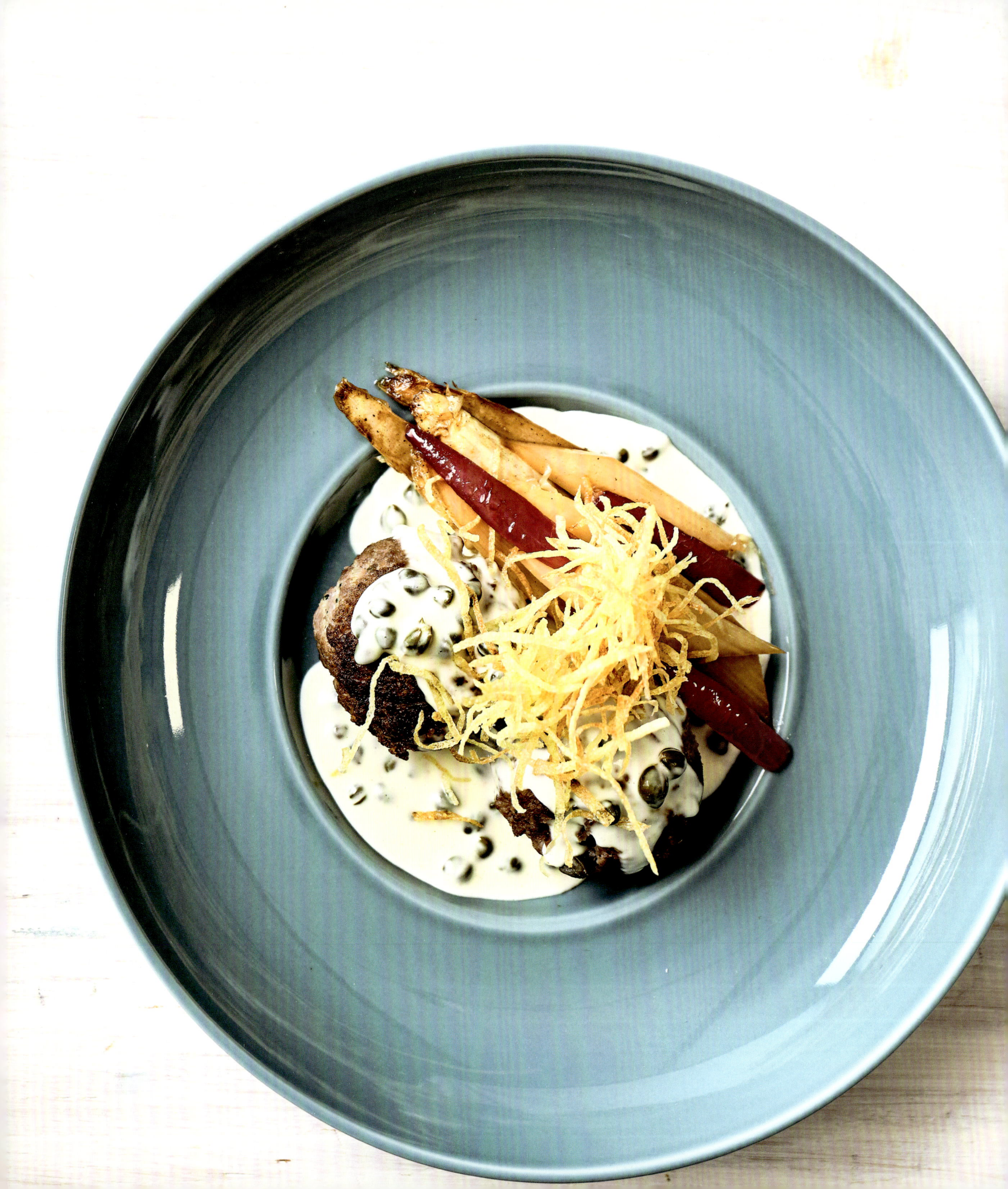

mit gebratenem Spargel, Kapernsauce und Kartoffelstroh

Königsberger Beef-Klopse

ZUTATEN BEEF-KLOPSE:

1 Zwiebel

1 Brötchen vom Vortag

500 g faschiertes Rindfleisch

2–3 Sardellenfilets

1 Ei

1 TL scharfer Senf

20 g Butter

Zucker

Salz und schwarzer Pfeffer

ZUTATEN SPARGEL UND KARTOFFELSTROH:

400 g weißer Spargel

5 längliche Schalotten

2 große festkochende Kartoffeln

Pflanzenöl (hoch erhitzbar)

50 ml Rotwein

50 ml Weißwein

1 EL Butter

Zucker

Salz und schwarzer Pfeffer

ZUTATEN KAPERNSAUCE:

1 gewürfelte Schalotte

20 g Butter

2 EL Mehl

200 ml Rinderfond (siehe Seite → 180)

200 g Sahne (30 % Fett)

50 g Kapern

2 Lorbeerblätter

Zucker

Salz und schwarzer Pfeffer

ZUBEREITUNG BEEF-KLOPSE Die Zwiebeln schälen und in feine Würfel schneiden. Das Brötchen in lauwarmem Wasser für ca. 20–30 Minuten einweichen. Anschließend gut ausdrücken und unter das faschierte Rindfleisch mischen.

Die Sardellen so lange hacken, bis eine Paste entsteht, dann zusammen mit dem Ei, den Zwiebeln und dem scharfen Senf unter die Masse kneten und diese mit Salz, schwarzem Pfeffer und etwas Zucker abschmecken.

ZUBEREITUNG SPARGEL UND KARTOFFELSTROH Den Spargel, die Schalotten und Kartoffeln schälen. Die Schalotten im Ganzen salzen und zuckern und ca. 10 Minuten stehen lassen, dann in einem kleinen Topf von allen Seiten in Pflanzenöl anbraten, mit Rotwein ablöschen, abdecken und 30–40 Minuten weich schmoren. Dann in längliche Segmente schneiden und bis zum Anrichten im Sud warm halten.

Einen Topf mit Wasser zum Kochen bringen. Das Kochwasser mit Salz, Zucker, Weißwein und 1 EL Butter abschmecken. Den Spargel in das kochende Wasser geben und je nach Dicke 10–15 Minuten bei ganz schwacher Hitze ziehen lassen.

Die geschälten Kartoffeln mit einer Aufschnittmaschine der Länge nach in ca. 2 mm dicke Scheiben schneiden, dann 3 bis 4 Scheiben aufeinanderlegen und mit einem Gemüsemesser in feine Streifen schneiden. Diese in kaltem Wasser einlegen. Einen weiteren Topf mit ca. 500 ml Pflanzenöl (hoch erhitzbar) aufstellen und dieses auf 170 bis maximal 180 °C erhitzen.

Die Kartoffelstreifen aus dem Wasser nehmen und mit einem Küchentuch trocken tupfen. Anschließend 2–3 Minuten frittieren, bis sie goldbraun sind. Dann zum Abtropfen auf Küchenpapier legen und mit Salz und Pfeffer leicht würzen.

FORTSETZUNG BEEF-KLOPSE UND KAPERNSAUCE Aus dem faschierten Rindfleisch kleine Kugeln (Klopse) von ca. 50 g formen und in einer Pfanne von allen Seiten scharf anbraten. Dann die Butter hinzugeben und die Kugeln darin durchschwenken, bis sie gut gebräunt sind. Anschließend herausnehmen, auf ein Backblech legen und im Ofen bei 60 °C warm halten.

In derselben Pfanne für die Kapernsauce die Schalottenwürfel mit 20 g Butter anschwitzen, dann das Mehl darüberstäuben und dieses etwas mit anschwitzen. Mit dem Rinderfond ablöschen und mit Sahne aufgießen. Die Kapern und die Lorbeerblätter hinzufügen und alles leicht köcheln lassen. Zum Schluss mit Salz, schwarzem Pfeffer und etwas Zucker abschmecken.

ANRICHTEN Die Klopse aus dem Ofen nehmen, auf einen Teller legen und mit reichlich Sauce bedecken. Daneben den gekochten Spargel zusammen mit den geschmorten Schalottenspalten legen und das Kartoffelstroh darübergeben.

| Fleisch Codex | Rezepte | Klassiker |

klassiker

Fleisch Codex · Rezepte · Klassiker

Fleisch Codex   Rezepte   Klassiker

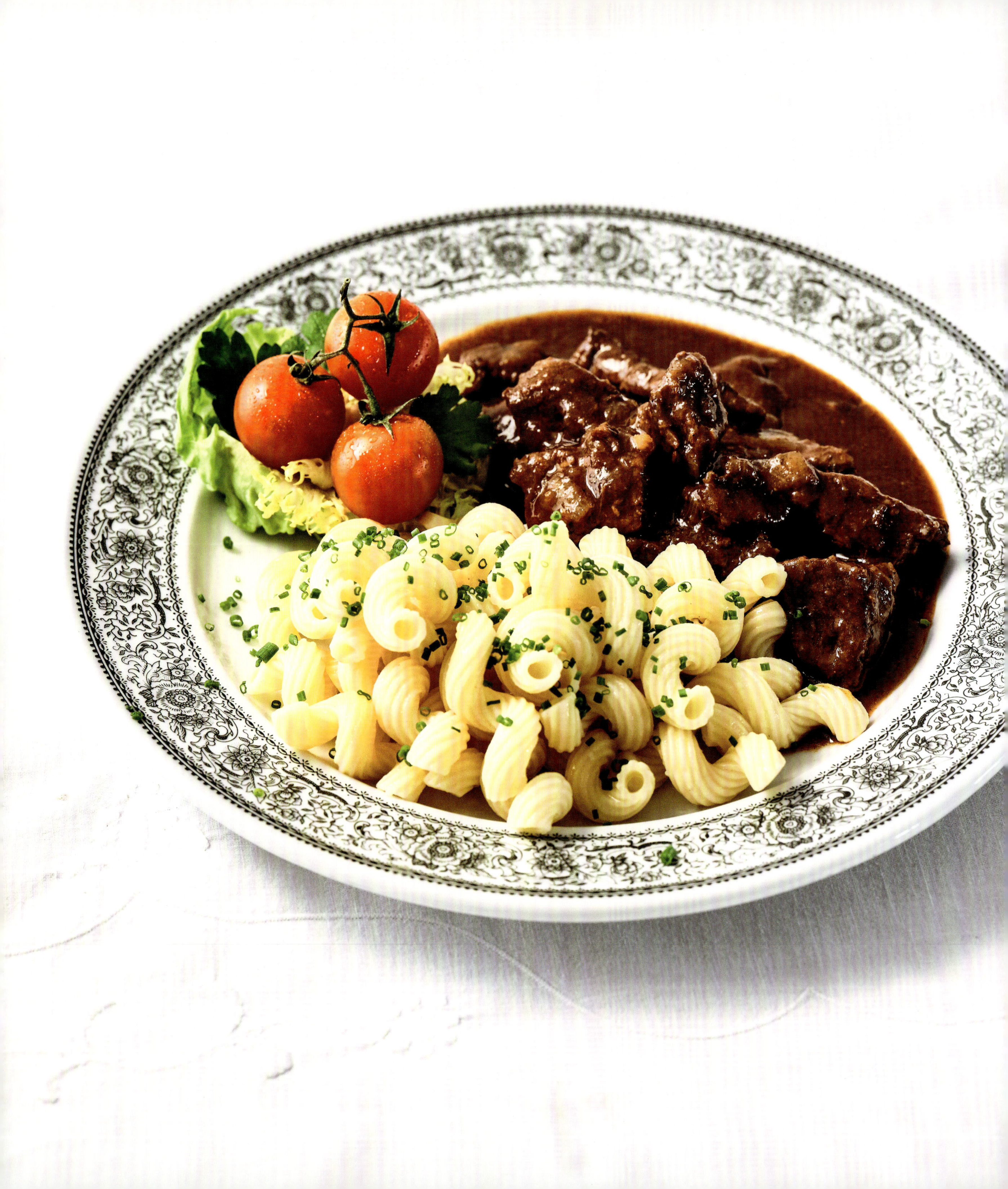

Rinderschulter 1:1 mit Zwiebeln und allem, was passt

DAS Gulyás

ZUTATEN GULASCH:

800 g Rinderschulter (Irish Hereford)
2 EL Pflanzenöl
20 g Butter
800 g Zwiebeln
2 Knoblauchzehen
2 EL Tomatenmark
500 ml Rotwein
1 l Wasser
Cayennepfeffer
Gemahlener Kümmel
Paprikapulver (edelsüß)
Zucker
Salz und schwarzer Pfeffer

ZUTATEN NUDELN:

500 g Trulli-/Schneckerlnudeln

ZUBEREITUNG GULASCH   Das Fleisch in große Würfel schneiden, salzen, zuckern und in etwas Öl von allen Seiten anbraten. Dann die Butter dazugeben und schmelzen, danach klein gehackte Zwiebeln und Knoblauch hinzugeben. Alles leicht anschwitzen. Wenn die Zwiebeln glasig sind, das Tomatenmark hinzugeben und tomatisieren. Mit Rotwein ablöschen und reduzieren, bis der Alkohol verkocht ist. Dann 1 l Wasser zugeben und so lange köcheln lassen, bis das Fleisch weich ist. Mit Salz, schwarzem Pfeffer, Cayennepfeffer, Kümmel und Paprikapulver abschmecken.

ZUBEREITUNG NUDELN   Die Nudeln in einen großen Topf mit ausreichend heißem Salzwasser geben und so lange wie vorgegeben kochen.

ANRICHTEN   Das Gulasch mit viel Sauce und den Schneckerlnudeln anrichten. Als klassische Garnitur haben wir etwas grünen Salat, ein paar Kirschtomaten und frisch gehackten Schnittlauch dazugegeben.

Das ungarische Saftgulasch ist tatsächlich eines der wenigen Gerichte, das ich in der Berufsschule gelernt habe. Im Winter koche ich fast einmal in der Woche einen großen Topf Gulasch mit einfachen Trullinudeln. Wichtig ist der Fleisch-Zwiebel-Anteil: 1 zu 1! Und natürlich: Je öfter man es aufwärmt,
desto besser schmeckt es!

Oberschale mit Kartoffelpüree

DIE Rindsrouladen

ZUTATEN ROULADE:

800 g Rinderoberschale in Scheiben
200 g Essiggurken
200 g Speck
200 g Zwiebeln
150 g Karotten
4–5 EL Senf
Zucker
Salz

ZUTATEN SAUCE:

500 g Wurzelgemüse (Karotten, Sellerie, Lauch, Zwiebeln, Knoblauch)
2 Lorbeerblätter
2 EL Tomatenmark
500 ml Rotwein
300 ml Wasser
50 g Butter
2 EL Öl

ZUTATEN PÜREE:

600 g Kartoffeln (mehligkochend)
250 ml Milch
100 g Butter
Muskat
Zucker
Salz und weißer Pfeffer

ZUBEREITUNG ROULADEN UND SAUCE Essiggurken und Karotten in Längsstreifen, Speck in Streifen und Zwiebeln in Halbmonde schneiden.

Die Scheiben der Rinderoberschale leicht plattieren, salzen und zuckern und mit Senf einstreichen. Dann die Füllung mittig platzieren, das Fleisch seitlich einschlagen und gleichmäßig aufrollen. Anschließend mit einem Fleischspieß fixieren. Die Rouladen in einem großen flachen Topf mit Butter und Öl von allen Seiten anbraten, herausnehmen und das Wurzelgemüse mit den Lorbeerblättern anschwitzen, das Tomatenmark zugeben, anrösten lassen und mit Rotwein ablöschen. Kurz reduzieren lassen, dann das Wasser dazugeben, die Rouladen in den Topf legen und zugedeckt ca. 1 Stunde lang schmoren. Danach die Rouladen ausstechen und zum Schluss die Sauce durch ein Sieb geben und ggf. leicht abbinden.

ZUBEREITUNG KARTOFFELPÜREE Die Kartoffeln schälen und je nach Größe 30–40 Minuten weich kochen, dann abgießen und etwas ausdampfen lassen. In der Zwischenzeit die Milch und die Butter leicht erwärmen und mit Salz, weißem Pfeffer, Zucker und einer Spur Muskatnuss würzen (die Masse sollte leicht überwürzt sein). Die Kartoffeln mit einer Presse in die Milch-Butter-Mischung pressen und nur leicht vermengen. Das Kartoffelpüree darf nicht zu lange durchgerührt werden, da es sonst klebrig wird.

ANRICHTEN Die Rouladen ausstechen, auf den Teller geben und reichlich Sauce darüber verteilen. Das Kartoffelpüree daneben anrichten. Wir haben als Garnitur ein paar Schnittlauchspitzen dazugelegt.

Wenn es mir die Zeit erlaubt, koche ich auch privat sehr gerne. Ein Klassiker, den ich liebe und den vor allem auch meine Frau liebt, sind Rindsrouladen nach Hausfrauenart mit Kartoffelpüree. Wobei die Textur des Fleisches eigentlich gar keine Rolle mehr spielt – das Beste ist die daraus entstehende Sauce. Übrigens: Ich mache die Rouladen im Schnellkochtopf!

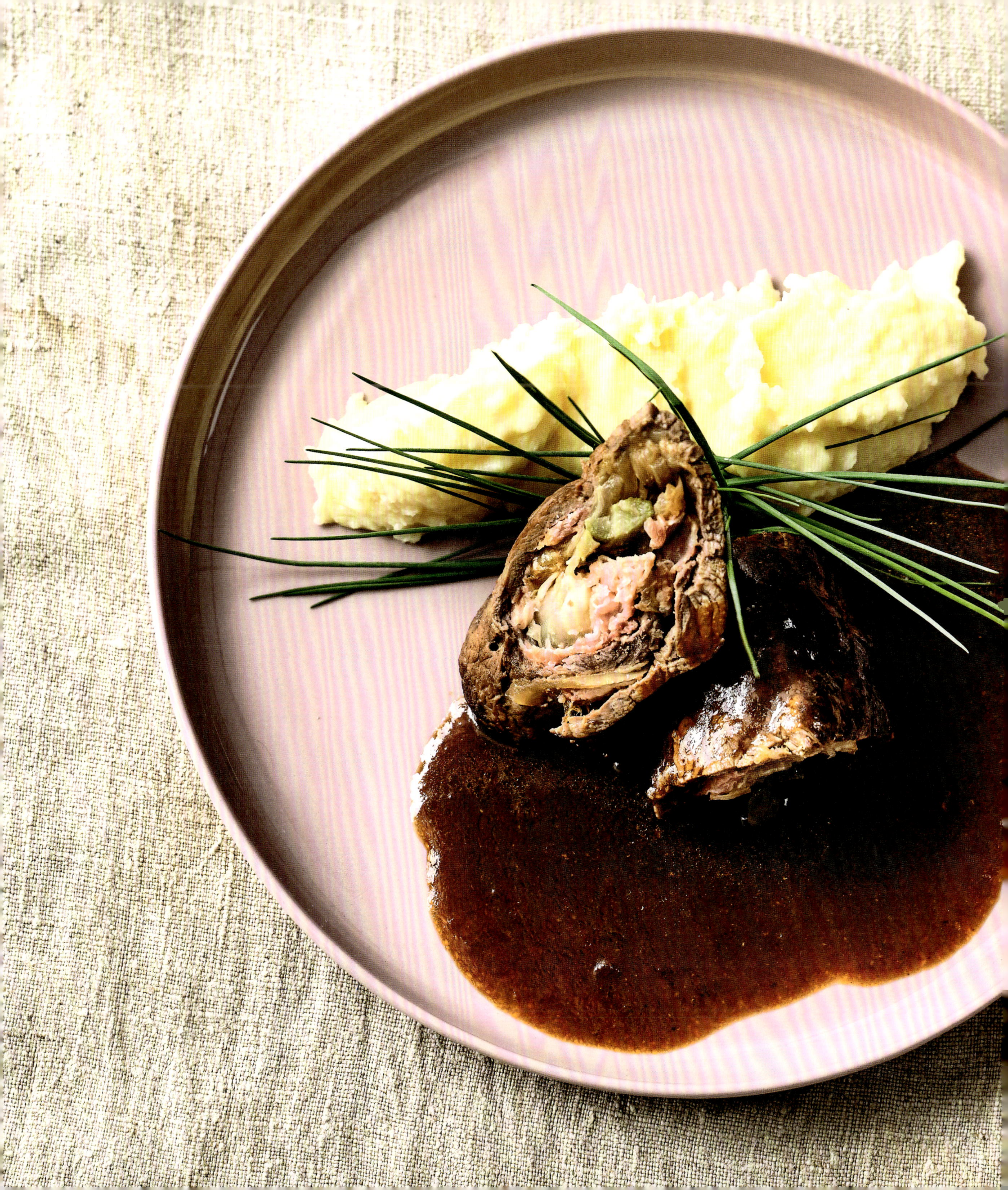

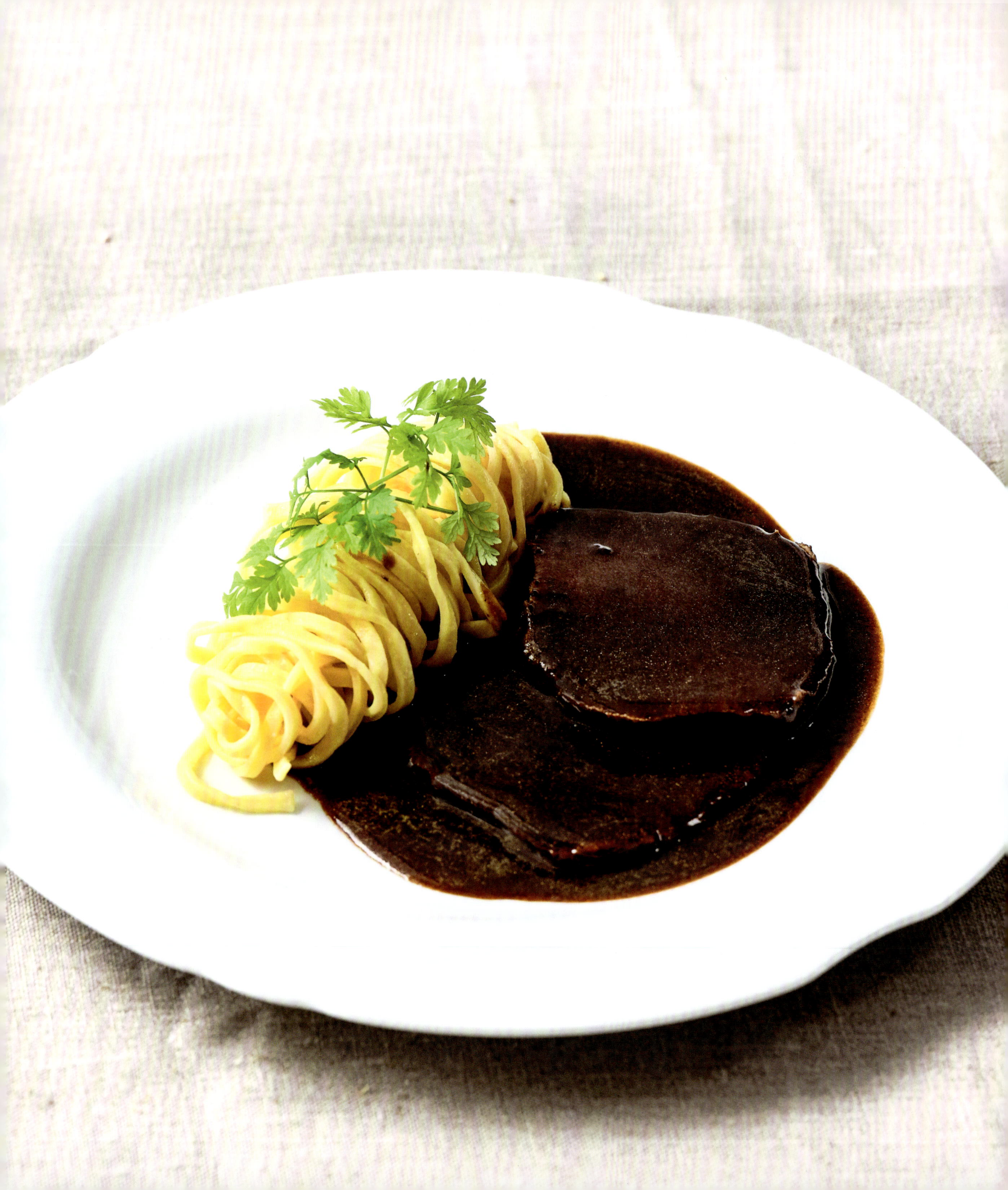

Semerrolle mit Festtagsnudeln

Burgunderbraten à la Sepp Maurer

ZUTATEN BURGUNDERBRATEN:

1,2 kg Semerrolle vom Rind
500 g Wurzelgemüse
(Karotten, Sellerie, Lauch,
Zwiebeln, Knoblauch)
20 g Butter
2 Nelken
2 Lorbeerblätter
1 TL Pfefferkörner
4 Wacholderbeeren
2 EL Tomatenmark
1 l Burgunder
2 EL Pflanzenöl
Stärke
Zucker
Salz

ZUTATEN FESTTAGSNUDELN:

500 g Eier-Bandnudeln

ZUBEREITUNG BURGUNDERBRATEN Das Fleisch salzen und zuckern und von allen Seiten mit Öl anbraten. Im Anschluss das Wurzelgemüse in Würfel schneiden und mit den Gewürzen in Butter anschwitzen. Das Tomatenmark zugeben und anrösten, mit Rotwein ablöschen und etwas einkochen lassen. Dann das Fleisch dazugeben und weich kochen.

ZUBEREITUNG FESTTAGSNUDELN Währenddessen die Nudeln in einen großen Topf mit ausreichend heißem Salzwasser geben und so lange wie vorgegeben kochen.

ANRICHTEN Fleisch ausstechen, in gleichmäßige Scheiben schneiden und auf dem Teller anrichten. Die Sauce durch ein Sieb geben und ggf. leicht nachbinden und angießen. Die Nudeln nach dem Kochen auf einer Fleischgabel aufrollen und neben dem Fleisch drapieren. Wir haben die Nudeln am Schluss mit etwas frischem Kerbel garniert.

Semerrolle mit Korinthen, Kartoffelknödeln und Blaukraut

Sauerbraten vom Pferd

ZUTATEN BLAUKRAUT:

500 g Blaukraut
1 Zwiebel
1 Apfel
20 g Butter
Rapsöl
3 EL weinwürziger Essig
150 ml Rotwein
100 ml Wasser
4 Wacholderbeeren
2 Lorbeerblätter
3 Pimentkörner
1 Nelke
Stärke
Zucker
Salz und schwarzer Pfeffer

ZUTATEN SAUERBRATEN:

1 kg Semerrolle vom Pferd
500 g Wurzelgemüse (Karotten, Sellerie, Lauch, Zwiebeln, Knoblauch)
3 Nelken
4 Lorbeerblätter
1 TL Pfefferkörner
5 Wacholderbeeren
1 l Rotwein
200 ml Weinessig
30 g Butterschmalz
150 g Korinthen
Stärke
Zucker
Salz

ZUTATEN KNÖDELTEIG:

750 g bayerischer Knödelteig

ZUBEREITUNG BLAUKRAUT Das Kraut waschen, den Strunk entfernen und das Blaukraut hobeln. Dann salzen, zuckern und gut durchkneten (das Kraut sollte dadurch schon etwas weich werden). Die Zwiebel und den Apfel schälen, fein hacken und in etwas Butter und Öl anschwitzen, den Zucker dazugeben und karamellisieren, dann mit Essig und dem Wein ablöschen. Das Blaukraut dazugeben und mit etwas Wasser aufgießen. Nun Wacholder, Lorbeer, Piment und die Nelke in ein Gewürzsäckchen geben und mit in das Blaukraut legen. Alles ca. 30–40 Minuten weich dünsten lassen und mit Salz, schwarzem Pfeffer und Zucker fein abschmecken. (Für eine cremigere Konsistenz kann man das Blaukraut abschließend mit etwas Stärke abbinden, um somit den Saft kompakt zu halten.)

ZUBEREITUNG SAUERBRATEN Zuerst muss das Fleisch eingelegt werden. Dies geschieht ca. 1 Woche vor dem eigentlichen Kochvorgang. Dafür das Wurzelgemüse grob klein schneiden. Das Fleisch mit dem Gemüse, den Gewürzen (außer den Korinthen) sowie mit Wein und Weinessig vermengen und in einem geschlossenen Gefäß im Kühlschrank marinieren. (Das Fleisch mit der Marinade lässt sich auch vakuumieren, falls man ein Vakuumiergerät besitzt.) Nach 1 Woche das Fleisch aus der Marinade nehmen, trocken legen und die Marinade durch ein Sieb gießen. Das Fleisch von allen Seiten in Butterschmalz anbraten, mit der Marinade ablöschen und zugedeckt weich schmoren. Das Fleisch ausstechen und die Sauce ggf. mit etwas Stärke binden. Zum Schluss die Korinthen in die Sauce geben (am besten wäre es, wenn die Korinthen noch etwas in der Sauce nachziehen).

ZUBEREITUNG KARTOFFELKNÖDEL In der Zwischenzeit den Knödelteig durchkneten und 6–8 Knödel daraus formen. Diese im Salzwasser 25–30 Minuten kochen.

ANRICHTEN Die Semerrolle in gleichmäßig dicke Scheiben schneiden, auf den Teller legen und die fertige Sauce darübergießen. Daneben die frisch gekochten Knödel und das Blaukraut anrichten. Wir haben die Knödel noch mit etwas frischem Schnittlauch garniert.

Der original rheinische Sauerbraten wird ja aus der Semerrolle vom Pferd zubereitet. Und meine Heimat Niederbayern ist ein richtiger Rossfleisch-Hotspot: Jeden Freitag stand vor dem Schulhof ein Imbisswagen mit Pferdefleischspezialitäten. Mein Fast-Food-Highlight und der kulinarische Start ins Wochenende war immer eine Rossknackersemmel mit süßem Senf. Bei uns daheim war der Sauerbraten meist vom Rind, aber auch auf rheinische Art mit kleinen Rosinen. Eine grenzgeniale Sauce!

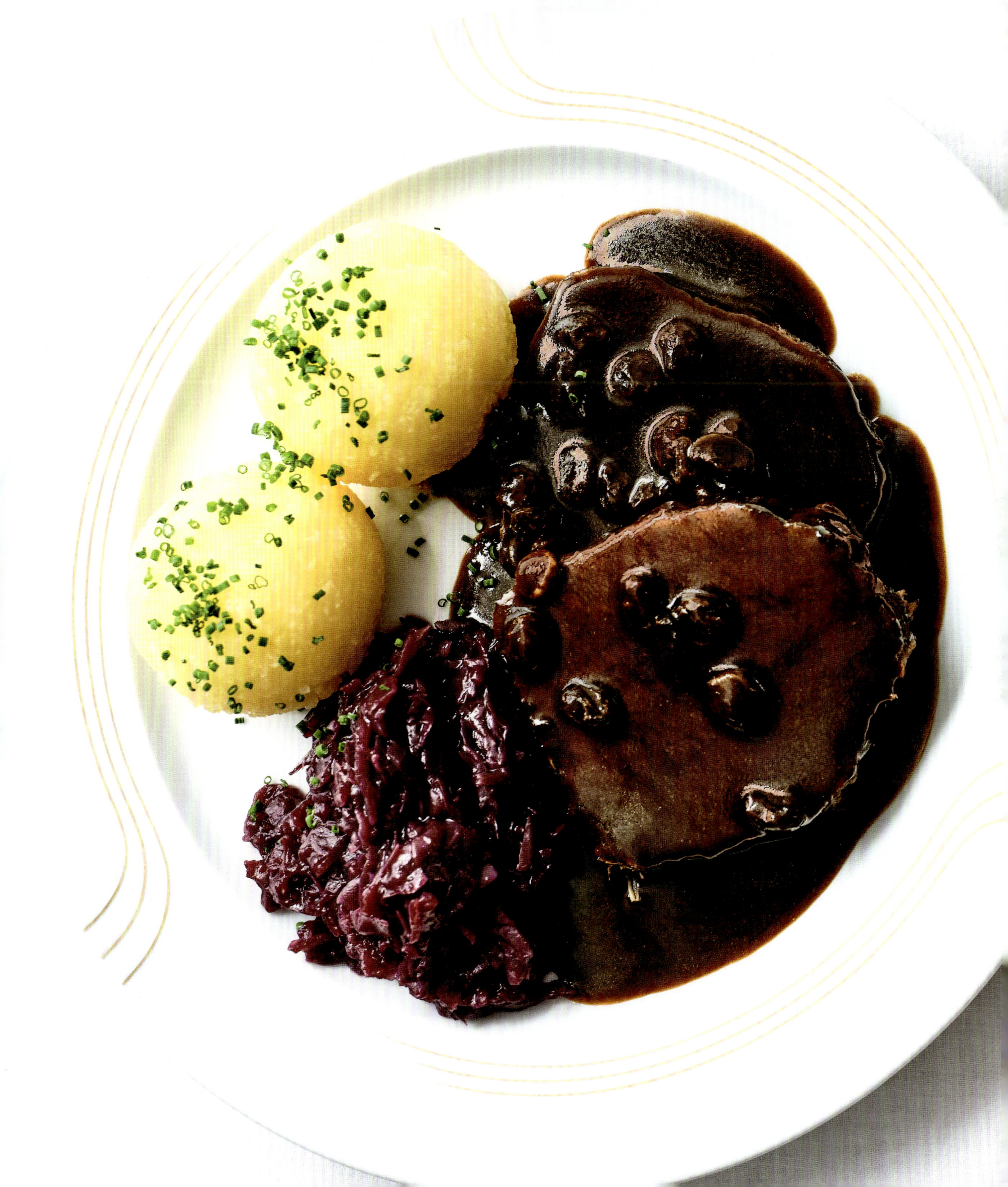

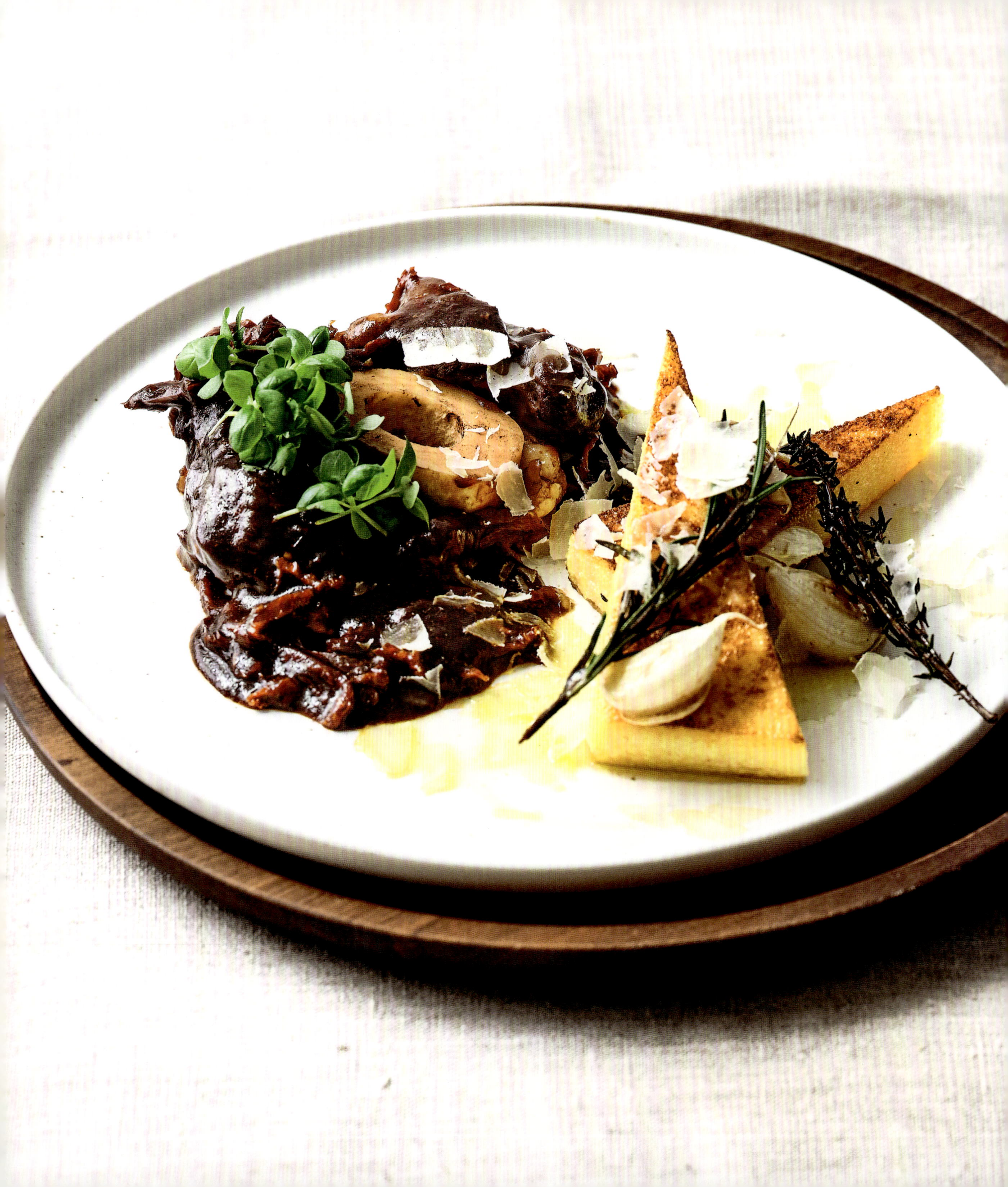

Ossobuco

mit Flotte-Lotte-Gemüsesauce und gebratener Polenta

ZUTATEN OSSOBUCO:

1,2 kg Rinderbeinscheiben
2 EL Pflanzenöl
200 g Zwiebeln
400 g Wurzelgemüse (Karotten, Sellerie, Lauch)
2 Lorbeerblätter
4 Wacholderbeeren
2 EL Tomatenmark
500 ml Rotwein
800 ml Wasser
Zucker
Salz und schwarzer Pfeffer

ZUTATEN POLENTA:

300–400 ml Milch
Muskatnuss
200 g Maisgrieß (Polenta)
Nussbutter (siehe Grundsaucen → Seite 168)
1 Zweig Thymian
1 Zweig Rosmarin
1 Knoblauchzehe
Zucker
Salz

SONSTIGES:

50 g gehobelter Parmesan
50 g getrocknete Tomaten
Gartenkresse
Nussbutter zum Garnieren

ZUBEREITUNG OSSOBUCO Beinscheiben salzen und zuckern und von beiden Seiten scharf anbraten. Rausnehmen und im Anschluss die Zwiebeln und das Wurzelgemüse in grobe Würfel schneiden und anbraten. Die Lorbeerblätter und Wacholderbeeren zugeben und mit dem Tomatenmark tomatisieren. Mit Rotwein ablöschen, etwas Wasser dazugeben, die angebratenen Beinscheiben in die Sauce legen und weich schmoren.

ZUBEREITUNG POLENTA In der Zwischenzeit die Milch mit Salz, Zucker und etwas gemahlener Muskatnuss abschmecken und aufkochen. Dann den Maisgrieß einrühren und gar ziehen lassen (die Konsistenz sollte zähflüssig bleiben). Anschließend auf ein Blech aufstreichen (Dicke ca. 1 cm) und auskühlen lassen. Die kalte Maispolenta in die gewünschte Form bringen und in Nussbutter von beiden Seiten anbraten. Zum Aromatisieren kann man einen Zweig Thymian und einen Zweig Rosmarin sowie eine angedrückte Knoblauchzehe dazugeben.

ANRICHTEN Die geschmorten Beinscheiben aus der Sauce nehmen und auf dem Teller anrichten. Die Sauce durch ein Sieb geben, dann die getrockneten Tomaten in Streifen schneiden und unter die Sauce mischen. (Am besten wäre es, wenn die Tomaten noch etwas in der Sauce nachziehen.) Dann reichlich Sauce über die Beinscheibe geben und daneben die angebratene Polenta legen. Zum Garnieren frisch gehobelten Parmesan auf die Polenta geben. Wir haben als zusätzliche Garnitur noch Gartenkresse und etwas Nussbutter über die Polenta geträufelt.

Tafelspitz mit Salzkartoffeln und Kohlrabi

Ox und Kren

ZUTATEN TAFELSPITZ:

800 g roher Tafelspitz
200 g Wurzelgemüse (Karotten, Lauch, Sellerie, Zwiebeln)
1,5 l Wasser
4 Lorbeerblätter
500 g Sahne
50 g Tafelmeerrettich aus dem Glas
Stärke oder Mehlbutter
Zucker
Salz und weißer Pfeffer

ZUTATEN TAFELSPITZ:

300 g Kohlrabi
20 g Butter
Zucker
Salz

ZUTATEN SALZKARTOFFELN:

600 g Kartoffeln (vorwiegend mehligkochend)

SONSTIGES:

50 g frischer Meerrettich

ZUBEREITUNG TAFELSPITZ Den Tafelspitz grob parieren, salzen, zuckern und auf der Fettseite im Topf anbraten. Mit 1,5 l Wasser auffüllen, langsam aufkochen, das klein geschnittene Wurzelgemüse und die Lorbeerblätter dazugeben und ca. 2 Stunden simmern lassen. Wenn das Fleisch weich ist, den Tafelspitz herausnehmen und in feine Scheiben tranchieren.

Die Brühe passieren und mit der Sahne und dem Tafelmeerrettich vermischen. Mit Salz, Zucker und weißem Pfeffer abschmecken. Je nach Belieben mit etwas Stärke oder Mehlbutter abbinden. Die Tafelspitzscheiben in der fertigen Sauce warm halten.

ZUBEREITUNG KOHLRABI Den Kohlrabi schälen und in dünne Scheiben schneiden. Mit Salz und Zucker marinieren und ca. 10 Minuten einziehen lassen. In Butter glasieren und feine Streifen vom Kohlrabigrün zugeben.

ZUBEREITUNG SALZKARTOFFELN Die Kartoffeln schälen und in Salzwasser weich kochen. Wir kochen die Salzkartoffeln immer gern ein bisschen weicher, damit man sie schön in die Sauce knatschen kann.

ANRICHTEN Den Tafelspitz mit den Kartoffeln auf einen Teller geben und mit dem glasierten Kohlrabi garnieren. Mit ordentlich Sauce und frisch geriebenem Kren vollenden.

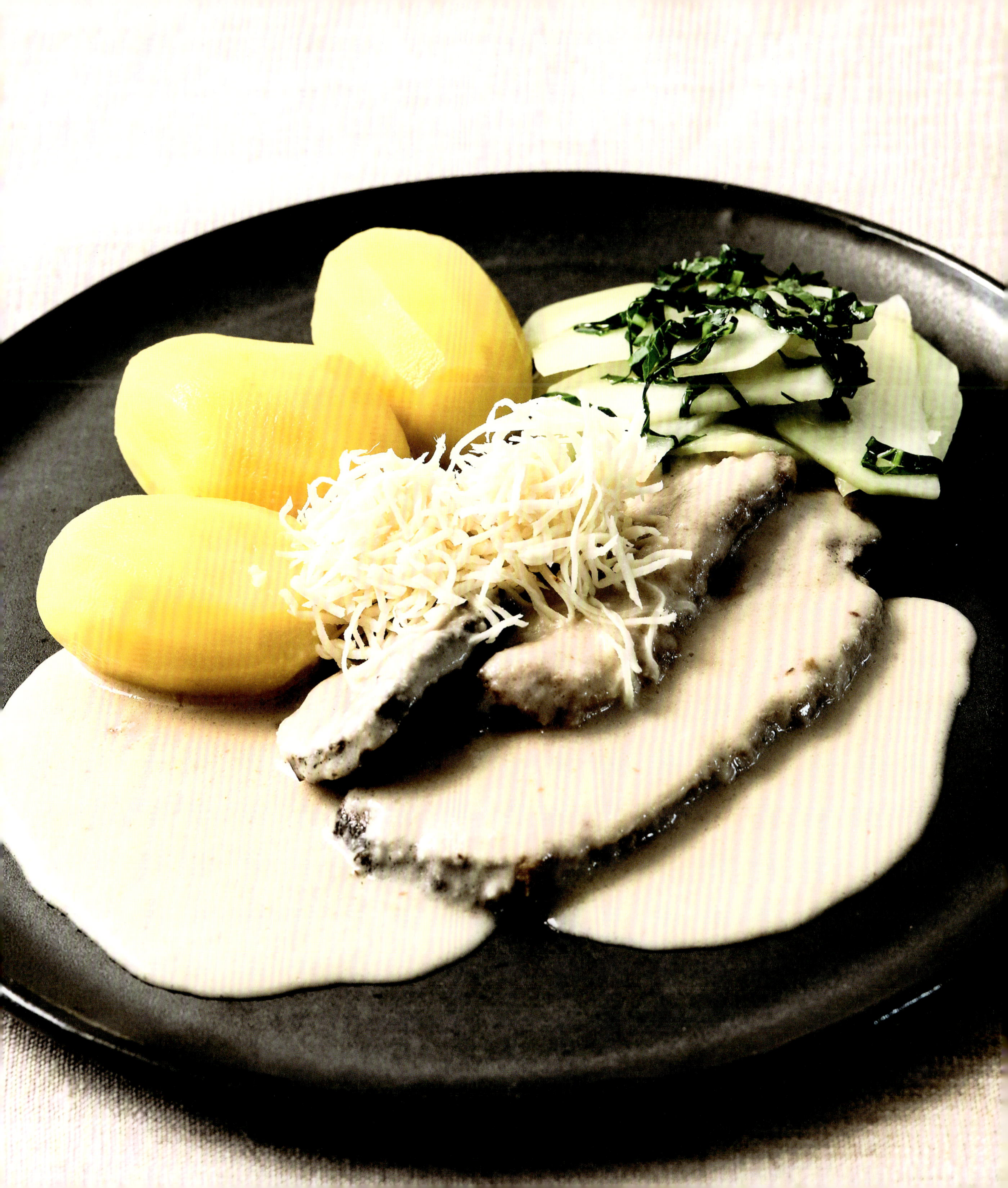

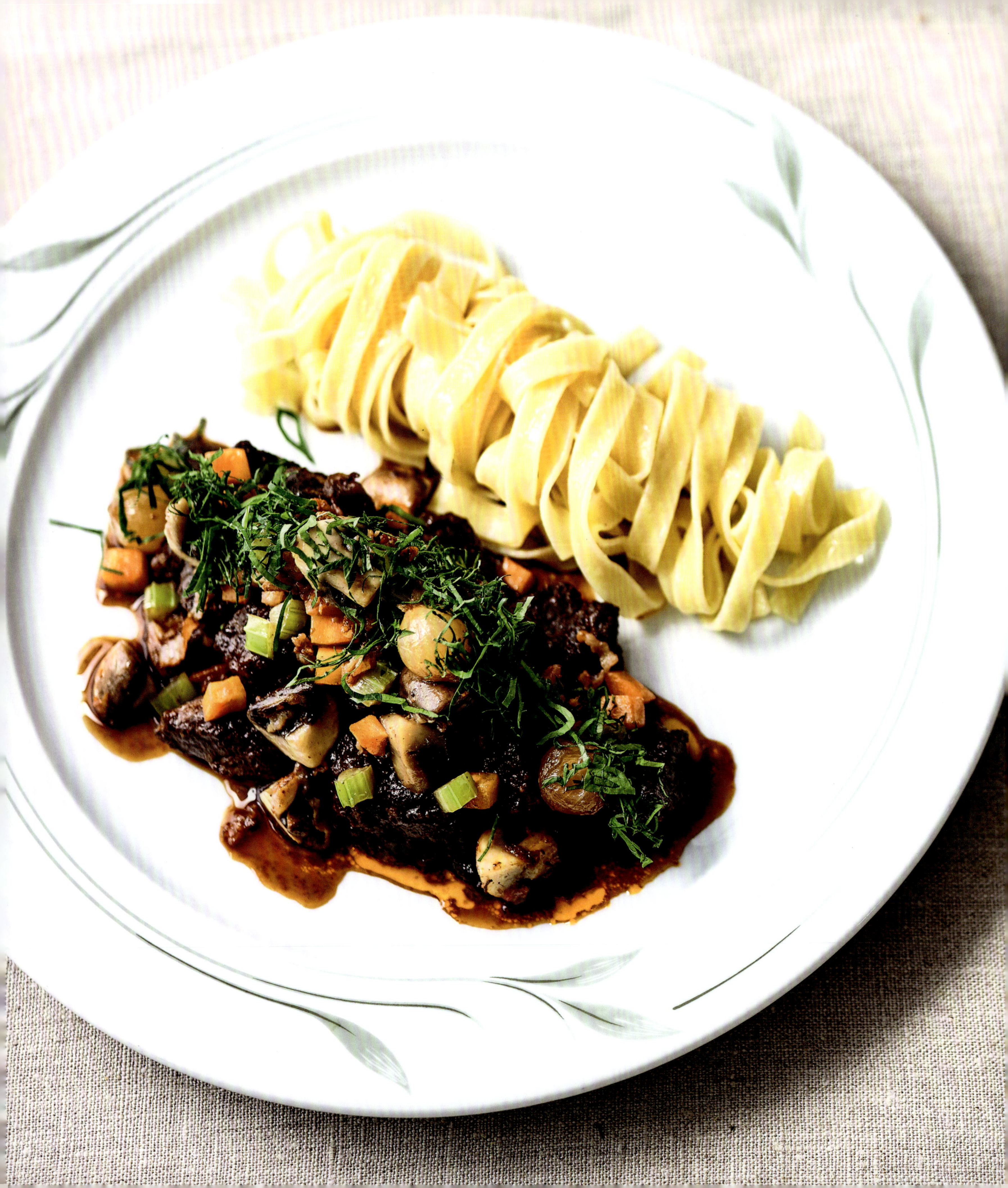

aus der Rinderschulter, gegrillte Champignons, Bandnudeln

Bœuf Bourguignon

ZUTATEN RINDERSCHULTER:

200 g Champignons
200 g Zwiebeln
150 g Karotten
150 g Sellerie
150 g (1 Glas) Silberzwiebeln
(den Saft aufbewahren)
700 g Rinderschulter (Irish Hereford)
2 EL Öl
100 g goldgelb geräucherter Schweinebauch
20 g Butter
2 EL Tomatenmark
50 ml Balsamico
500 ml Rotwein
150 ml Portwein
Zucker
Salz und schwarzer Pfeffer

SONSTIGES:

500 g Eier-Bandnudeln
frische Blattpetersilie zum Garnieren

ZUBEREITUNG RINDERSCHULTER Champignons vierteln, dann Zwiebeln, Karotten, Sellerie und Silberzwiebeln würfeln. Die Rinderschulter in große Würfel schneiden, salzen, zuckern und mit etwas Öl von allen Seiten anbraten. Herausnehmen und im Anschluss den geräucherten Schweinebauch in Streifen schneiden und ebenfalls anbraten.
Nun die Butter zugeben und die Champignons mit dem Gemüse leicht darin anschwitzen. Dann das Tomatenmark dazugeben und mit Balsamico, dem Saft der Silberzwiebeln, dem Rotwein und dem Portwein ablöschen. Das angebratene Fleisch zugeben und alles weich schmoren.

ZUBEREITUNG NUDELN Währenddessen die Nudeln in einen großen Topf mit ausreichend heißem Salzwasser geben und so lange wie vorgegeben kochen.

ANRICHTEN Die heißen Nudeln sofort nach dem Kochen mit einer Fleischgabel aufdrehen und auf dem Teller drapieren. Daneben das Bœuf Bourguignon mit reichlich Gemüse anrichten. Wir haben zum Garnieren Streifen von frischer Blattpetersilie verwendet.

mit Filetspitzen und Rote-Bete-Dreierlei

Bœuf Stroganoff

ZUTATEN ROTE-BETE-DREIERLEI:

50 g Schalotten
50 g Essiggurken
350 g (1 Packung) gekochte
Rote Bete in Saft
Zucker
Salz und schwarzer Pfeffer

ZUTATEN FILETSPITZEN:

600 g Filetspitzen (Black Angus)
1 EL Senf
Zucker

GARNITUR

einige Champignons
Senfkörner
Gartenkresse

ZUBEREITUNG ROTE-BETE-DREIERLEI   Die Schalotten in Ringe und die Essiggurken in Würfel schneiden. Die Hälfte der Roten Bete in Scheiben schneiden und die Abschnitte pürieren. Den Saft der Roten Bete mit Salz, Zucker und Pfeffer abschmecken.

ZUBEREITUNG FILETSPITZEN   Die Filetspitzen salzen und zuckern und zusammen mit den Schalotten und den Gurken scharf anbraten.

Den Senf dazugeben und mit dem Saft der Roten Bete ablöschen. Alles einmal aufkochen lassen und in der Mitte des Tellers sofort anrichten.

ANRICHTEN   Das Rote-Bete-Püree dazugeben und ein paar frisch gehobelte Champignons darüber verteilen. Mit den Senfkörnern und dem Saft der Roten Bete anrichten. Nach Belieben auch gepickelte rote Zwiebeln *(Grundrezept siehe → Seite 169)* und etwas Gartenkresse hinzugegeben.

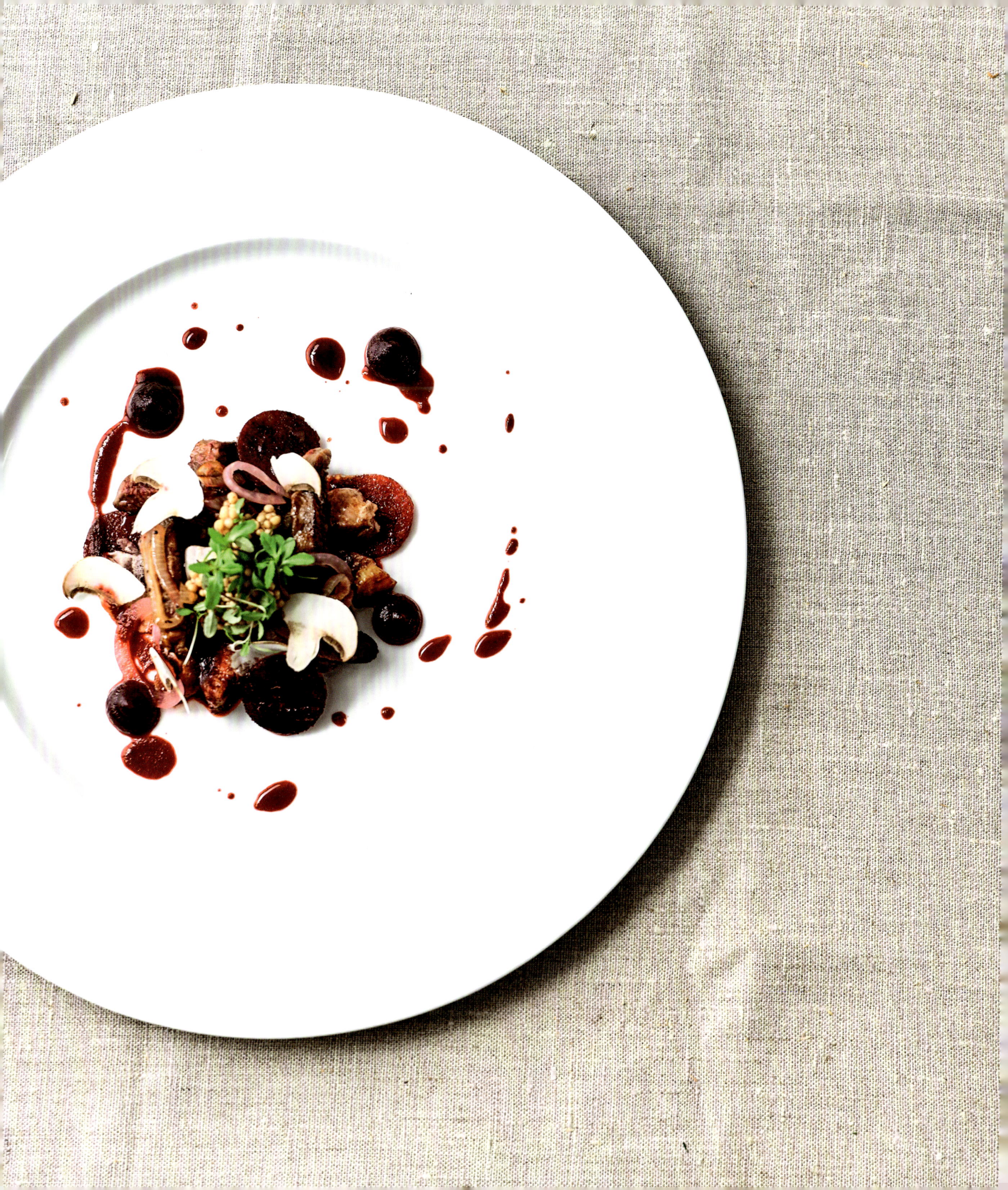

mit Reis (aber bitte ganz normalem Reis ;-))

Spicy Beef Tokány

ZUTATEN BEEF TOKÁNY:

800 g Bürgermeisterstück (Irish Hereford)
2 EL Rapsöl
100 g Zwiebeln
20 g Butter
2 EL Tomatenmark
50 ml Balsamico
300 ml Rotwein
200 ml Wasser
200 g gehackte Dosentomaten
Chilisauce (Sriracha)
Stärke
Zucker
Salz und schwarzer Pfeffer

ZUTAT REIS:

300 g parboiled Reis

SONSTIGES:

Paprikapulver
(geräuchert oder edelsüß)
Pimientos zum Garnieren
Kresse zum Garnieren

ZUBEREITUNG BEEF TOKÁNY Das Fleisch in große Würfel schneiden, salzen, zuckern und in einem Topf von allen Seiten in Öl anbraten. Fleisch herausnehmen, dann die Zwiebeln in den Topf geben und mit Butter und etwas Öl glasig anbraten und im Anschluss das Tomatenmark dazugeben. Mit Balsamico und dem Rotwein ablöschen und so lange reduzieren, bis der Alkohol verdampft ist. Das Wasser, die gehackten Tomaten und das angebratene Fleisch zugeben und ca. 1 Stunde weich schmoren. Zum Feinabschmecken Salz, Pfeffer, Zucker und etwas Chilisauce (Sriracha) zugeben. Ggf. mit etwas Stärke nachbinden.

ZUBEREITUNG REIS Den parboiled Reis kurz auswaschen und ca. 18 Minuten kochen. Gleich servieren.

ANRICHTEN Die Fleischwürfel auf dem Teller anrichten und die Sauce darübergeben. Den Reis in eine Form drücken und daneben anrichten. Nach Belieben mit geräuchertem oder edelsüßem Paprika bestreuen. Wir haben als Garnitur noch ein paar scharf angebratene und leicht gesalzene Pimientos und etwas Kresse hinzugelegt.

Rinderfilet Madagaskar

in Pfeffersauce, mit Kartoffelplätzchen und sautierten Pfifferlingen

ZUTATEN KARTOFFELPLÄTZCHEN:

600 g Kartoffeln (vorwiegend mehligkochend)
4 Eigelb
Stärke
Muskatnuss
Frisch gehackte Petersilie
50 g Butter
Zucker
Salz
Grüne Pfefferkörner und schwarzer Pfeffer

ZUTATEN RINDERFILET:

4 Rinderfiletsteaks à 180 g (Black Angus)
2 EL Pflanzenöl
Sahne
Calvados

ZUTATEN PFIFFERLINGE:

200 g frische Pfifferlinge
Butter
Thymian
Rosmarin

GARNITUR:

Thymian- und Rosmarinzweige

ZUBEREITUNG KARTOFFELPLÄTZCHEN Die Kartoffeln schälen, kochen und dann ausdampfen lassen. Anschließend durch eine Kartoffelpresse geben und mit dem Eigelb und etwas Stärke zu einem Teig verkneten. Mit Salz, Pfeffer, Zucker und Muskatnuss abschmecken und die gehackte Petersilie untermengen. Dann gleichmäßige Taler formen und diese von beiden Seiten in Butter anbraten.

ZUBEREITUNG RINDERFILET Das Filet salzen und zuckern und dann von beiden Seiten in Öl scharf anbraten. Aus der Pfanne nehmen und im Backofen bei ca. 80 °C ziehen lassen (das Filetsteak sollte eine Kerntemperatur von ca. 54 °C haben).

Die Jus mit der Sahne verrühren und mit Salz, grünen Pfefferkörnern, Zucker und Cognac abschmecken.

ZUBEREITUNG PFIFFERLINGE Die geputzten Pfifferlinge kurz in Butter mit etwas Thymian und Rosmarin anbraten.

ANRICHTEN Das Filet mit den Kartoffelplätzchen auf dem Teller arrangieren und das Filet mit der Sauce übergießen. Zum Schluss die frisch angebratenen Pfifferlinge mit auf den Teller geben. Wir haben als klassische Garnitur Thymian- und Rosmarinzweige gewählt.

mit Knödel und Sauerkraut

Schweinebraten

ZUTATEN SCHWEINBRATENMARINADE:

Ca. 1 kg Schweineschulter mit Schwarte oder Schweinebauch
200 ml Öl
4 Knoblauchzehen
1 TL Majoran
1 TL edelsüße Paprika
1 TL geschroteter schwarzer Pfeffer
1 TL gemahlener Kümmel
1 TL mittelscharfer Senf

ZUTATEN BRATENSAUCE:

500 g Zwiebeln
1 EL ganzer Kümmel
500 ml Wasser
500 ml Bier
Stärke nach Belieben
Zucker
Salz und schwarzer Pfeffer

ZUTATEN SAUERKRAUT:

500 g Weißkraut
1 Zwiebel
100 g goldgelb geräucherter Schweinebauch
20 g Butter
Rapsöl
50 ml weinwürziger Essig
150 ml Weißwein
200 ml Wasser
1 EL Wacholderbeeren
1 TL ganzer Kümmel
Zucker
Salz und schwarzer Pfeffer

ZUBEREITUNG SCHWEINBRATENMARINADE Alle Zutaten mit dem Öl mixen, damit die Bratenstücke einreiben und die Marinade für ca. 1 Stunde einziehen lassen.

ZUBEREITUNG BRATEN UND SAUCE Die Zwiebeln schälen, halbieren und in Halbringe schneiden. Auf ein mit Butter bestrichenes tiefes Blech (Reindl) verteilen, die ganzen Kümmelkörner darüberstreuen. Das Wasser in das Blech füllen und die Bratenstücke daraufsetzen. Bei 160°C für ca. 1 Stunde braten, dann mit Bier übergießen und nochmals ca. 1 Stunde im Ofen lassen. Die Bratenstücke aus der Reine nehmen und portionieren, die Sauce durch ein Sieb passieren und auf die gewünschte Konsistenz reduzieren. Mit Salz, schwarzem Pfeffer, Zucker und einem Schuss Bier nachschmecken. (Die Sauce kann auch mit Stärke leicht abgebunden werden, damit sie besser am Fleisch haften bleibt.)

ZUBEREITUNG SAUERKRAUT Das Kraut waschen, den Strunk entfernen und hobeln. Dann salzen und zuckern und gut durchkneten. (Das Kraut sollte dadurch schon etwas weich werden.) Die Zwiebel schälen und fein hacken, den Speck in kleine Streifen schneiden und beides in etwas Butter und Öl anschwitzen. Dann mit Essig und Wein ablöschen, das Kraut, die Wacholderbeeren und den Kümmel zugeben und mit etwas Wasser aufgießen.

Alles für ca. 30–40 Minuten weich dünsten lassen und mit Salz, schwarzem Pfeffer und Zucker fein abschmecken. (Für eine cremigere Konsistenz kann man das Sauerkraut abschließend mit etwas Stärke abbinden, um den Saft kompakt zu halten.)

ANRICHTEN Die Bratenscheiben mit reichlich Sauce und daneben die Semmelknödel auf dem Teller anrichten. Die Knödel mit etwas Petersilie garnieren. Das Sauerkraut mit Speck auf einem separaten Teller servieren.

mit Whiskeysauce, Speckbohnen und Salzkartoffeln

Lammkarree

ZUTATEN SAUCE:

200 ml Jus vom Ox
(siehe Grundrezepte → Seite 172)
50 ml Whiskey

ZUTATEN LAMMKARREE:

800 g Lammkarree
1 EL Rapsöl
Zucker
Salz

ZUTATEN SPECKBOHNEN:

500 g Prinzessbohnen
200 g goldgelb geräucherter Schweinebauch (Bacon)
50 g Butter

ZUTATEN SALZKARTOFFELN/NUSSBUTTER:

600 g Kartoffeln (vorwiegend festkochend)
2 EL Nussbutter
Salz und schwarzer Pfeffer

ZUBEREITUNG SAUCE   Die Sauce herstellen nach dem Grundrezept herszellen und abschließend mit etwas Whisky verfeinern.

ZUBEREITUNG LAMMKARREE   Das Lammkarree in vier gleiche Stücke schneiden und die Knochen mit einem kleinen Messer von den Sehnen befreien. Anschließend salzen und zuckern und von allen Seiten mit Öl anbraten. Im Ofen bei ca. 80 °C für 20 Minuten ziehen lassen (Kerntemperatur sollte hier 54 °C sein).

ZUBEREITUNG SPECKBOHNEN   Die Bohnen ca. 4 Minuten in gut gesalzenem Wasser blanchieren. Den Speck auslegen und 4–5 Bohnen damit einwickeln. Die Bohnen-Bündchen in Butter von allen Seiten anbraten.

ZUBEREITUNG SALZKARTOFFELN   Die Kartoffeln schälen und vierteln, dann in Salzwasser für ca. 20–30 Minuten kochen. Die Kartoffelspalten in Nussbutter *(siehe Grundrezepte → Seite 168)* anbraten und ggf. salzen und pfeffern.

ANRICHTEN   Das Lamm mit den Kartoffeln und den Speckbohnen auf dem Teller anrichten. Anschließend das Fleisch großzügig mit der Sauce übergießen.

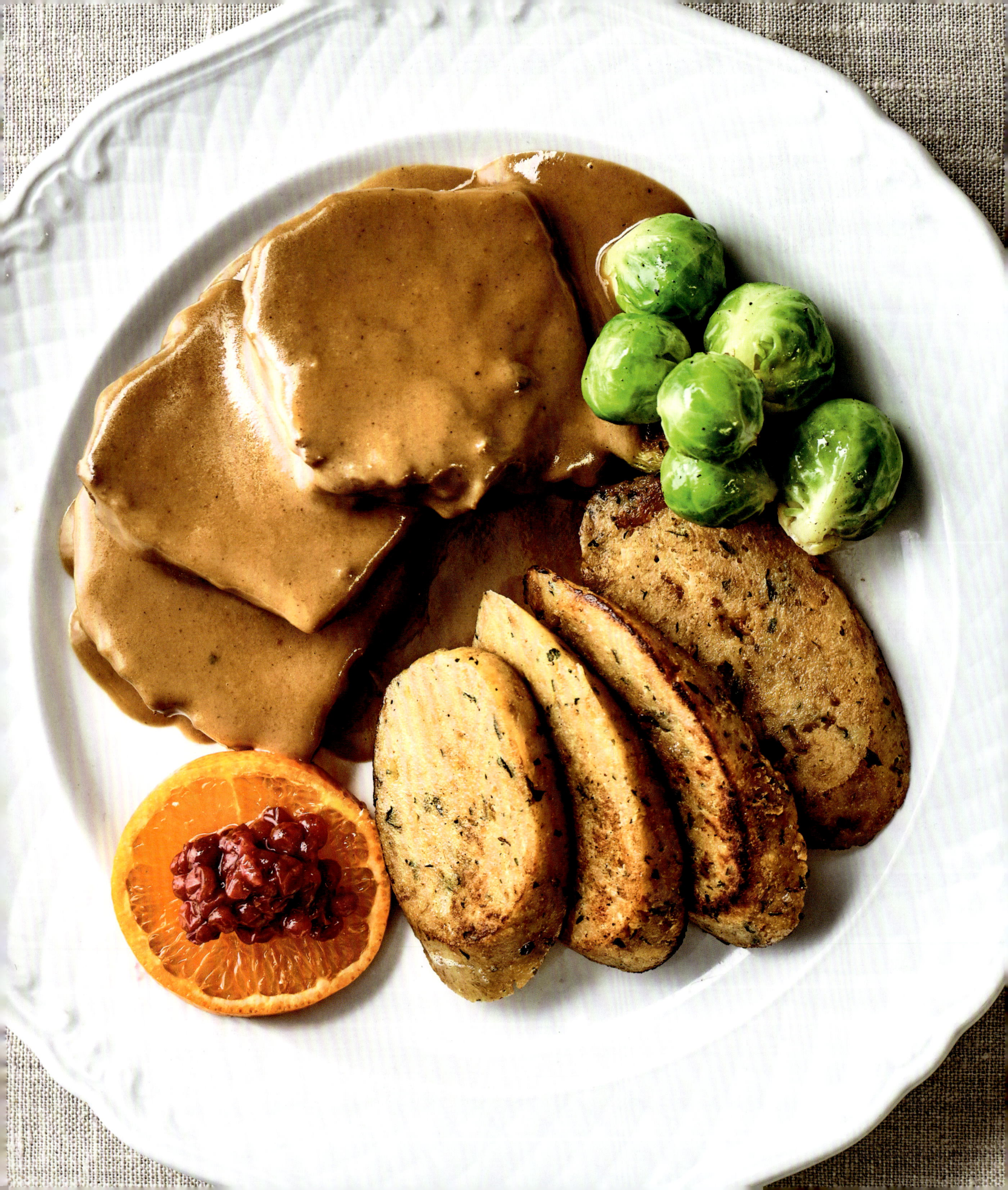

in Wacholder-Rahm-Sauce, Serviettenknödel & Rosenkohl

Geschmorter Rehbraten

ZUTATEN REHBRATEN:

1–1,5 kg Rehbraten (Rehkeule oder Schulter/ausgelöst)
½ TL Wildgewürz oder Quatre Épices
3 EL Rapsöl
800 ml Wildfond **(siehe Grundrezept → Seite 169)**
3 Karotten
1 Sellerie
2 Petersilienwurzeln
2 Zwiebeln
4 Lorbeerblätter
5 Wacholderbeeren
2 EL angeschlagene Sahne
Zucker
Salz und schwarzer Pfeffer

ZUTATEN SERVIETTENKNÖDEL:

250 ml Milch
500 g Knödelbrot
3 Eier
1 TL gehackte Petersilie
Gemahlener Muskat
3 EL Nussbutter **(siehe Grundrezept → Seite 168)**
Salz und schwarzer Pfeffer

ZUTATEN ROSENKOHL:

1 Netz Rosenkohl
2 EL Nussbutter

GARNITUR:

5 EL Preiselbeeren
4 Orangenscheiben

ZUBEREITUNG REHBRATEN Rehbraten rundherum mit Salz, Pfeffer und Wildgewürz würzen und ca. 20 Minuten einziehen lassen.

ZUBEREITUNG SERVIETTENKNÖDEL Während der Rehbraten ruht, die Knödelmasse herstellen. Dazu die Milch leicht erwärmen und über das Knödelbrot gießen. (Die Milch kann auch kalt über das Knödelbrot gegossen werden; das sollte man jedoch einen Tag vorher machen, weil dadurch die Masse länger zum Durchziehen braucht.) Anschließend die Eier und die Petersilie dazugeben, mit Salz, Pfeffer und gemahlenem Muskat abschmecken und die Masse in eine Serviette oder Alufolie legen und einrollen (Enden gut zusammenbinden). In Salzwasser ca. 25–30 Minuten köcheln lassen.

Danach die Serviettenrollen aus dem heißen Wasser nehmen und kurz mit kaltem Wasser abschrecken. Die Knödelmasse vorsichtig von der Serviette oder Folie lösen und in 1 cm dicke Scheiben schneiden. Diese in der Hälfte der Nussbutter von beiden Seiten anbraten und anschließend bis zum Anrichten warm stellen.

FORTSETZUNG REHBRATEN Die gewürzten Rehbratenstücke in einem Reindl mit Rapsöl von allen Seiten anbraten, dann mit 500 ml Wildfond aufgießen. Das Gemüse klein schneiden und zusammen mit den Gewürzen mit in die Reine geben.

Alles im Ofen zugedeckt bei ca. 160 °C für 2–3 Stunden schmoren (je nach Größe der Bratenstücke).

ZUBEREITUNG ROSENKOHL Den Rosenkohl putzen, dann 4–5 Minuten bissfest blanchieren und in der restlichen Nussbutter anschwitzen. Anschließend mit Salz und Pfeffer würzen und beiseitestellen.

LETZTE SCHRITTE Den fertigen Braten aus dem Ofen nehmen und die Sauce durch ein Sieb geben. Aufkochen lassen und fein abschmecken. Zum Schluss die Sahne unter die Sauce heben.

ANRICHTEN Das Gericht, mit frischen Orangenscheiben und Preiselbeeren garniert, anrichten.

Wenn früher bei uns im Wirtshaus ein Feiertag war, wussten wir zu 90 Prozent, wenn ein Gast ein jagdgrünes Hemd anhatte, was er sich auf der Speisekarte aussuchen wird: einen Rehbraten! Mein Vater hatte in der Küche bei sich am Saucenposten eine Sahnemaschine stehen, die nur dafür benutzt wurde, um frische Schlagsahne als letzten Kick in die Sauce zu geben. Unser Rehbraten im Waldschlössl war der rahmigste und cremigste, den ich kannte, und weit weg vom klassischen Braten mit brauner Einbrenne etc. Mein Vater hat als Garnitur immer eine Dosenananas mit Preiselbeeren hinzugegeben. Was er sich dabei dachte, ist mir bis heute nicht schlüssig! Zeit, ihn mal zu fragen …

mit Kartoffelknödel und Feldsalat

Saures Lüngerl

ZUTATEN KALBSLÜNGERL:

1 kg Kalbslunge
4 Zwiebeln
2 Karotten
200 ml Altmeister-Essig
1 Kalbsherz
250 g Butter
3 EL Mehl
100 g Sahne
Zucker
Salz und schwarzer Pfeffer

ZUTATEN KARTOFFELKNÖDEL:

1 Packung Kartoffelknödelteig

ZUTATEN FELDSALAT:

1 Schale Feldsalat
50 ml Rapsöl
50 ml Wasser
50 ml Weinbrandessig
1 TL Senf
Zucker
Salz und schwarzer Pfeffer

GARNITUR:

1 Schale Kresse

ZUBEREITUNG KALBSLÜNGERL Die Lunge mit kaltem Wasser waschen und die Bronchien grob herausschneiden oder bereits fertig beim Metzger bestellen. Die Zwiebeln und die Karotten schälen und in Würfel schneiden. Einen Topf mit 3 Liter Wasser füllen, Essig, Zwiebeln und Karotten zugeben und aufkochen lassen. Die Lunge und das Herz in den kochenden Sud geben und ca. 3 Stunden bei geschlossenem Deckel leicht köcheln lassen. Die Lunge in dieser Zeit immer wieder drehen und unterrühren, da sie aufschwimmt und ansonsten ungleichmäßig gar wird.

ZUBEREITUNG KARTOFFELKNÖDEL Die Knödelmasse in eine Schüssel geben und daraus 4–6 Knödel formen. Diese in kochendem Salzwasser 25 Minuten kochen.

FORTSETZUNG KALBSLÜNGERL Die fertig gekochte Lunge und das Herz aus dem Sud nehmen, etwas abkühlen lassen, danach zuerst in Scheiben und dann in Streifen schneiden. (Bei diesem Vorgang eventuell noch vorhandene Bronchien entfernen.) Den Sud durch ein Sieb geben und etwas einreduzieren lassen.

In einem neuen Topf 250 g Butter schmelzen, das Mehl einrühren und leicht aufschäumen lassen. Den reduzierten Sud hinzugeben und alles aufkochen. Die Sauce mit Salz, schwarzem Pfeffer, Zucker und etwas Essig abschmecken. Dann die in Streifen geschnittene Lunge/Herz hinzugeben.

ZUBEREITUNG FELDSALAT Den Feldsalat waschen. Anschließend mit Rapsöl, Wasser, Essig, Senf, Salz, Pfeffer und Zucker eine Vinaigrette herstellen und damit marinieren.

ANRICHTEN Auf einem Teller das saure Lüngerl anrichten, den Knödel in die Mitte setzen und mit frischer Kresse garnieren. Den Feldsalat in einer separaten kleinen Schüssel anrichten.

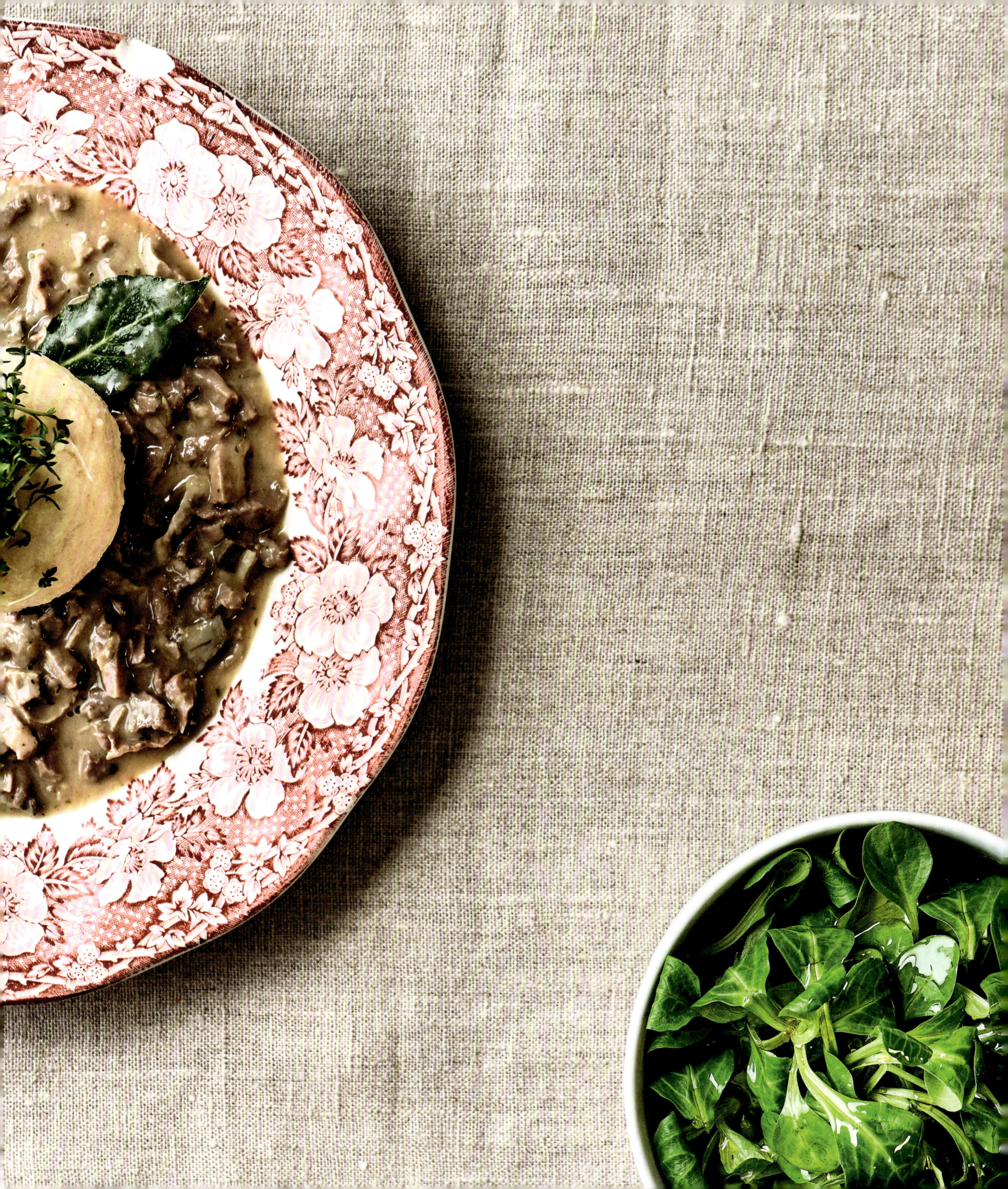

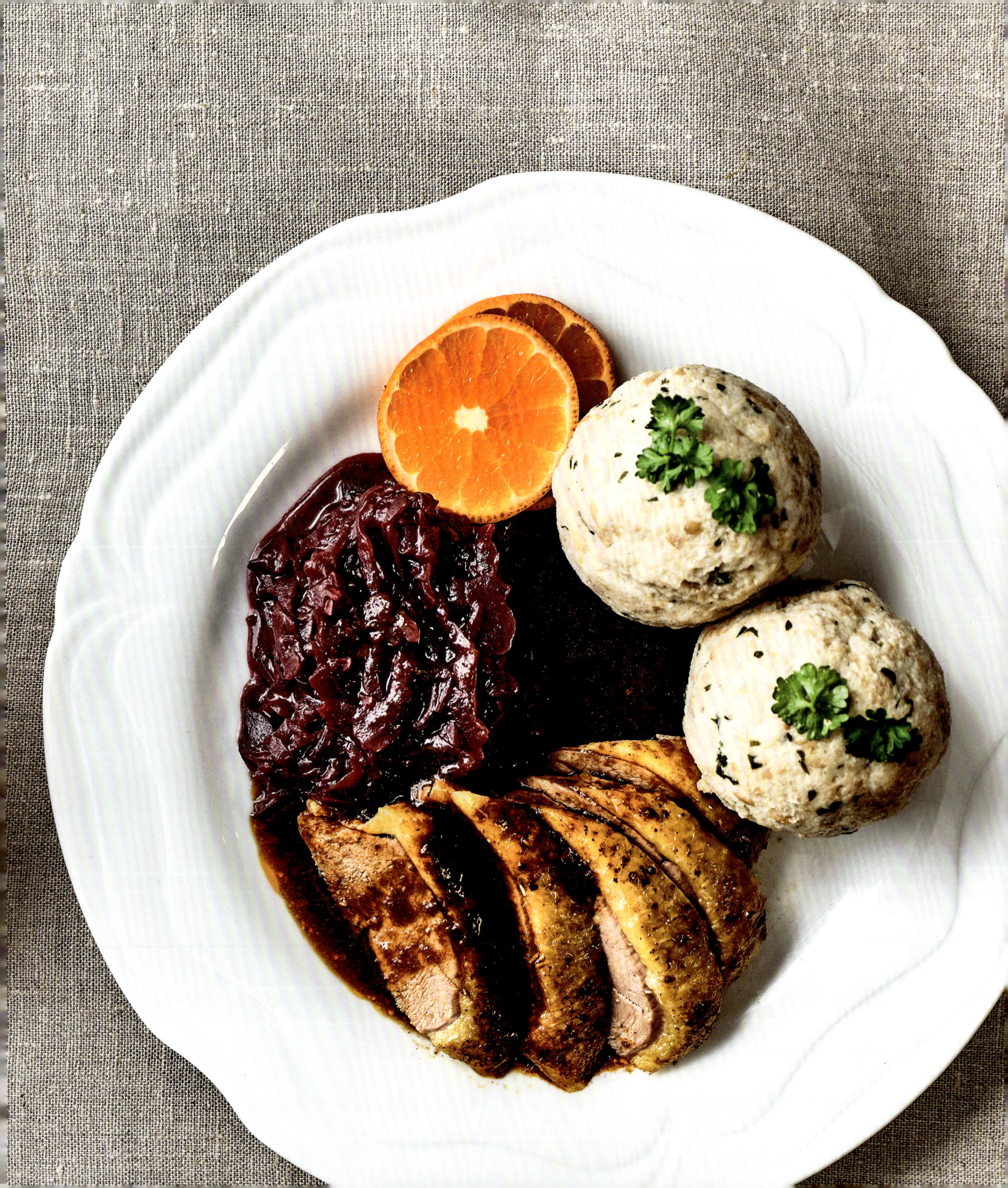

mit Blaukraut und Semmelknödel

Gebratene Bauernente

ZUTATEN BLAUKRAUT:

1 großer Rotkohl
1 Zwiebel
2 EL Sonnenblumenöl
2 Äpfel
2 EL Rotweinessig
500 ml Geflügelbrühe
2 Lorbeerblätter
50 ml Rotwein
Zucker
Salz und schwarzer Pfeffer

ZUTATEN BAUERNENTE:

1 Ente
3 Äpfel
2 Zweige Gewürzbeifuß
2 Zwiebeln
1 l Geflügelbrühe
Zucker
Salz und schwarzer Pfeffer

ZUTATEN SEMMELKNÖDEL:

6–8 Semmeln (vom Vortag/500 g)
250 ml Milch
1 Bund Petersilie
1 Zwiebel
1 EL Butter
3 Eier
Frisch geriebene Muskatnuss
Bio-Zitronenschale
Zucker
Salz und schwarzer Pfeffer

GARNITUR:

2 Orangen
3 Zweige Kerbel

ZUBEREITUNG BLAUKRAUT Das Kraut gut waschen, den Strunk entfernen, das Blaukraut hobeln und beiseitestellen. Zwiebel schälen, fein hacken und in heißem Öl andünsten. Äpfel schälen, in Würfel schneiden und mit dem Zucker unter die Zwiebeln rühren. Alles für 5 Minuten dünsten lassen. Nun das Blaukraut dazugeben und mit Essig übergießen. Für 10 Minuten zugedeckt dünsten lassen.

Das Kraut mit Geflügelbrühe *(siehe Grundrezepte → Seite 171)* aufgießen, das Salz, den Pfeffer und die Lorbeerblätter unterrühren. Für 35 Minuten weich dünsten lassen. Kurz vor dem Servieren mit einem Schuss Rotwein abschmecken.

ZUBEREITUNG BAUERNENTE Die Ente innen und außen mit kaltem Wasser abspülen, danach trocken tupfen und beidseitig mit Salz und Zucker einreiben. Die Äpfel vierteln und zusammen mit dem Beifuß in die Ente geben.

Die Zwiebeln schälen, in Würfel schneiden und in ein Bratenblech (Reine) geben, darauf die Ente setzen und die Hälfte des Geflügelfonds aufgießen. Anschließend alles im Ofen bei ca. 170 °C für 1 ½ bis 2 Stunden garen und immer wieder mit Geflügelfond aufgießen.

ZUBEREITUNG SEMMELKNÖDEL Während die Ente gart, die Semmeln in dünne Scheiben schneiden und in eine große Schüssel geben. Die Milch erhitzen und darübergießen. 20 Minuten quellen lassen.

Die Petersilie waschen und trocken schütteln, die Blätter fein hacken. Die Zwiebel schälen und in kleine Würfel schneiden. Die Butter erhitzen und die Zwiebeln darin glasig andünsten, anschließend beiseitestellen.

In einem großen, weiten Topf reichlich Salzwasser zum Kochen bringen. Die eingeweichten Semmeln mit Eiern, Zwiebeln und Petersilie gut vermengen. Mit Salz, Pfeffer, Muskat und Zitronenschale würzen. Mit angefeuchteten Händen kleine Knödel formen und im siedenden Wasser 30 Minuten simmern (nicht kochen) lassen.

ANRICHTEN Mit frischen Orangenscheiben und Kerbel anrichten.

Taube

mit Mohn-Schupfnudeln, Gewürz-Jus, Trüffeln und Pfifferlingen

ZUTATEN TAUBEN:

4 küchenfertig ausgenommene ganze Tauben
4 EL Pflanzenöl
4 Zweige Rosmarin
8 Stängel Thymian
Salz

ZUTATEN MOHN-SCHUPFNUDELN:

600 g geschälte mehligkochende Kartoffeln (vom Vortag)
100 g Roggenmehl
100 g Weizenmehl
100 g Grieß
2 Eier
60 g Butter
2 EL gemahlener Mohn
4 EL Nussbutter **(Siehe Grundrezepte Seite → Seite 168)**

ZUTATEN PFIFFERLINGE:

400–500 g frische Pfifferlinge
Zucker
Salz

ZUTATEN GEWÜRZ-JUS:

4 Schalotten
2 EL Pflanzenöl
20 ml Balsamico
50 ml Rotwein
20 ml Madeira
500 ml Geflügelbrühe
1 Gewürzsäckchen **(Siehe Grundrezepte Seite → Seite 244)**
Salz und schwarzer Pfeffer

GARNITUR:

1 Bund frischer Kerbel
1–2 frische schwarze Sommertrüffel

ZUBEREITUNG TAUBEN Die Tauben gründlich von außen und innen waschen und trocken tupfen, mit Pflanzenöl einreiben, dann mit Salz von außen und innen würzen und je 1 Zweig Rosmarin und 2 Stängel Thymian in das Innere schieben.

ZUBEREITUNG MOHN-SCHUPFNUDELN Die Kartoffeln kochen, schälen und gut ausdampfen lassen. Dann durch die Presse drücken und mit Mehl, Grieß, Ei, Salz und Butter gut verkneten. Auf bemehlter Arbeitsfläche portionsweise den Teig zu 2 cm dicken Rollen formen, davon ca. 1,5 cm breite Stückchen abschneiden, mit bemehlten Handinnenflächen diese Stückchen wuzeln und auf einen mit Mehl bestäubten großen Teller oder eine Platte geben.

ZUBEREITUNG PFIFFERLINGE Den Ofen auf 200 °C vorheizen und in der Zwischenzeit die Pfifferlinge im trockenen Zustand putzen, dann mit Salz und Zucker würzen (aktivieren).

ZUBEREITUNG GEWÜRZ-JUS Die Schalotten schälen und in Würfel schneiden, anschließend in Pflanzenöl glasig anschwitzen. Mit Balsamico, Rotwein und Madeira ablöschen und auf ein Drittel reduzieren, dann mit der Geflügelbrühe aufgießen, das Gewürzsäckchen zugeben und nochmals auf die Hälfte reduzieren. Die Jus durch ein Haarsieb geben und mit Salz und Pfeffer abschmecken.

FORTSETZUNG MOHN-SCHUPFNUDELN In einem großen Topf Wasser aufkochen und die Schupfnudeln hineingeben (am besten in 2 Durchgängen kochen, da wahrscheinlich nicht alle Nudeln auf einmal hineinpassen). Die Hitze etwas zurückdrehen und ca. 10 Minuten köcheln lassen. Danach in ein Sieb geben und abtropfen lassen.

FORTSETZUNG TAUBEN Die Tauben im Ganzen im vorgeheizten Ofen bei 200 °C für 20 Minuten bei Heißluft garen und anschließend bei ca. 80 °C nochmals 10 Minuten nachgaren lassen, dann auf dem Teller im Ganzen anrichten.

LETZTE SCHRITTE In einer großen beschichteten Pfanne die Nudeln in Nussbutter durchschwenken und mit Mohn bestreuen, dann neben der Taube auf dem Teller anrichten und die Sauce angießen. Die aktivierten Pfifferlinge kurz vor dem Servieren in Pflanzenöl durch die Pfanne schwenken und ebenfalls auf den Teller geben.

GARNITUR Das Gericht mit frischen Kerbelspitzen dekorieren. Mit gehobeltem Trüffel garnieren.

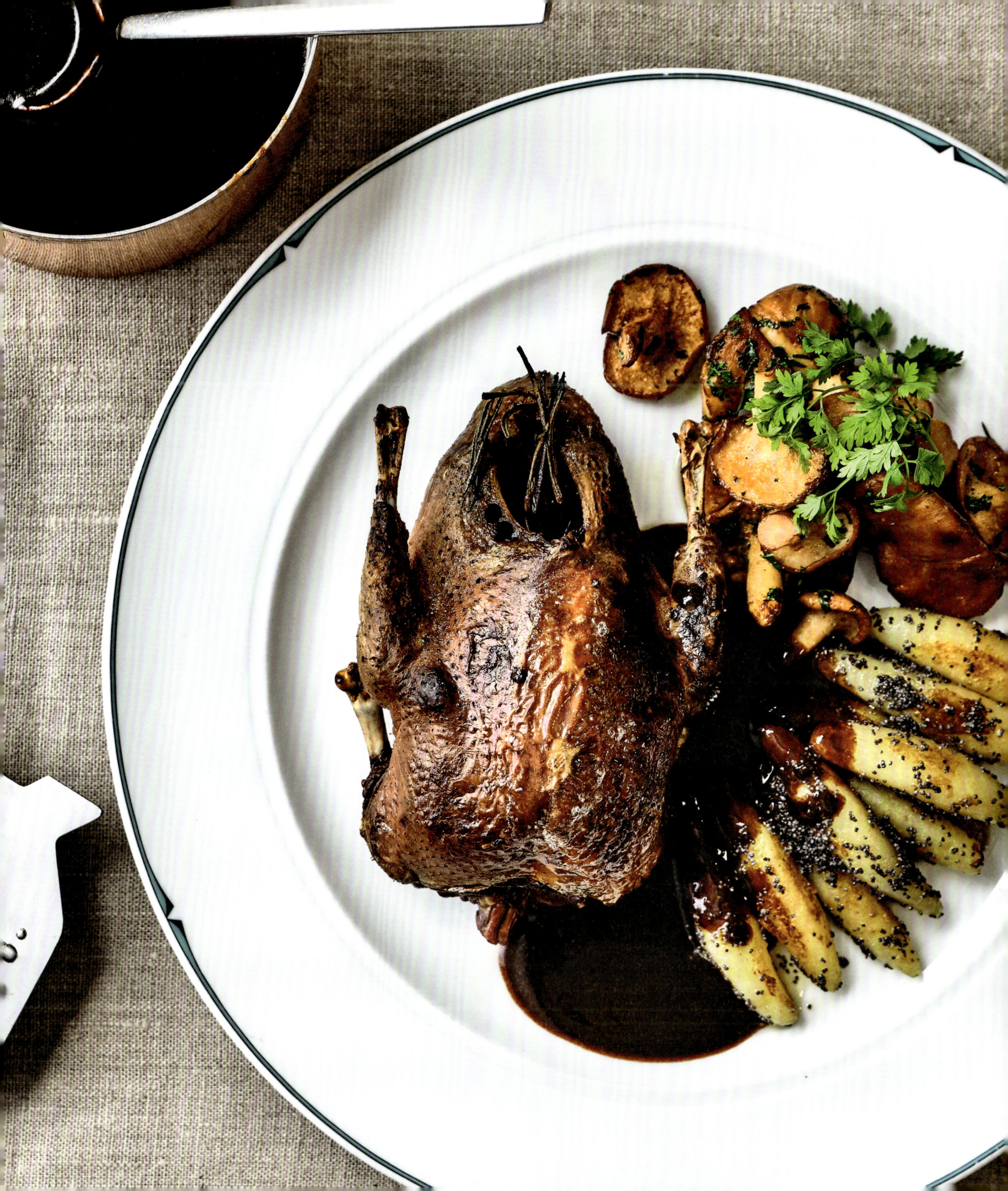

Fleisch Codex   Rezepte   Nose to Tail

Nose to Tail

Who the fuck is the „Fleischpapst"?
Ich habe 2014 ein Standardwerk mit dem Titel „Fleisch-Rezepte und Praxiswissen zu besonderen Fleischteilen" als reines Fachbuch veröffentlicht. Für mich damals eine unglaublich große Ehre, als Autor in einem Verlag zu sein, der unter anderem Werke von Heiko Antoniewicz, Alain Ducasse, Peter Gilmore, Daniel Humm, Jordi Roca und vielen anderen internationalen Starköchen herausgebracht hat. Es wurde sofort mit dem World Gourmand Cookbook Award und der Silbermedaille der GAD ausgezeichnet, und sogar Jürgen Dollase, der ehrlichste und wohl gefürchtetste Buchkritiker, hat dieses Werk als wichtig eingestuft und es mit 2 von 3 Sternen bewertet.
Von da an galt ich in der Szene als der, der sich mit Fleisch gut auskennt. „Der Lucki eben, der selber Rinder hat, die schlachtet und verarbeitet und vom Anfang bis zum Ende alles selber macht, der sich auskennt."
Manche Medien haben mich als die deutsche Antwort auf Fergus Henderson bezeichnet. Diverse Fernsehformate wurden auf mich aufmerksam, unter anderem die SAT1-Show „The Taste", die mich 2015 als den Fleischpapst bezeichnete, was sich für mich heute noch eher nach dem Künstlernamen eines mittelmäßigen Pornodarstellers anhört. 2016 wurde ich als „Lucki Maurer – The King of Kotelett" angekündigt.
Viele Kollegen bezeichnen mich als das Gesicht der deutschen Nose-to-Tail-Bewegung. Würde mich mein Opa, geboren 1916, der selbst Bauer und Metzger war und kein Wort Englisch konnte, heute fragen, was eigentlich Nose-to-Tail ist und was daran so besonders ist, müsste ich ihm antworten: Du Opa, wir verarbeiten einfach das komplette Tier, sprichwörtlich auf Herz und Nieren, wenn wir es schlachten, und schmeißen nichts weg. Auch wenn ich meinen Großvater nicht mehr fragen kann, weil er schon seit über zehn Jahren tot ist, kenne ich seine Antwort:

Was soll daran besonders sein? Das ist das Selbstverständlichste auf der ganzen Welt, dein modernes Nose-to-Tail!

Fleisch Codex   Rezepte   Nose to Tail

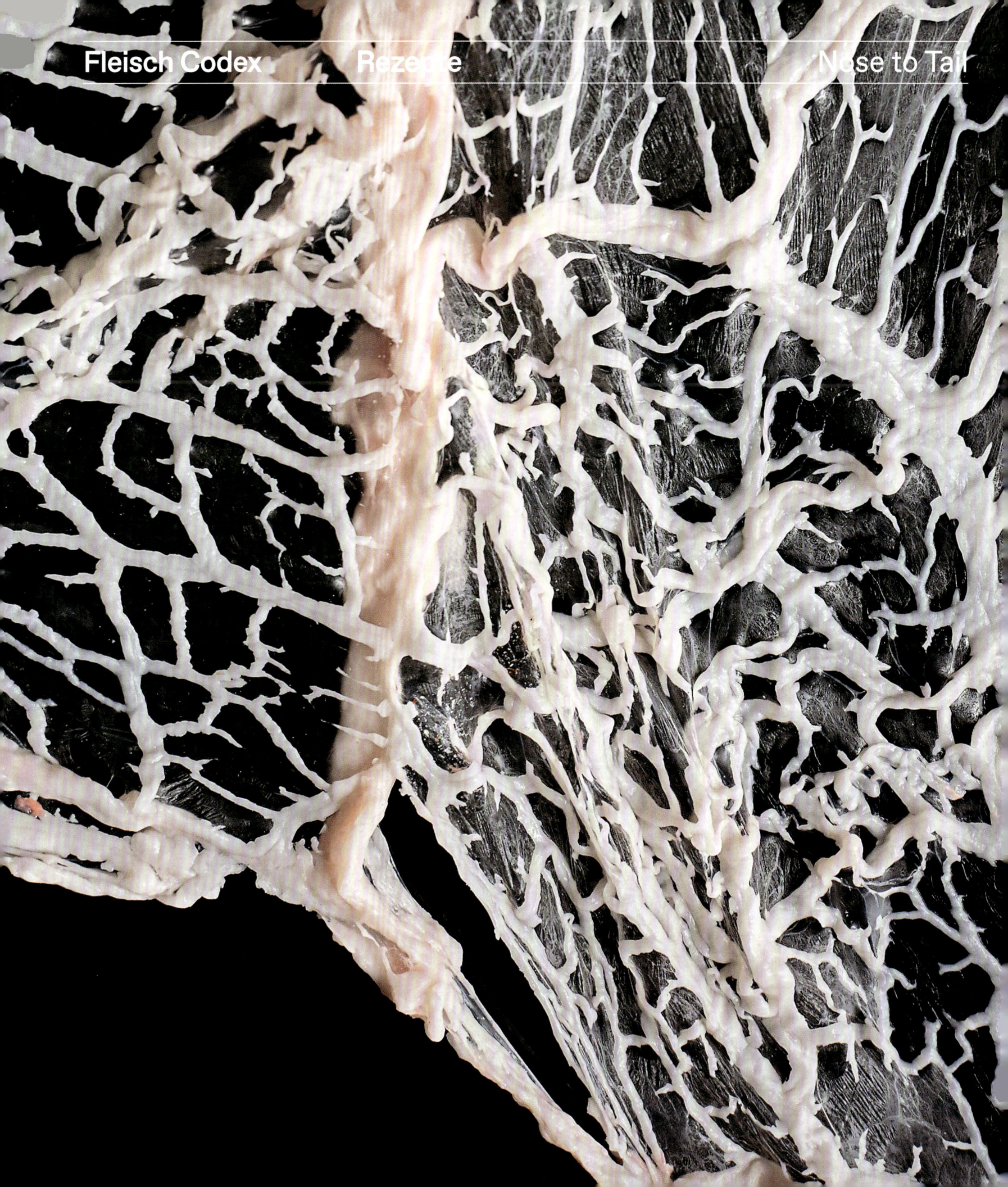

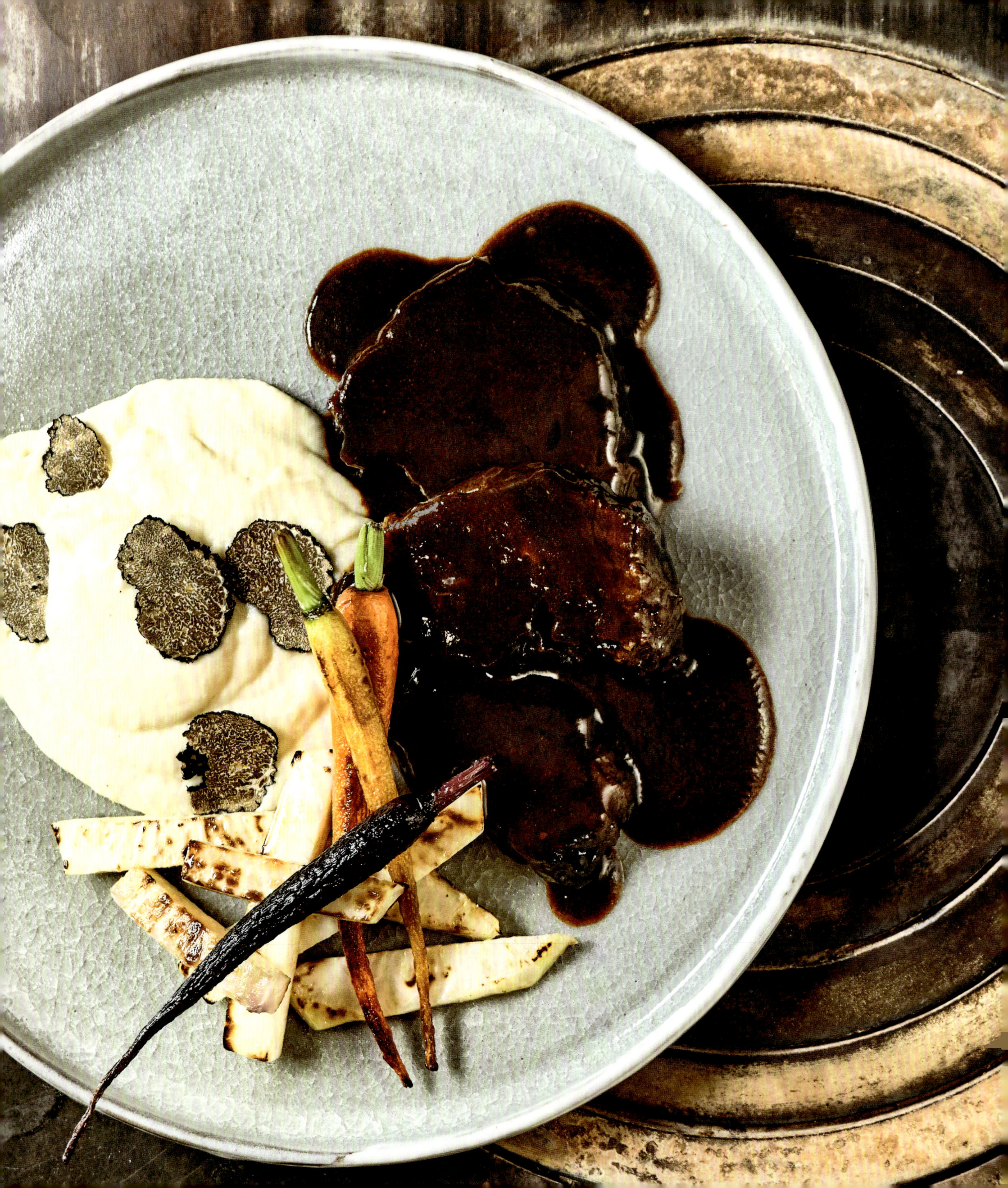

Geschmorte Ochsenbacke

mit getrüffeltem Selleriepüree und gegrilltem Wurzelgemüse

ZUTATEN OCHSENBACKEN:

1,5 kg Ochsenbacke (Black Angus)
Rapsöl
20 g Butter
Zucker
Salz

ZUTATEN SAUCE:

500 g Wurzelgemüse (Karotten, Lauch, Sellerie, Staudensellerie, Zwiebeln, Knoblauch)
50 g Butter
2 EL Tomatenmark
750 ml Rotwein
Rapsöl
2 Nelken
3 Lorbeerblätter
1 TL Pfefferkörner
5 Wacholderbeeren
Zucker
Salz und schwarzer Pfeffer

ZUTATEN GETRÜFFELTES SELLERIEPÜREE:

800 g Sellerie
500 g Sahne
50 g Trüffelbutter
20 g schwarzer Sommertrüffel, mit einer Bürste vom groben Schmutz befreit

ZUTATEN KAROTTEN:

200 g Karotten
100 g Urkarotte
20 g Butter
etwas Raps- oder Pflanzenöl
etwas Zucker
Salz nach Belieben

ZUBEREITUNG OCHSENBACKEN Die Ochsenbacken grob parieren und in einem Topf mit Rapsöl von beiden Seiten anbraten und wieder herausnehmen. Dann das Wurzelgemüse klein schneiden und im selben Topf in Butter anbraten, salzen und zuckern und mit Tomatenmark anrösten. Mit Rotwein aufgießen und die Backen wieder wzurück in die Sauce legen und weich schmoren (ca. 2–3 Stunden je nach Größe).

ZUBEREITUNG GETRÜFFELTES SELLERIEPÜREE Den Sellerie schälen und ⅓ des geschälten Sellerie in große Sticks schneiden, den Rest in Sahne weich kochen und zum Schluss die Trüffelbutter hinzugeben und alles pürieren.

ZUBEREITUNG KAROTTEN Die Karotten schälen und mit Salz und Zucker aktivieren. Anschließend in einer Pfanne die Karotten und die Sellerie-Sticks mit etwas Butter und Öl von allen Seiten anbraten.

ANRICHTEN Die Ochsenbacke in Scheiben schneiden und mit reichlich Sauce anrichten. Daneben das getrüffelte Selleriepüree geben und ein paar Scheiben vom frischen Sommertrüffel darüberreiben. Anschließend die gebratenen Sticks von Karotten und Sellerie drapieren.

mit Oliven, Pastinakenpüree und Kartoffelspalten

Ochsenschwanz

ZUTATEN OCHSENSCHWANZ:

1,5 kg Ochsenschwanz
1 Zweig Thymian
1 Zweig Rosmarin
100 g Schalotten
1 Knoblauchzehe
2 l Rapsöl zum Confieren
Zucker
Salz und schwarzer Pfeffer

ZUTATEN SAUCE:

200 ml Jus vom Ox
(siehe Grundrezept → Seite 172)
150 g schwarze Oliven

ZUTATEN PASTINAKENPÜREE:

300 g Pastinaken
150 g Sahne
Zucker
Salz

ZUTATEN KARTOFFELSPALTEN:

600 g Kartoffeln, Schalen nicht entfernt
Olivenöl
2 Zweige Thymian
2 Zweige Rosmarin
Zucker
Salz

ZUBEREITUNG OCHSENSCHWANZ UND SAUCE Den Ochsenschwanz mit Salz, Pfeffer und Zucker würzen. Danach mit 1 Zweig Thymian, 1 Zweig Rosmarin, den Schalotten und dem angedrückten Knoblauch ca. 18 Stunden bei 80°C confieren. Sauce herstellen und in die fertige Sauce Ringe von schwarzen Oliven zugeben.

ZUBEREITUNG PASTINAKENPÜREE Pastinaken schälen, salzen, zuckern und in Sahne weich kochen. Anschließend pürieren.

ZUBEREITUNG KARTOFFELSPALTEN Die Kartoffeln mit der Schale waschen und vierteln. Auf ein Backblech mit Backpapier legen und mit etwas Salz, Zucker und Olivenöl würzen. 1 Zweig Thymian und 1 Zweig Rosmarin dazugeben, dann bei 190°C für 30–40 Minuten (Umluft) in den Ofen geben.

ANRICHTEN Den Ochsenschwanz mittig auf einen Teller legen und kleine Knochensegmente als Garnitur darauflegen. Daneben einen Löffel voll Pastinakenpüree anrichten. Drum herum reichlich von der Olivensauce geben. Die Kartoffelspalten auf einem separaten Teller mit den übrigen Zweigen anrichten.

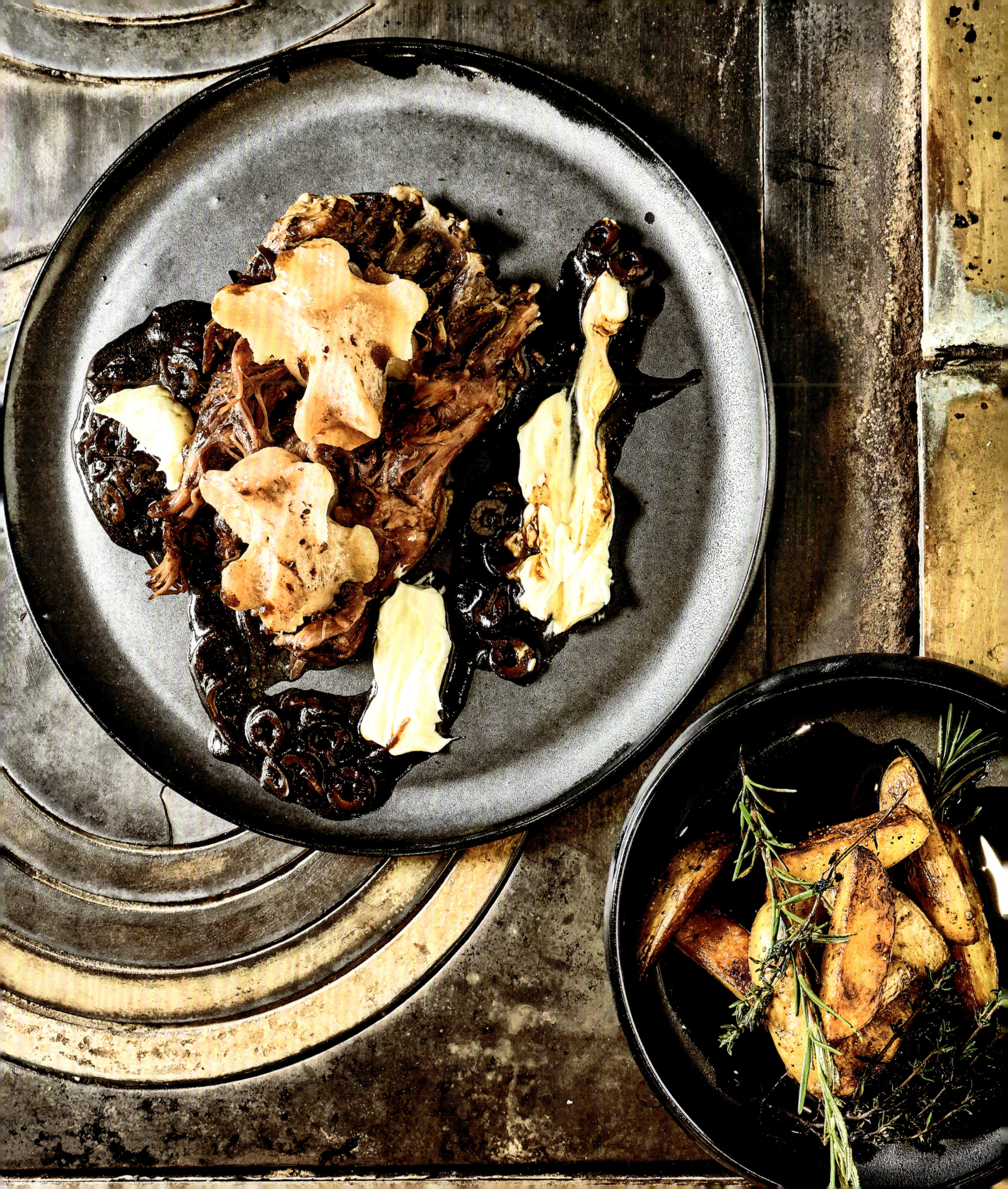

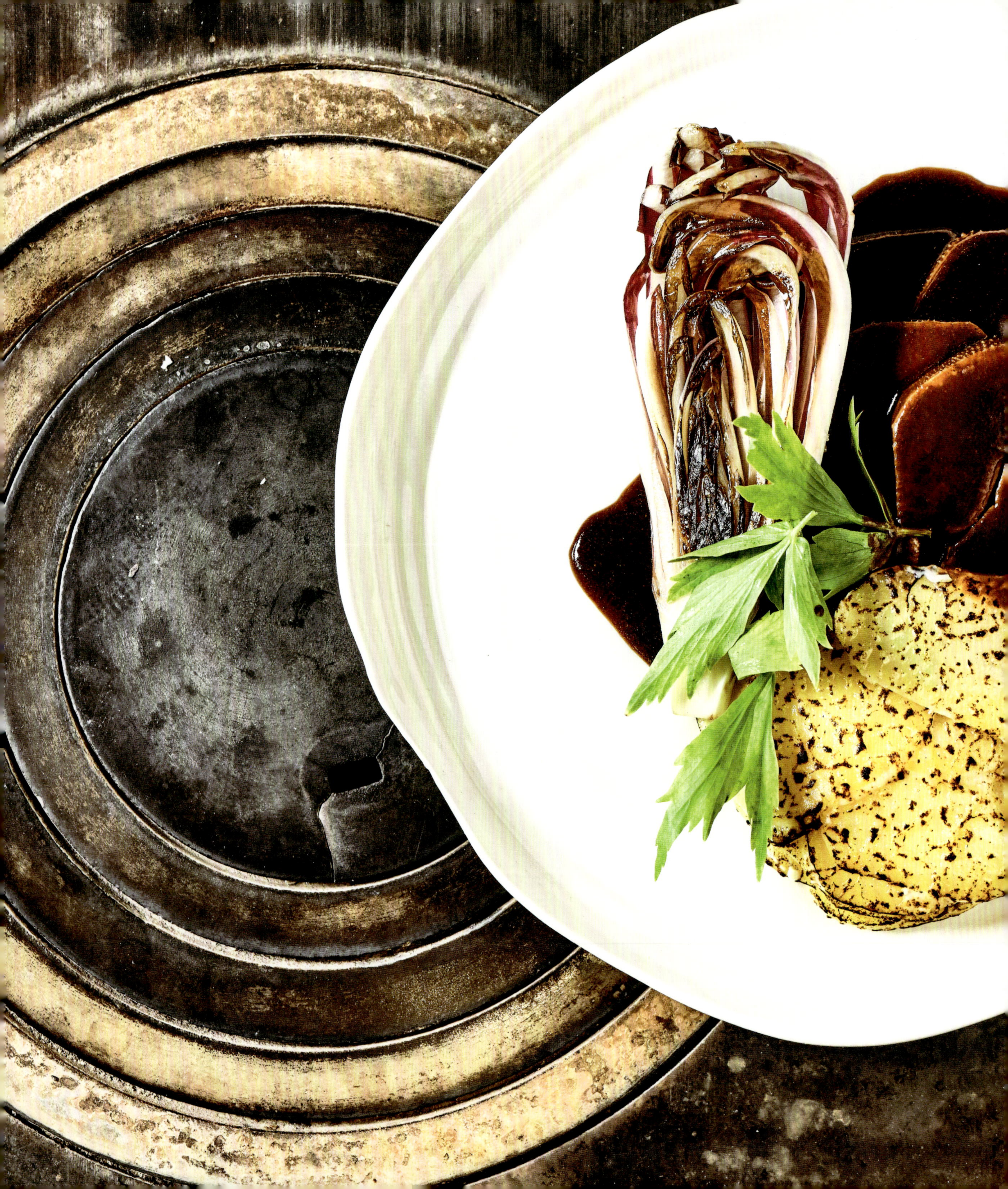

in Madeirasauce mit Kartoffelgratin und Radicchio

Rinderzunge

ZUTATEN RINDERZUNGE:

200 g Zwiebeln, Schalen nicht entfernt
Ca. 2 l Wasser
1 kg Rinderzunge (ca. 2 Stück)
300 g Wurzelgemüse (Karotte, Lauch, Sellerie, Staudensellerie)
1 Knoblauchzehe, angedrückt
2 Lorbeerblätter
4 Wacholderbeeren
150 ml Madeira (Justino's Madeira Wines)
Salz und schwarzer Pfeffer

ZUTATEN KARTOFFELGRATIN:

500 g Kartoffeln (vorwiegend mehligkochend)
Cayennepfeffer
200 g Sahne
50 g Parmesan
Salz

ZUTATEN RADICCHIO:

400 g Radicchio (Trevisano Tardivo)
20 g Butter
Zucker
Salz

GARNITUR:

Liebstöckel
Grüner Salat
Kirschtomaten
Schnittlauch

ZUBEREITUNG RINDERZUNGE Die Zwiebeln halbieren und in einem Topf anbräunen, mit etwa 2 l Wasser ablöschen und die Rinderzunge dazulegen (die Zunge sollte komplett mit Wasser bedeckt sein). Das Wurzelgemüse, den Knoblauch, die Lorbeerblätter und die Wacholderbeeren zugeben und das Ganze simmern lassen, bis die Zunge weich ist (ca. 1 Stunde). Dann die Zunge herausnehmen und auskühlen lassen. (Man kann die Zunge auch sofort in Eiswasser legen, um danach die äußere Haut leichter abziehen zu können.) Anschließend wird die Zunge mit einer Aufschnittmaschine oder mit der Hand in gleich dicke Scheiben geschnitten. Die Brühe durch ein Sieb passieren und etwas einreduzieren lassen. Zum Schluss mit Madeira, Salz und schwarzem Pfeffer abschmecken.

ZUBEREITUNG KARTOFFELGRATIN Die Kartoffeln schälen und in Scheiben schneiden, mit Salz und Cayennepfeffer würzen und in eine Backform geben, dann mit Sahne aufgießen und den Parmesan darüberstreuen. Anschließend bei 180 °C für 30–40 Minuten in den Ofen geben.

ZUBEREITUNG RADICCHIO Den Radicchio im Ganzen waschen, abtropfen lassen und dann halbieren. Salzen und zuckern und in einer Pfanne mit etwas Butter auf der Schnittseite anbraten.

ANRICHTEN Das Kartoffelgratin aus der Form nehmen und in 4 gleich große Teile schneiden, auf den Teller geben und daneben die Scheiben der Rinderzunge mit reichlich Sauce anrichten. Den Radicchio seitlich anlegen und das Ganze mit einem Zweig Liebstöckel garnieren.

Als klassische Garnitur geben wir etwas grünen Salat, ein paar Kirschtomaten und frisch gehackten Schnittlauch dazu.

kurz gebraten, mit Balsamico, Palmherzen und Selleriepüree

Ochsenherz

ZUTATEN SAUCE:

200 ml Jus vom Ox
(siehe Grundrezept → Seite 172)
200 ml Balsamico

ZUTATEN OCHSENHERZ:

1,2–1,5 kg Ochsenherz
20 g Butter
Rapsöl

ZUTATEN SCHWARZWURZELN/PALMHERZEN:

600 g Schwarzwurzeln
400 g Palmherzen
Butter

ZUTATEN SELLERIEPÜREE:

600 g Sellerie
½ l Sahne (30 % Fettgehalt)
Zucker
Salz

GARNITUR:

200 g Frühlingszwiebeln

ZUBEREITUNG SAUCE   Sauce herstellen und passieren. Mit Balsamico ablöschen und von 200 ml auf 50 ml reduzieren (nach Belieben kann auch mehr reduzierter Balsamico zugegeben werden).

ZUBEREITUNG OCHSENHERZ   Das Ochsenherz vom groben Fett befreien und in Scheiben schneiden. In einer Pfanne mit etwas Butter und Öl von beiden Seiten scharf anbraten und im Ofen bei ca. 80 °C nachziehen lassen (Kerntemperatur sollte ca. 54 °C betragen).

ZUBEREITUNG SCHWARZWURZELN/PALMHERZEN   Die Schwarzwurzeln unter fließendem Wasser schälen und in Salzwasser blanchieren. Anschließend zusammen mit den Palmherzen in Butter anbraten.

ZUBEREITUNG SELLERIEPÜREE   Den Sellerie schälen, salzen und zuckern und in der Sahne weich kochen, anschließend alles pürieren.

ANRICHTEN   Das Selleriepüree auf den Teller geben und daneben das kurz gebratene Herz legen. Die Palmherzen und Schwarzwurzeln daneben anrichten. Zum Schluss die dunkle Balsamico-Jus angießen. Wir haben zum Garnieren frische Frühlingszwiebeln in Ringe geschnitten.

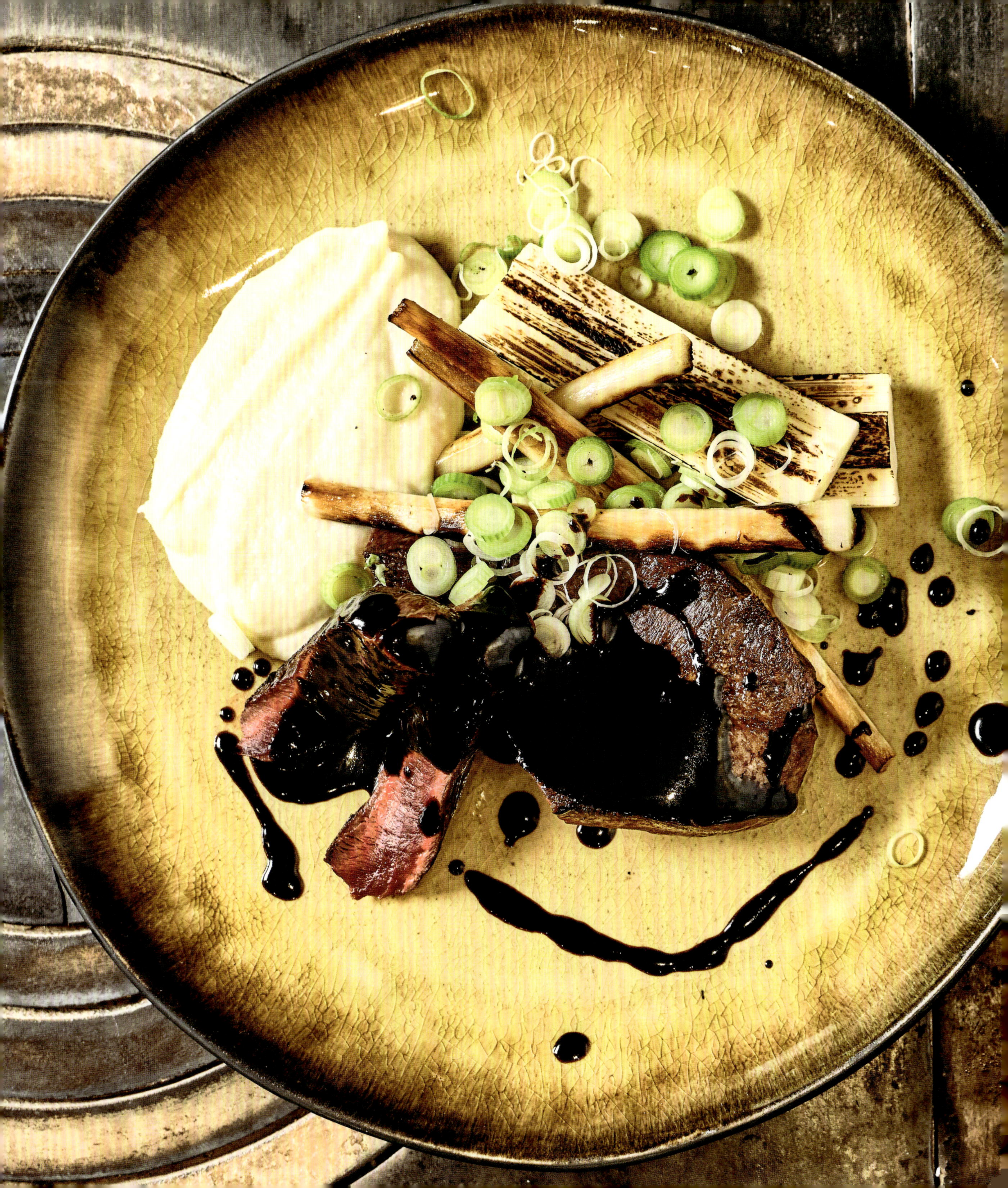

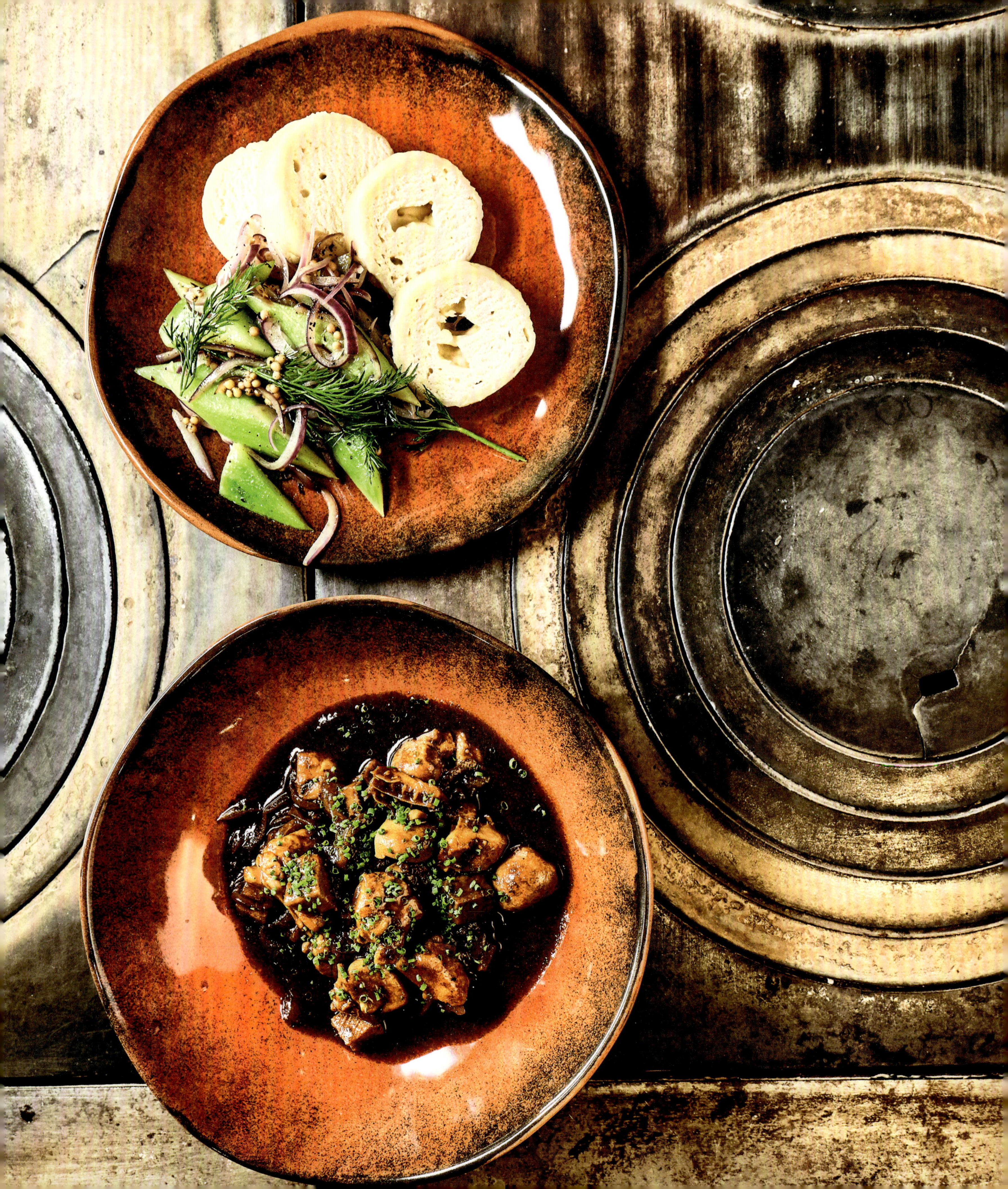

mit böhmischen Knödeln und Gurkensalat

Wiener Bruckfleisch

ZUTATEN:

1 kg Innereien (z. B. 200 g Leber, 200 g Herz, 200 g Nieren, 200 g Kronfleisch (Outside Skirt), 200 g Bries)
200 g Knollensellerie
100 g Möhren
250 g Zwiebeln
60 g Butter
25 g Mehl
125 ml Rotwein
½ l Fleischbrühe
Majoran
Zucker
Salz

ZUTATEN BÖHMISCHE KNÖDEL:

500 g Mehl
1 Hefewürfel
10 g Zucker
400 ml lauwarme Milch
1 TL Salz
1 Ei

ZUTATEN GURKENSALAT:

1 Gurke
1 rote Zwiebel
Rapsöl
2 EL Balsamico Bianco
1 EL gekochte Senfkörner
1 Bund Dill
Zucker
Salz und schwarzer Pfeffer

ZUBEREITUNG Die Innereien in feine Streifen oder Würfel schneiden. Den Sellerie und Möhren schälen und fein reiben, zusammen mit den fein geschnittenen Zwiebeln in Butter anschwitzen. Danach die Innereien dazugeben, salzen und zuckern und zunächst im eigenen Saft dünsten. Mit dem Mehl bestäuben und mit dem Rotwein ablöschen, etwa auf die Hälfte reduzieren. Nun mit der Fleischbrühe auffüllen und alles zusammen weich garen. Noch etwas abschmecken und mit dem Majoran verfeinern.

ZUBEREITUNG BÖHMISCHE KNÖDEL Das Mehl in eine Schüssel geben und in der Mitte eine Mulde formen. Hefe, Zucker und etwas lauwarme Milch in die Mulde geben. 10 Minuten abgedeckt stehen lassen, bis die Hefe anfängt aufzugehen. Danach den Rest der Milch sowie Salz und das Ei zugeben und alles zu einem geschmeidigen Teig verkneten. Abgedeckt auf das Doppelte aufgehen lassen. Den Teig in vier gleich große Stücke schneiden und in Salzwasser etwa 25 Minuten ziehen lassen. Die Knödel aus dem Topf holen und mithilfe eines Fadens in Scheiben schneiden. Heiß servieren.

ZUBEREITUNG GURKENSALAT Die Gurke schälen, halbieren und das Kernhaus mit einem Löffel entfernen. Die Hälften schräg in gleichmäßige Stücke schneiden, alles salzen und zuckern. Die Zwiebel schälen und feine Ringe schneiden. Die Gurkenstücke mit der Zwiebel in einer Pfanne mit etwas Rapsöl leicht durchschwenken, mit Essig ablöschen.

ANRICHTEN Zusammen mit dem Fleisch die böhmischen Knödel heiß servieren. Den Gurkensalat mit schwarzem Pfeffer, den gekochten Senfkörnern und ein paar gezupften Dillspitzen garnieren. Lauwarm servieren.

als Tellerfleisch mit Kren

Rindsrippen

ZUTATEN:

500 g Kartoffeln
300 g Karotten
200 g Schalotten
10 Wacholderbeeren
6 Lorbeerblätter
Salz und schwarzer Pfeffer
Zucker

GRUNDREZEPT BRÜHE:

2–2,5 kg Rinderrippen
200 g gebräunte Zwiebeln mit Schale
300 g Wurzelgemüse (Karotte, Lauch, Sellerie, Staudensellerie)
1 Knoblauchzehe, angedrückt

SONSTIGES:

1 Bund Liebstöckel
frischer Meerrettich

ZUBEREITUNG   In der Grundbrühe die Rinderrippen für ca. 2–3 Stunden weich kochen, anschließend herausnehmen und portionieren. Die Kartoffeln, Karotten und Schalotten schälen, zu groben Würfeln schneiden und in der passierten Grundbrühe weich kochen. Mit Wacholderbeeren und Lorbeerblättern aromatisieren und anschließend mit Salz und schwarzem Pfeffer abschmecken.

ANRICHTEN   Das Rippenfleisch auf ein Beet von Kartoffeln, Karotten und Schalotten legen. Das Ganze mit ein paar Wacholderbeeren und etwas Liebstöckel garnieren. Anschließend mit der Brühe angießen und etwas frischen Meerrettich darüberreiben.

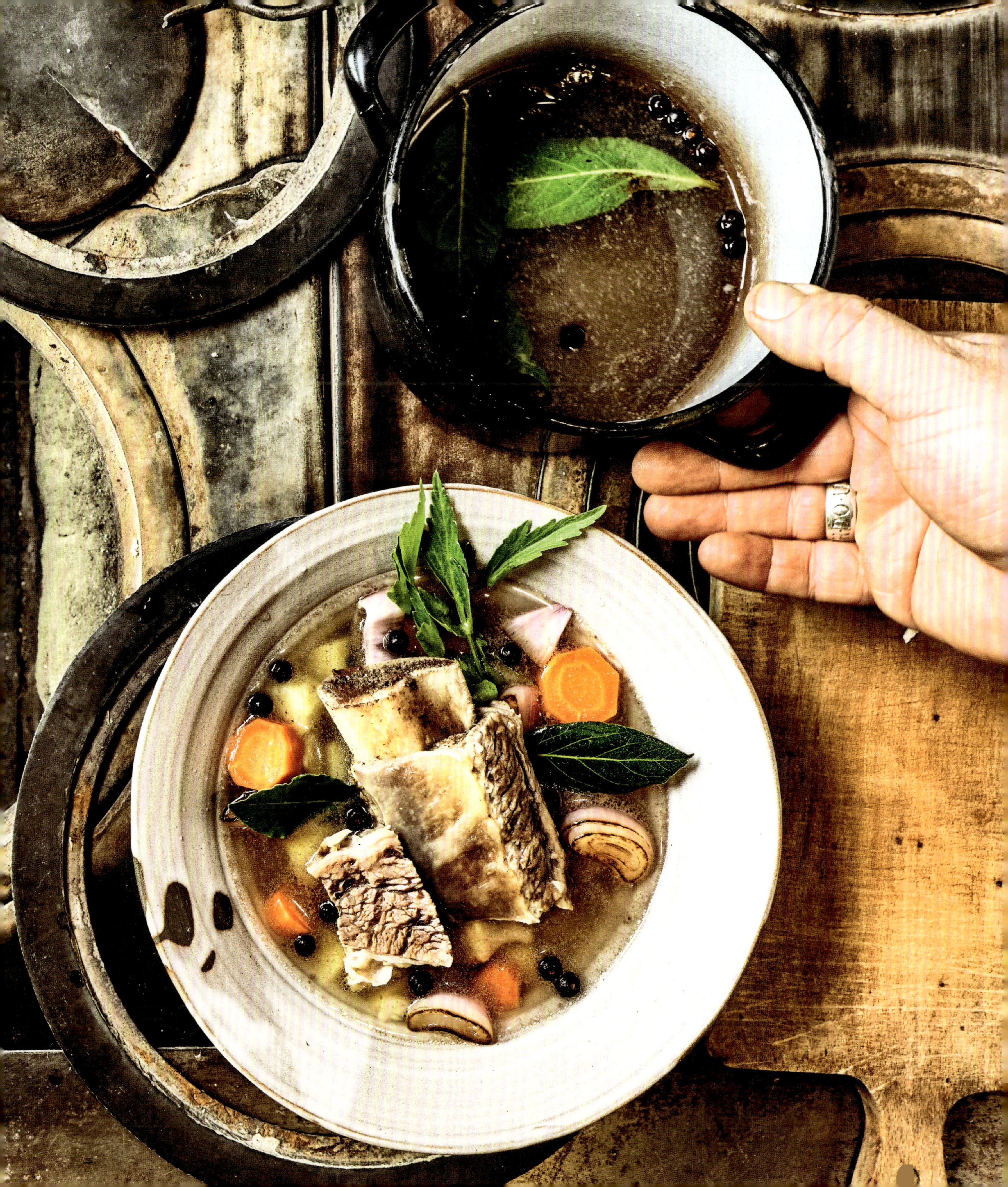

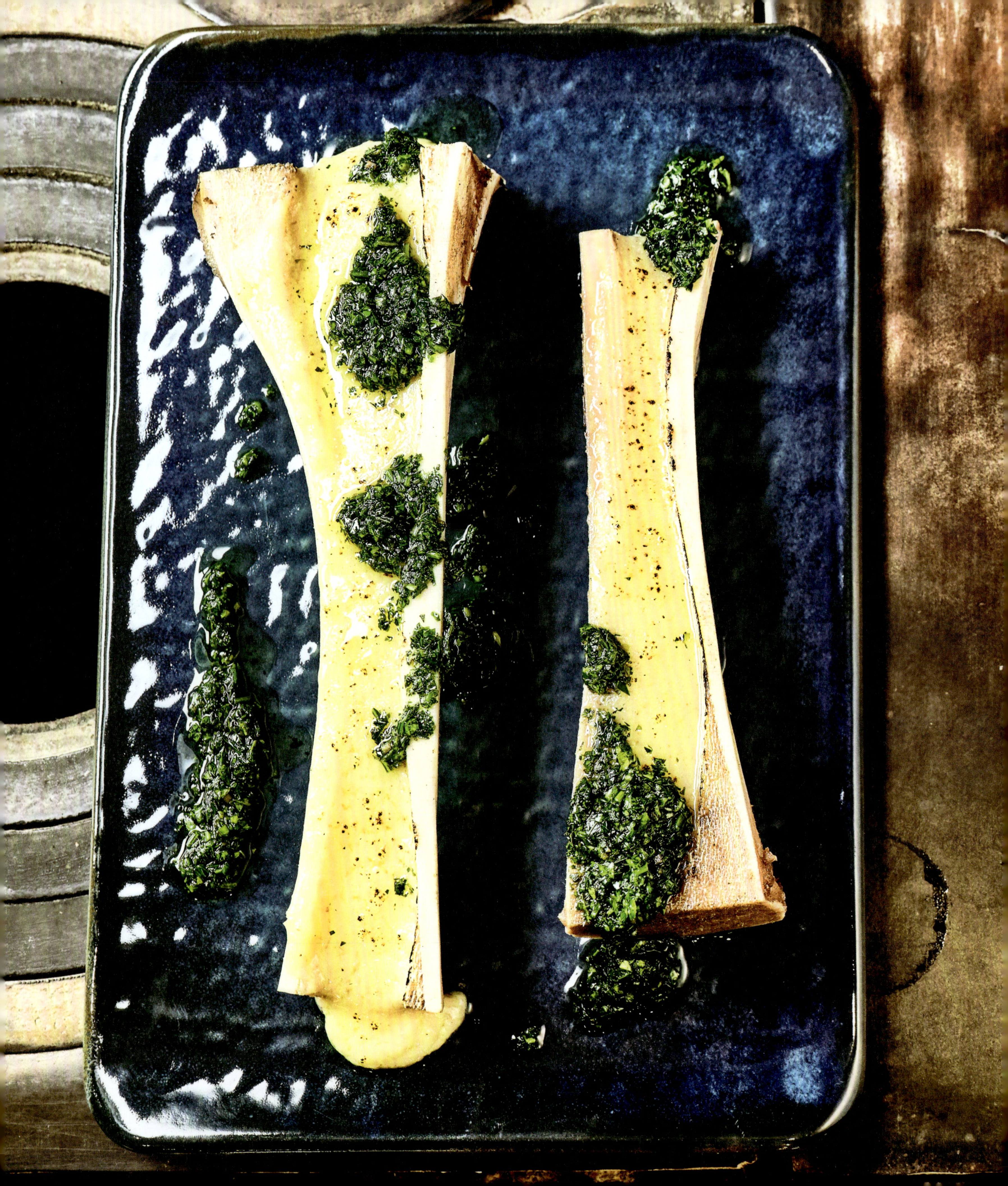

als Bone Pudding mit „Frankfurter Vinaigrette"

Ochsenmark

ZUTATEN:

4 Stück Mark von den Knochen (Eine Seite vom Knochen sollte so gesägt sein, dass sie noch geschlossen ist; die andere Seite sollte möglichst groß sein.)
2 Eigelb
30 g frisch geriebener Parmesan
50 g Crème fraîche oder fetter Sauerrahm
20 g fein geschnittener Schnittlauch
Muskatnuss
Cayennepfeffer
Zucker
Meersalz und weißer Pfeffer aus der Mühle

ZUTATEN VINAIGRETTE:

80 g Petersilie
20 g Majoran
Saft von 1 Zitrone
Zitronenabrieb
100 ml Olivenöl
Zucker
Salz und schwarzer Pfeffer

ZUBEREITUNG OCHSENMARK Das Knochenmark mit einem dünnen Löffel aus den Knochen herausholen. Das Mark auf Zimmertemperatur bringen und durch ein feines Sieb streichen, sodass alle Häutchen und eventuellen Knochensplitter entfernt sind. Eigelb, Parmesan und Crème fraîche zugeben und mixen. Diese Pudding-Mark-Masse mit den Gewürzen abschmecken und in die Knochen füllen. Im Backofen bei 160 C° ca. 30 Minuten laufen lassen.

ZUBEREITUNG VINAIGRETTE Die Kräuter grob hacken, salzen und zuckern, mit etwas Pfeffer vermengen, den Saft einer Zitrone und etwas Abrieb dazugeben und alles mit Olivenöl durchmixen.

ANRICHTEN Die bereits aufgesägten Knochen endgültig in zwei Hälften teilen und den „Bone Pudding" gleichmäßig auf diese verteilen. Beide Hälften großzügig mit der Vinaigrette beträufeln.

Die Knochen kann man immer wieder verwenden. Zum Reinigen eignet sich am besten eine Brausetablette für dritte Zähne.

mit viel Rotwein, geschmorten Schalotten und Rosenkohllaub

Onglet geschmort

ZUTATEN:

1,2–1,5 kg Onglet (Nierenzapfen)
400 g Schalotten
Rapsöl
Zucker
Salz und schwarzer Pfeffer

ZUTATEN SAUCE:

500 g Wurzelgemüse (Karotten, Lauch, Sellerie, Staudensellerie, Zwiebeln, Knoblauch)
2 EL Tomatenmark
50 g Butter
750 ml Rotwein
250 ml Portwein
50 ml Balsamico
2 Nelken
3 Lorbeerblätter
1 TL Pfefferkörner
5 Wacholderbeeren
Rapsöl
Zucker
Salz und schwarzer Pfeffer

ZUTATEN BRIOCHE (KASTENBROT):

50 ml Milch, lauwarm
¼ Würfel Hefe
½ EL Zucker
200 g Mehl Typ 405
1 Ei
80 g Butter, weich
1 TL Salz

ZUTATEN ROSENKOHLLAUB:

800 g Rosenkohl
20 g Butter
Zucker
Salz

ZUBEREITUNG ONGLET Das Onglet salzen, pfeffern und zuckern und von beiden Seiten scharf anbraten. Aus dem Topf nehmen und im Anschluss darin den Saucenansatz herstellen. Das Onglet wieder dazugeben und alles ca. 2 Stunden schmoren lassen. Nun das Fleisch herausnehmen und in gleichmäßige Scheiben schneiden. In der passierten Sauce die geschälten Schalotten für ca. 20 Minuten weich schmoren, dann die Sauce ggf. mit etwas Stärke abbinden.

ZUBEREITUNG BRIOCHE Die Milch erwärmen und darin die Hefe und den Zucker auflösen. Das gesiebte Mehl unter die Milch-Hefe-Mischung geben und grob verkneten, dann ein Ei, die weiche Butter und das Salz dazugeben. Alles zu einem Teig verarbeiten, in eine Schüssel geben und zugedeckt für ca. 1 Stunde an einen warmen Ort stellen. Danach nochmals leicht durchkneten und in die gewünschte Form geben. Ein weiteres Mal in der Form gehen lassen (mindestens 30 Minuten). Im Anschluss bei 160 °C für 35–40 Minuten goldgelb backen.

ZUBEREITUNG ROSENKOHLLAUB Die äußeren Blätter des Rosenkohls entfernen und die schönen Blätter abzupfen (die Herzen kann man für ein Püree weiterverwenden). Das Rosenkohllaub salzen, zuckern und in einer Pfanne mit etwas Butter anbraten.

LETZTE SCHRITTE Die Brioche mit einer Ringform ausstechen und von beiden Seiten in etwas Butter anbraten.

ANRICHTEN Das Onglet in der Mitte des Tellers mit reichlich Sauce und den geschmorten Schalotten anrichten. Daneben die Brioche-Taler legen und das Rosenkohllaub darüber verteilen. Das Kartoffelpüree daneben anrichten. Wir haben als Garnitur ein paar Schnittlauchspitzen dazugelegt.

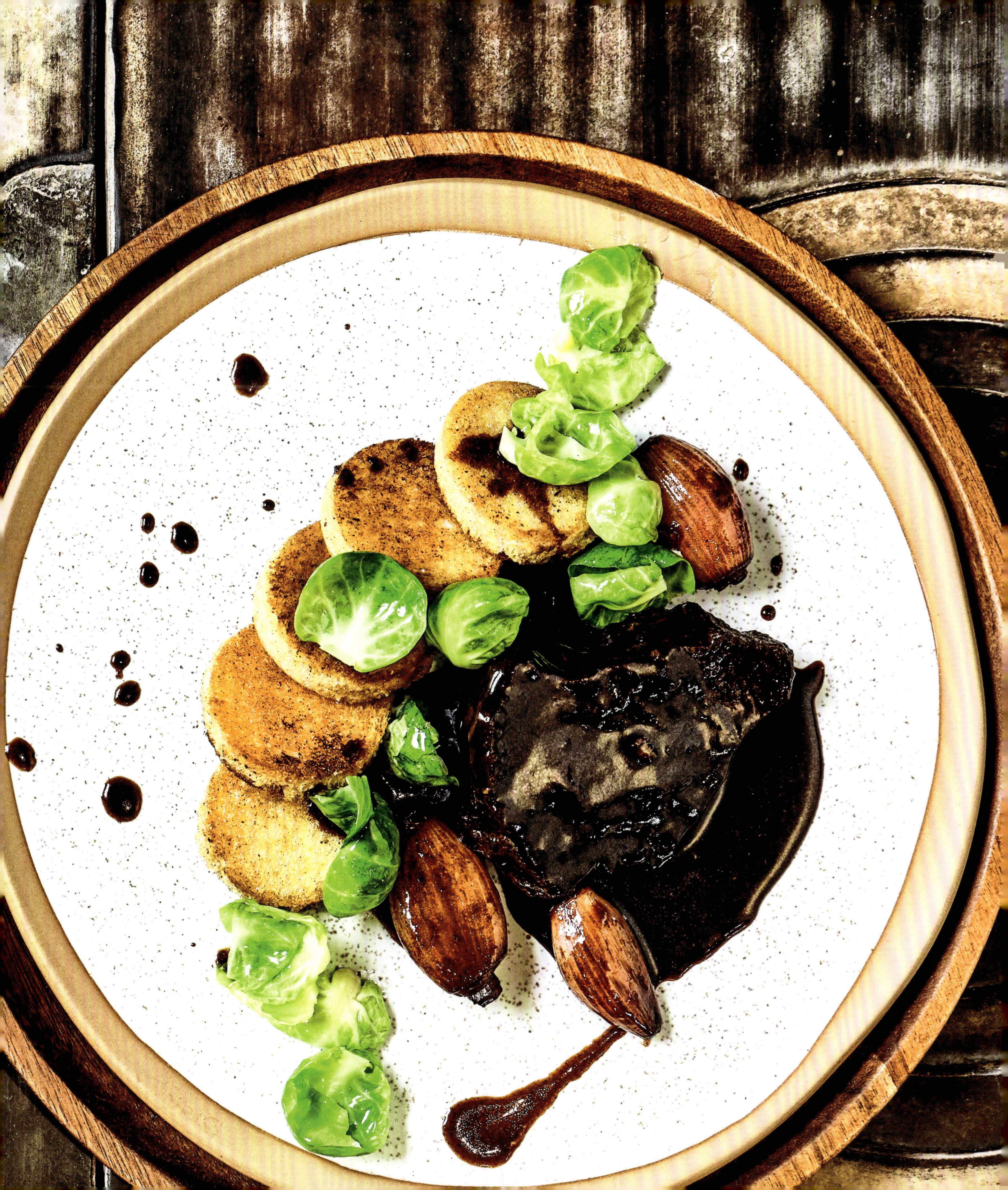

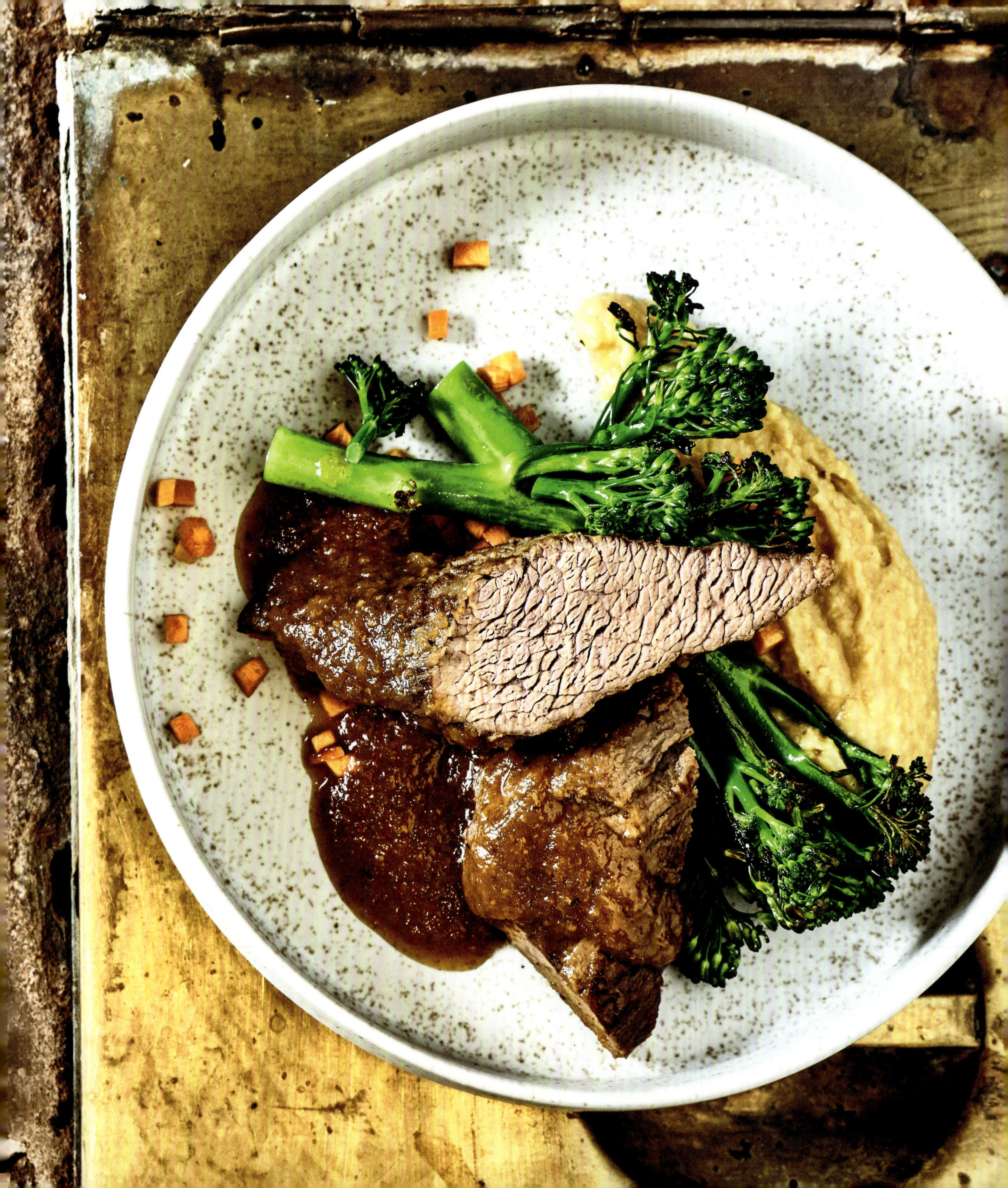

hell geschmort, mit Hummus und wildem Brokkoli

Teres Major

ZUTATEN:

1 kg Teres Major (Teil des dicken Bugstückes)
Rapsöl
Zucker
Salz

ZUTATEN HELLE SAUCE:

500 g helles Wurzelgemüse (Weißes vom Lauch, Sellerie geschält, weiße Zwiebel, geschälte Petersilienwurzel)
Butter
750 ml Weißwein
250 ml Noilly Prat
1 Gewürzsäckchen (Lorbeer, Wacholder, Fenchelsaat, weiße Pfefferkörner, Piment)
Zucker
Salz und weißer Pfeffer

ZUTATEN HUMMUS:

400–500 g Kichererbsen, gegart
2 Knoblauchzehen
Saft von 1–2 Zitronen
200 ml Wasser
100 ml Olivenöl
Zucker
Salz und weißer Pfeffer

ZUTATEN BROKKOLI/KAROTTEN:

200 g Karotten
500 g wilder Brokkoli
20 g Butter
Zucker
Salz

ZUBEREITUNG TERES MAJOR Teres Major zuckern und salzen und von allen Seiten in Öl anbraten.

ZUBEREITUNG HELLE SAUCE Für die Sauce das Wurzelgemüse in kleine Würfel schneiden, salzen und zuckern, anschließend in Butter hell anschwitzen. Mit Weißwein und Noilly Prat ablöschen und darin das angebratene Fleisch weich schmoren. Das Gewürzsäckchen dazulegen.

ZUBEREITUNG HUMMUS In der Zwischenzeit die Kichererbsen mit dem Knoblauch, dem Zitronensaft, Wasser und Olivenöl zu einer cremigen Masse pürieren und mit Salz, weißem Pfeffer und Zucker abschmecken.

ZUBEREITUNG BROKKOLI/KAROTTEN Die Karotten schälen und in kleine Würfel schneiden. Den Brokkoli putzen. Beides zuckern und salzen und anschließend in Butter anbraten.

LETZTE SCHRITTE Das fertig geschmorte Fleisch aus der Sauce nehmen und in gleichmäßige Scheiben schneiden. Das Gewürzsäckchen rausnehmen und den Rest der Sauce durch eine Flotte Lotte drehen. Anschließend die Sauce nochmals mit Salz, weißem Pfeffer und Zucker abschmecken.

ANRICHTEN Den Hummus auf den Teller geben und mit dem Fleisch anrichten. Das Teres Major großzügig mit Sauce bedecken. Anschließend den Brokkoli dazu drapieren und alles mit den Karottenwürfeln garnieren.

Fleisch Codex · Beef Around the World

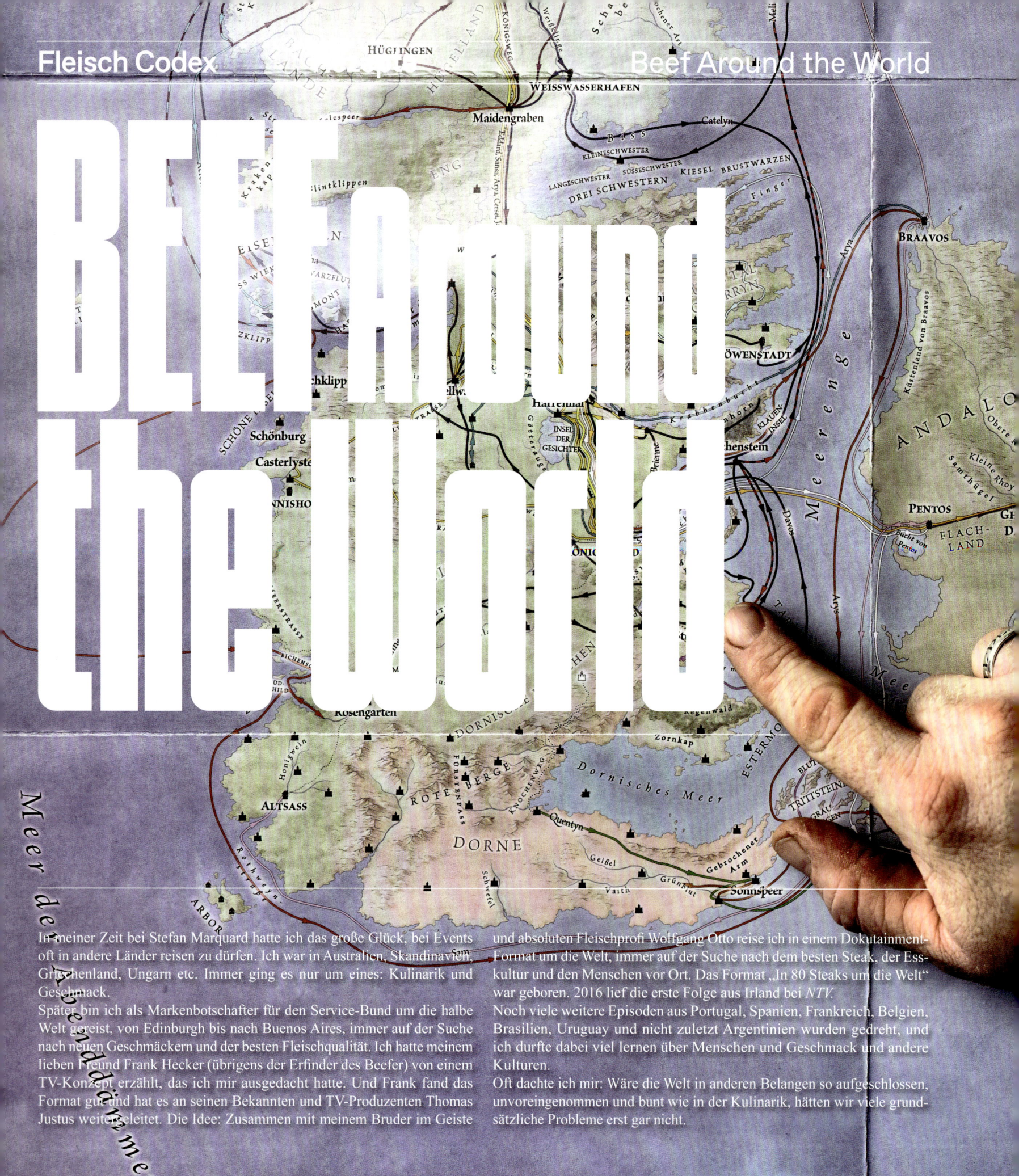

BEEF Around the World

In meiner Zeit bei Stefan Marquard hatte ich das große Glück, bei Events oft in andere Länder reisen zu dürfen. Ich war in Australien, Skandinavien, Griechenland, Ungarn etc. Immer ging es nur um eines: Kulinarik und Geschmack.

Später bin ich als Markenbotschafter für den Service-Bund um die halbe Welt gereist, von Edinburgh bis nach Buenos Aires, immer auf der Suche nach neuen Geschmäckern und der besten Fleischqualität. Ich hatte meinem lieben Freund Frank Hecker (übrigens der Erfinder des Beefer) von einem TV-Konzept erzählt, das ich mir ausgedacht hatte. Und Frank fand das Format gut und hat es an seinen Bekannten und TV-Produzenten Thomas Justus weitergeleitet. Die Idee: Zusammen mit meinem Bruder im Geiste und absoluten Fleischprofi Wolfgang Otto reise ich in einem Dokutainment-Format um die Welt, immer auf der Suche nach dem besten Steak, der Esskultur und den Menschen vor Ort. Das Format „In 80 Steaks um die Welt" war geboren. 2016 lief die erste Folge aus Irland bei *NTV*.

Noch viele weitere Episoden aus Portugal, Spanien, Frankreich, Belgien, Brasilien, Uruguay und nicht zuletzt Argentinien wurden gedreht, und ich durfte dabei viel lernen über Menschen und Geschmack und andere Kulturen.

Oft dachte ich mir: Wäre die Welt in anderen Belangen so aufgeschlossen, unvoreingenommen und bunt wie in der Kulinarik, hätten wir viele grundsätzliche Probleme erst gar nicht.

Fleisch Codex | Rezepte | Beef Around the World

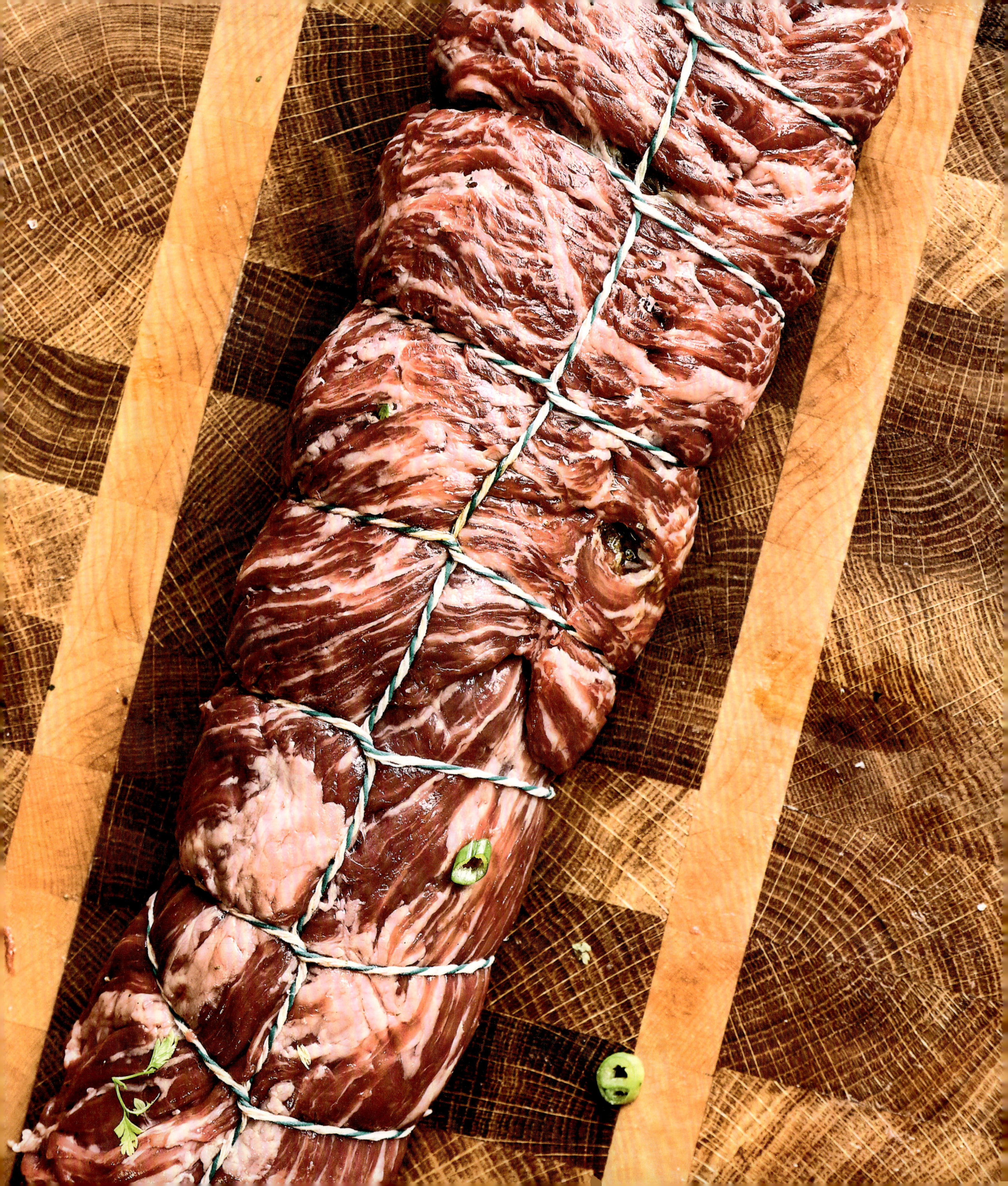

„Matambre de Cuadril"

Elefantenohr

ZUTATEN:

1 Rinder-Flap (dickes Bavette) oder
„Elefantenohr" (ein eigener Cut)
1 EL grüner Pfeffer in Lake
5 EL Blattpetersilie
5 EL Koriandergrün
1 EL Kerbel
2 Stangen Frühlingszwiebeln
2 grüne Pimientos
5 EL Grün vom Staudensellerie
1 EL grobes Meersalz

ZUBEREITUNG Das Flap mit einem Schmetterlingsschnitt aufschneiden und aufklappen. Mit dem Meersalz und dem grünen Pfeffer bestreuen. Die Kräuter grob hacken und auf das Fleisch geben. Die Frühlingszwiebel und die Pimientos in Ringe schneiden und daraufgeben.

Alles einrollen und mit Küchengarn binden wie einen Rollbraten. Anschließend im geschlossenen Grill indirekt bei 120 °C ca. 40 Minuten garen, bis eine Kerntemperatur von 70 °C erreicht ist.

Das Matambre auf direkter Hitze von allen Seiten nochmals scharf angrillen. Das Küchengarn entfernen, in ca. 1 cm dicke Scheiben schneiden und servieren.

2015 war ich bei einem Asado in Buenos Aires eingeladen. Ich dachte mir, jetzt bin ich im Fleischhimmel, als ich die ganzen saftigen Stücke auf dem Grill liegen sah! Spätestens aber beim ersten Bissen bin ich aus dem Traum aufgewacht. Ich habe selten in Argentinien oder Uruguay ein richtig zartes Steak gegessen.
Ein Asador erklärte mir mal: Auf einem guten Stück Fleisch kann man auch mal ein paar Minuten rumkauen, dann wird es immer besser! Eines der coolsten Gerichte, die ich dort entdeckt habe, ist das Matambre de Cuadril, gefüllt mit Chimichurri. Ich habe mittlerweile meine eigene Version aus dem dicken Bavette kreiert.

Picanha
mit Süßkartoffelcreme und Chimichurri

ZUTATEN PICANHA:

1 Stück Picanha (Tafelspitz) (ca. 1 kg)
1 TL Zucker
1 TL Salz
4 Zweige Rosmarin
4 Zweige Thymian

ZUTATEN SÜSSKARTOFFELCREME:

750 g Süßkartoffeln
1 kleine Zwiebel
2 EL Öl
400 g Sahne
Zucker
Salz

ZUTATEN CHIMICHURRI:

1 Bund Koriander
1 Knoblauchzehe
1 TL Kapern
1 kleine Thai-Chili
1 EL geriebener Majoran
4 EL Olivenöl
1 Prise Zucker
1 Prise Salz
1 Prise frisch gemahlenen Pfeffer

ZUBEREITUNG PICANHA Den Fettdeckel auf dem Fleisch lassen und kreuzförmig einschneiden. Mit Salz und Zucker aktivieren und anschließend mit Rosmarin und Thymian in einen Vakuumbeutel geben. Dann für 8 Stunden bei 54 °C sous-vide garen.

Anschließend auf der Fettseite bei hoher Hitze noch mal kurz scharf angrillen.

ZUBEREITUNG SÜSSKARTOFFELCREME Süßkartoffeln schälen und in kleine Würfel schneiden. Mit je einer Prise Salz und Zucker vermengen, gut vermischen und 30 Minuten stehen lassen. Zwiebel fein würfeln und mit dem Öl in einem kleinen Topf glasig anschwitzen. Das gezogene Wasser der Süßkartoffeln abgießen und die Kartoffelwürfel zu den Zwiebeln geben. Mit Sahne bedecken und weich einkochen, bis praktisch keine Flüssigkeit mehr übrig ist. Im Mixer fein pürieren und zum Schluss nochmals mit Salz abschmecken.

ZUBEREITUNG CHIMICHURRI Den Koriander mit dem Knoblauch, den Kapern und der Thai-Chili fein hacken. Zusammen mit dem Salz in den Mörser geben und zerstoßen. Alle Gewürze mit dem Majoran verrühren und 30 Minuten ziehen lassen. Dann das Olivenöl zugeben und gut durchrühren.

Wer wirklich lebensmüde ist, muss eigentlich nur Folgendes machen: Er geht in Wien in ein Beisel und sagt, er kann den Tafelspitz viel besser zubereiten als jeder Österreicher! Tatsächlich ist es so, dass Ox und Kren, also ein gekochter Tafelspitz in Meerrettichsauce, auch zu meinen Favoriten zählt. In Lateinamerika habe ich gelernt, dass das Picanha der sprichwörtliche Sonntagsbraten ist. Einen Tafelspitz samt Fettdeckel 12 Stunden bei 54 °C Niedrigtemperatur zu garen und dann auf dem Grill bei voller Hitze anzufeuern ist die genialste Art der Zubereitung für diesen edlen Cut!

BRAAVOS
LORATH
Bucht von Lorath
Küstenland von Braavos
Berge von Norvos
ANDALOS
NORVOS
Obere Rhoyne
Kleine Rhoyne
Samthügel
Meerenge
PENTOS
GHOYAN
DROHE
FLACH-
LAND
Bucht von Pentos
Noyne
NY SAR
Goldene Felder
Lhorulu
TARTH
Meer von
Myrth
TYROSH
MYR
GRAM
Rhoyne
UMSTRITTENE
LANDE
VALYSAR
TYRIA
VALYRIA
ALT-GHIS
Straße

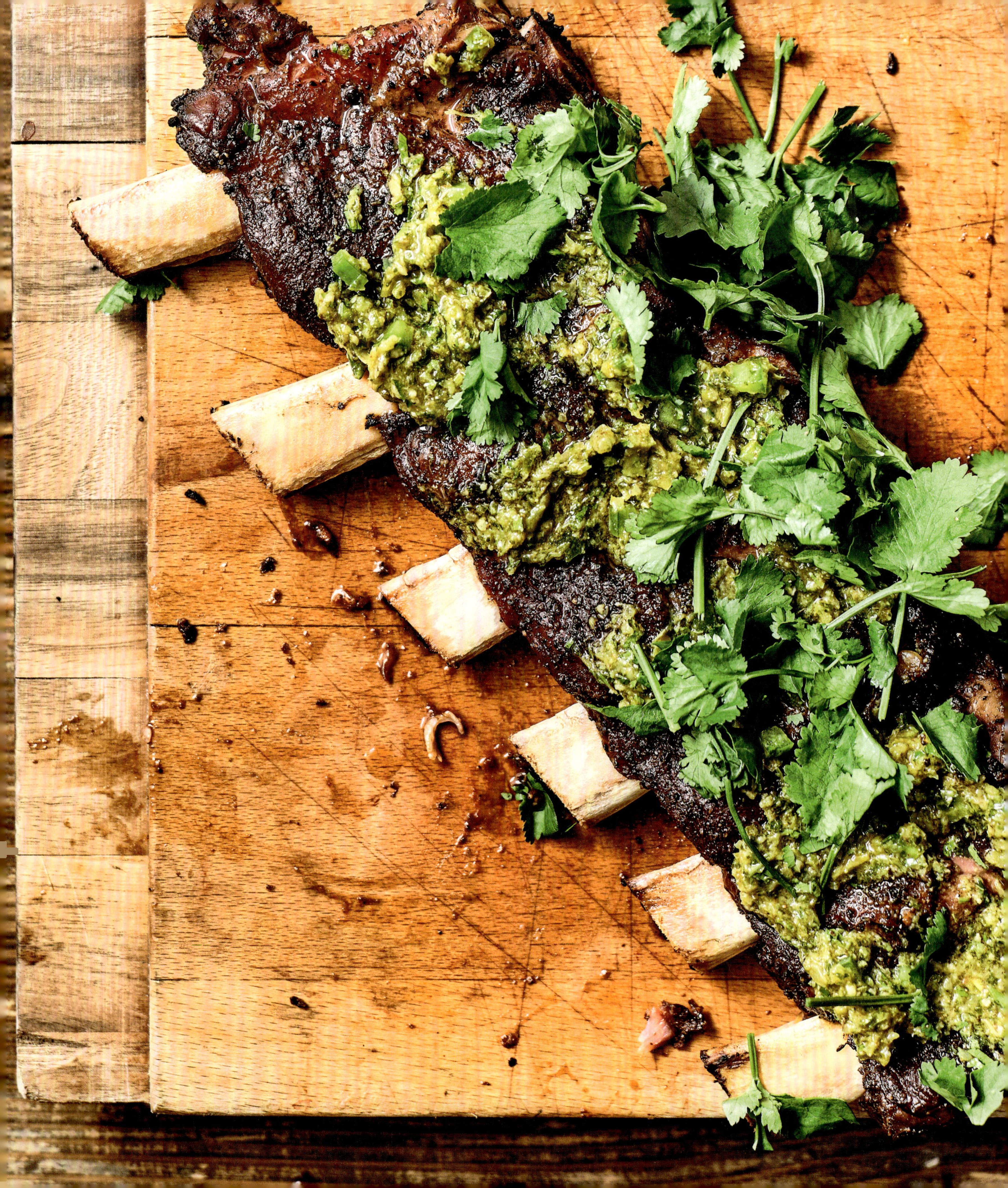

al Asado mit grüner Sauce

Querrippe

ZUTATEN ASADO RUB (TROCKEN):

1 TL Selleriesalz
1 TL Knoblauchpulver
2 TL gemahlenes Cumin (Kreuzkümmel)
1 TL Zwiebelpulver
4 TL Chilipulver
¼ Tasse Zucker
⅛ Tasse grober brauner Zucker
¼ Tasse Salz
1 TL Cayennepfeffer
1 TL gemahlener schwarzer Pfeffer

ZUTAT QUERRIPPEN:

1 Querrippe (ca. 1 kg)

ZUBEREITUNG ASADO RUB (TROCKEN): Alle Zutaten vermischen.

ZUBEREITUNG QUERRIPPEN: Die Rippen großzügig marinieren, dann ca. 30 Minuten ziehen bzw. ruhen lassen. Anschließend 4–5 Stunden bei 110 °C im Grill indirekt bei geschlossenem Deckel garen lassen. Die Ribs sind fertig, wenn eine Kerntemperatur von 90 °C erreicht ist.

Mit der Chimichurri *(siehe Grundrezepte → Seite 196)* servieren.

mit BBQ-Lack und Glasnudelsalat

Asia-Schweinebauch

ZUTATEN BBQ-LACK:

1 TL Ingwer
1 Thai-Chili
1 Stängel Zitronengras
60 ml Sojasauce
60 ml Austernsauce
10 ml Honig

ZUTATEN SCHWEINEBAUCH:

1 Schweinebauch (ca. 1 kg)
1 TL Zucker
1 TL Salz

ZUTATEN GLASNUDELSALAT:

200 g Glasnudeln
2 EL Staudensellerie plus Blätter zum Garnieren
2 EL Karotten
1 EL Reisessig

ZUBEREITUNG BBQ-LACK Den Ingwer klein schneiden und die Chili fein hacken. Zitronengras anschlagen und ebenfalls klein schneiden. Alle Zutaten mit Sojasauce, Austernsauce und Honig vermengen.

ZUBEREITUNG SCHWEINEBAUCH Schwarte und Rippenknochen entfernen. Mit Salz und Zucker aktivieren und kurz ziehen lassen. Anschließend mit dem BBQ-Lack marinieren. Den Schweinebauch vakuumieren und bei 60 °C für 16 Stunden sous-vide garen. Anschließend bei hoher Hitze auf der Hautseite scharf angrillen.

ZUBEREITUNG GLASNUDELSALAT Die Glasnudeln mit 500 ml kochendem Wasser überbrühen und für ca. 5 Minuten ziehen lassen. Anschließend abgießen und mit dem klein geschnittenen Staudensellerie und den Karotten vermischen. Mit BBQ-Lack und Reisessig marinieren.

ANRICHTEN Den Schweinebauch in Tranchen schneiden und mit dem Glasnudelsalat und etwas BBQ-Lack servieren. Mit den Blättern vom Staudensellerie garnieren.

Lhorulu
Rhoyne
SELHORYS
VALYSAR
VOLON THERYS
SAR MELL
Orangenküste
VOLANTIS
Tyrion
Barristan
MANTARYS
See der Seufzer
LÄNDER DES LANGEN SOMMERS
Rauchendes Meer
OROS
TYRIA
ELYRIA
TOLOS
Schwarze Klippen
BHORASH
MEEREEN
Khyzai-Pass
Skahazadha
Hesh
YUNKAI
YAROS
Sklavenbucht
GHOZAI
ZEDERNINSEL
VELOS
ASTAPOR
Wurmfluss
ALT-GHIS

Schwarze Festung
Eisige Bucht
BÄRENINSEL
Bran
Langer See
Wolfswald
Einsame Hügel
Grauenstein
Winterfell
Theon
Schafskopf-berge
Graue Klippen
Melisandre und Davos
HÜGLINGEN
WEISSWASSERHAFEN
Maidengraben
Zitter
Axt
Wald von Qohor

geschmortes Lamm mit Rauchmandeln und Zitrone

Tajine mit Lamm

ZUTATEN:

800 g in grobe Würfel geschnittene Lammkeule
80 g Olivenöl, extra vergine
1 Knoblauchzehe, halbiert und in feine Scheiben geschnitten
1 Gemüsezwiebel, in grobe Lamellen geschnitten
2 EL Ras el-Hanout
1 Zimtstange
2 Lorbeerblätter
2 Sternanis
2 unbehandelte Zitronen
200 g Gemüsefond
300 g grob gewürfelte Kartoffeln
300 g Karotten, in grobe Rauten geschnitten
300 g Staudensellerie, in grobe Rauten geschnitten,
300 g bissfest vorgegarte Kichererbsen
1 rote Peperoni, in breite Ringe geschnitten
100 g getrocknete Datteln ohne Stein
Salz

GARNITUR:

160 g Rauchmandeln
etwas Blattpetersilie
helle Blätter des Staudenselleries

ZUBEREITUNG Die Lammkeule gut salzen, in einem flachen, breiten Topf mit der Hälfte des Olivenöls braun anbraten.

Knoblauch, Zwiebel, Ras el-Hanout, Zimtstange, Lorbeer, Sternanis, Saft und Abrieb von 1 ½ Zitronen dazugeben und weitere 5 Minuten anschwitzen. Mit dem Gemüsefond ablöschen, in die Tajine geben und im vorgeheizten Backofen bei 180 °C Umluft für ca. 30–40 Minuten schmoren.

Während dieser Zeit den Rest des Olivenöls in den Topf mit dem Bratensatz geben und die Kartoffeln darin hellbraun anbraten und gut salzen. Anschließend Karotten, Sellerie, Kichererbsen und Peperoni für ca. 5 Minuten mit anschwitzen und zusammen mit den Datteln zu dem Lammfleisch in die Tajine geben. Alles für 30–40 Minuten weiterschmoren.

ANRICHTEN Zum Servieren die Rauchmandeln darübergeben und mit der Petersilie, den Sellerieblättern und zwei angegrillten Zitronenscheiben garnieren.

Dazu passen ein Gurkenjoghurt und geröstetes Fladenbrot.

| Fleisch Codex | Rezepte | Flüssiges Gold/Pickles & Fonds |

Flüssiges Gold

Fleisch Codex | Rezepte | Flüssiges Gold/Pickles & Fonds

Rauchöl/Holzkohle

ZUTATEN:

500 ml Rapsöl

ZUBEREITUNG In Rapsöl mit hohem Rauchpunkt (über 200 °C), das in ein Einmachglas mit Glasdeckel gefüllt ist, werden glühend heiße Kohlen gelegt und zugedeckt.
Der entstehende Rauch kann somit nicht entweichen, und das Öl wird mit dem Raucharoma angereichert. Wenn das Rapsöl etwas abgekühlt ist, wird es durch ein Haarsieb passiert.

Senflack

ZUTATEN:

50 ml Verjus (saurer Saft aus unreifen Trauben)
200 ml Rapsöl
1 TL Salz
3 EL Zucker
1 EL Dijon-Senf

ZUBEREITUNG Alle Zutaten durchmixen, sodass eine homogene Masse entsteht.

Kerbelöl

ZUTATEN:

500 ml Olivenöl
200 g Kerbel

ZUBEREITUNG In ein Olivenöl von höchster Güteklasse werden 200 g frisch gezupfter Kerbel hineingegeben und anschließend das Öl bei ca. 80 °C für 20 Minuten erhitzt, dann wieder abgekühlt.
Durch dieses Verfahren werden die feinen Geschmacksstoffe des Kerbels an das leicht bittere Aroma des Olivenöls angepasst.

Chiliöl

ZUTATEN:

500 ml Sonnenblumenöl
50 g roter Thai-Chili
3 EL geräuchertes scharfes Paprikapulver

ZUBEREITUNG In ein Glasgefäß mit Sonnenblumenöl die Chiliflocken und das geräucherte Paprikapulver (Piment d'Espelette) geben und an einem kühlen Ort mindestens 14 Tage lang durchziehen lassen.
Zwischendurch umrühren oder schütteln, je nach Verpackung.
Die rote Farbe im Öl entsteht erst nach und nach, je nach Anreicherung der verschiedenen roten Chilis. Danach alles durch ein feinfaseriges Tuch passieren.
In das passierte Chiliöl können dann weitere Chilis oder Paprika für längere Zeit eingelegt werden. Dadurch ändert sich mit der Zeit allerdings der Schärfegrad.

Nussbutter

ZUTATEN:

250 g Butter
(ergibt ca. 200 g fertige Nussbutter)

ZUBEREITUNG In einem Topf 250 g Butter (Süß- oder Sauerrahmbutter) bei milder Hitze langsam zerlassen und weiter erhitzen. Für braune Butter 10 Minuten bei milder Hitze köcheln lassen, bis sich die Molke am Boden des Topfes abgesetzt hat und gebräunt ist. (Durch diesen Prozess erhält sie ihren namensgebenden Geschmack.) Wenn die Farbe goldbraun ist, den Topf vom Herd nehmen und abkühlen lassen. Anschließend die flüssige Nussbutter durch ein feinmaschiges Tuch passieren, dadurch werden die gebräunten Molkepartikel entfernt. Es ist übrigens nicht unbedingt nötig, sie zu filtern.
Für geklärte Butter den Schaum an der Oberfläche abschöpfen.
Die Nussbutter in das gewünschte Glasgefäß füllen oder direkt weiterverwenden. Im Kühlschrank hält sich Nussbutter ca. 8 Wochen. Sie wird fest wie Butterschmalz.
Man sticht einfach ein Stück ab, gibt es zum heißen Gericht oder lässt es in einer Pfanne schmelzen.

Gebräunte Kräuterbutter

ZUTATEN:

500 g geklärte Nussbutter
4 Zweige Rosmarin
4 Zweige Thymian
4 Zweige Estragon

ZUBEREITUNG Die Nussbutter auf 55 °C erhitzen und zusammen mit den Kräutern in ein Einmachglas füllen und auskühlen lassen. Alles mindestens 1 Tag durchziehen lassen, dadurch geht das Aroma der gewählten Kräuter in die geklärte Nussbutter über.

Wild-Jus

ZUTATEN:

1 kg Wildknochen (Reh, Hirsch)
500 g Wildfleisch-Abschnitte
5 Zwiebeln
2 Knoblauchzehen
3 Karotten
1 Petersilienwurzel
1 Lauchstange
½ Sellerieknolle
50 ml Pflanzenöl
2 EL Tomatenmark
100 ml dunkle Sojasauce
150 ml Wacholderschnaps (Gin)
500 ml Rotwein
500 ml Portwein
2 l Wasser
5 Stängel Thymian
2 Zweige Rosmarin
4 Lorbeerblätter
12 schwarze Pfefferkörner
8 Wacholderbeeren
5 Gewürzkörner (Piment)
4 Nelken
2 Sternanis
Brauner Zucker, Salz
Salz

ZUBEREITUNG Den Ofen auf 190 °C vorheizen. Die Wildknochen mit den Wildfleisch-Abschnitten auf einem Blech verteilen und mit etwas braunem Zucker bestreuen. Dann im Ofen 30 Minuten anrösten.
Das Gemüse schälen und in grobe Würfel schneiden. Dann in einem großen Topf für ca. 20 Minuten bei mittlerer Hitze anschwitzen und etwas salzen. Anschließend die Kräuter, Gewürze und das Tomatenmark hinzugeben und weiter anschwitzen.
Mit der dunklen Sojasauce und dem Wacholderschnaps ablöschen, dann den Rotwein aufgießen und auf die Hälfte einreduzieren lassen – die Wild-Jus hat eine dunkle Farbe angenommen. Nun mit Portwein aufgießen und nochmals auf die Hälfte einreduzieren lassen.
Die gerösteten Wildknochen zusammen mit den Wildfleisch-Abschnitten dazugeben, alles langsam zum Kochen bringen und ca. 3–4 Stunden leicht köcheln lassen. Den an der Oberfläche entstandenen Schaum (gelöste Proteine) nach und nach abschöpfen. Alles durch ein Sieb passieren, auf die gewünschte Konsistenz einreduzieren lassen und nochmals nachschmecken.

Gepickelte rote Zwiebeln

ZUTATEN:

2 rote Zwiebeln (Vakuole)
50 ml Weißweinessig
100 ml Balsamico Bianco
1 TL Salz
2 EL Zucker
½ TL Fenchelsaat
½ TL Anissaat

ZUBEREITUNG Die Zwiebeln schälen und in Ringe schneiden.

Alle anderen Zutaten in einen Topf geben und zum Kochen bringen, ca. 30 Minuten ziehen lassen, dann durch ein Sieb geben und anschließend die Zwiebelringe hineinlegen und für 12 Stunden darin ziehen lassen.

Gurkenfond

ZUTATEN:

2 Gurken
1 Bund Dill
300 ml Mistela (Likörwein)
2 EL Senfkörner
1 TL Fenchelsaat
1 EL Zucker
1 TL Salz
1 TL schwarze Pfefferkörner

ZUBEREITUNG Die Gurken halbieren und das Kernhaus mit einem Löffel herauskratzen, dann mit der Schale in grobe Würfel schneiden. Den Dill fein hacken, bis eine Paste entsteht, mit den Gurkenwürfel mischen, leicht salzen und zuckern und ca. 30 Minuten ziehen lassen.
Den Rest der Zutaten in einem separaten Topf mit dem Wein einmal aufkochen, dann 1 Stunde ziehen lassen und nach dem Erkalten durch ein Sieb geben.
Die Gurken-Dill-Mischung in den passierten kalten Sud geben und mixen. Anschließend durch ein feinporiges Tuch passieren.

Helle Gemüsebrühe

ZUTATEN:
- 4 Zwiebeln
- 3 Karotten
- 2 Lauchstangen
- 1 Staudensellerie
- 1 Petersilienwurzel
- 2 Zweige Petersilie
- 1 Zweig Liebstöckel
- 2 l Wasser

GEWÜRZE:
- 4 Lorbeerblätter
- 5 Wacholderbeeren
- 10 schwarze Pfefferkörner
- Grobes Meersalz

ZUBEREITUNG Alle Zutaten in Würfel schneiden, die Gewürze mit einem Mörser grob zerstoßen und alles mit kaltem Wasser bedecken, langsam zum Kochen bringen und ca. 30 Minuten köcheln lassen.
Anschließend mit etwas grobem Meersalz anreichern und für ca. 1 Stunde bedeckt stehen lassen. Danach durch ein feinporiges Tuch passieren und auf ca. 1 Liter einreduzieren, ggf. nochmals abschmecken. Die Gemüsebrühe kann für eine spätere Verwendung in einem Glas 14 Tage aufbewahrt werden.

Gewürz-Bouillon

ZUTATEN:
- 5 Zwiebeln
- 1–1,5 kg Suppenfleisch vom Rind (Brust, Querrippe)
- 3 l Wasser
- 2 Knoblauchzehen
- 3 Karotten
- 1 Petersilienwurzel
- 1 Lauchstange
- ½ Sellerieknolle
- 1 Zweig Liebstöckel
- 4 l Wasser

GEWÜRZE:
- 4 Lorbeerblätter
- 12 schwarze Pfefferkörner
- 8 Wacholderbeeren
- 5 Gewürzkörner (Piment)
- 2 Nelken
- 2 Sternanis
- Grobes Meersalz

ZUBEREITUNG Die Zwiebeln mit der Schale halbieren und in einem Topf am Boden auf der Schnittseite anrösten.
Anschließend mit kaltem Wasser aufgießen, das Rindfleisch auf die gewünschte Größe schneiden und hinzugeben. (Wenn statt ganzen Fleischstücken Fleischabschnitte verwendet werden, verringert sich die Kochzeit.)
Alles langsam zum Kochen bringen und den an der Oberfläche entstandenen Schaum (gelöste Proteine) nach und nach abschöpfen. Je nach Größe der Fleischteile ca. 2–3 Stunden bei mittlerer Hitze köcheln lassen. Wenn kein Schaum an der Oberfläche mehr entsteht, die Gewürze mit dem Mörser grob zerstoßen und zusammen mit etwas Meersalz hinzugeben.
In der Zwischenzeit das restliche Gemüse schälen, in Würfel schneiden und erst zum Schluss dazugeben. Dann alles für weitere 45 Minuten köcheln lassen.
Anschließend die Fleischstücke herausnehmen und zur weiteren Verarbeitung aufbewahren. (Falls nur Fleischabschnitte verwendet wurden, alles durch ein feinmaschiges Tuch passieren.) Auf ca. 1 Liter einreduzieren lassen und ggf. nochmals abschmecken.

Gepickelte Radieschen

ZUTATEN:
- 1 Bund Radieschen
- 1 EL Senfkörner
- 3 Pimentkörner
- 1 Nelke
- 2 Wacholderbeeren
- 3 Sternanis
- 1 Lorbeerblatt
- 100 ml Weißweinessig
- 200 ml Wasser
- 3 EL Zucker
- 1 TL Salz
- 1 TL schwarze Pfefferkörner

ZUBEREITUNG Die Radieschen putzen, waschen und in die gewünschte Größe schneiden. Die restlichen Zutaten in einen kleinen Topf geben und einmal aufkochen.
Den Sud etwas abkühlen lassen und die Radieschen hineinlegen. Diese für mindestens 12 Stunden darin ziehen lassen, dann haben sie auch die Farbe gewechselt.

Consommé Double

ZUTATEN:
5 Zwiebeln
4 l Gewürz-Bouillon statt Wasser als Aufguss
1–1,5 kg Beinscheiben von der Rinderhachse (Hesse, Wade)
2 Knoblauchzehen
3 Karotten
1 Petersilienwurzel
1 Lauchstange
½ Sellerieknolle
1 Zweig Liebstöckel

GEWÜRZE:
4 Lorbeerblätter
12 schwarze Pfefferkörner
8 Wacholderbeeren
5 Gewürzkörner (Piment)
2 Nelken
2 Sternanis
Grobes Meersalz

ZUBEREITUNG Die Zwiebeln mit der Schale halbieren und in einem Topf am Boden auf der Schnittseite zusammen mit den Beinscheiben anrösten.
Anschließend mit der bereits vorgekochten kalten Gewürz-Bouillon aufgießen. Alles langsam zum Kochen bringen und den an der Oberfläche entstandenen Schaum nach und nach abschöpfen.
Je nach Größe und Dicke der Beinscheiben für ca. 2–3 Stunden bei mittlerer Hitze köcheln lassen. Wenn kein Schaum an der Oberfläche mehr entsteht, die Gewürze mit dem Mörser grob zerstoßen und zusammen mit etwas Meersalz hinzugeben.
In der Zwischenzeit das restliche Gemüse schälen, in Würfel schneiden und erst zum Schluss dazugeben. Weitere 45 Minuten köcheln lassen.
Anschließend die Beinscheiben herausnehmen und zur weiteren Verarbeitung aufbewahren. Die Brühe durch ein feinmaschiges Tuch passieren und auf ca. 1 Liter einreduzieren lassen und ggf. nochmals nachschmecken.
Die fertige Consommé kann nochmals mit den gleichen Mengen an Fleisch, Gemüse und Gewürzen angesetzt werden, um die Extraktivstoffe und somit den Geschmack zu intensivieren. Die daraus entstandene goldklare Brühe wird als doppelte Kraftbrühe (Consommé double) bezeichnet.

Essenz vom Ox

ZUTATEN:
5 Zwiebeln
4 l Consommé oder 2 l Consommé double als Aufguss
0,5–1 kg Ochsenschwanz (1 Stück)
2 Knoblauchzehen
3 Karotten
1 Petersilienwurzel
1 Lauchstange
½ Sellerieknolle
1 Zweig Liebstöckel

GEWÜRZE:
2 Lorbeerblätter
5 schwarze Pfefferkörner
4 Wacholderbeeren
2 Gewürzkörner (Piment)
1 Sternanis
Grobes Meersalz

ZUBEREITUNG Die Zwiebeln mit der Schale halbieren und in einem Topf am Boden auf der Schnittseite zusammen mit den Beinscheiben anrösten.
Anschließend mit der bereits vorgekochten kalten Consommé aufgießen. Alles langsam zum Kochen bringen und den an der Oberfläche entstandenen Schaum (gelöste Proteine) nach und nach abschöpfen. Den Ochsenschwanz 4–5 Stunden bei geringer Hitze simmern lassen. Wenn kein Schaum an der Oberfläche mehr entsteht, die Gewürze mit dem Mörser grob zerstoßen und zusammen mit etwas Meersalz hinzugeben.
In der Zwischenzeit das restliche Gemüse schälen, in Würfel schneiden und erst zum Schluss dazugeben. Weitere 45 Minuten köcheln lassen.
Anschließend den Ochsenschwanz herausnehmen und auskühlen lassen, dann das Fleisch abzupfen und eventuell als Einlage verwenden. Die Kraftbrühe durch ein feinmaschiges Tuch passieren und so lange reduzieren lassen, bis sie sehr kräftig im Geschmack, aber nicht salzig ist. Der konzentrierte Fond wird als Essenz bezeichnet.

Geflügelbrühe

ZUTATEN:
1 Suppenhuhn (ca. 1,3–1,5 kg)
300 g Geflügelklein
5 Zwiebeln
1 Knoblauchzehe
3 Karotten
1 Petersilienwurzel
1 Weißes vom Lauch
½ Sellerieknolle
50 ml Pflanzenöl

GEWÜRZE:
4 Lorbeerblätter
10 schwarze Pfefferkörner
5 Wacholderbeeren
3 EL grobes Meersalz

ZUBEREITUNG Das Suppenhuhn zusammen mit dem Geflügelklein gründlich waschen und im Anschluss in einen großen Topf geben und mit Wasser auffüllen, bis es bedeckt ist. Langsam zum Kochen bringen und bei mäßiger Hitze sieden lassen.
Die entstehende Brühe durch Abschäumen und Abfetten pflegen, dann mit 2 EL Meersalz würzen.
Nach etwa 2 Stunden das geschälte und in Würfel geschnittene Gemüse und die Gewürze dazugeben und weitere 30 Minuten kochen lassen. Alles durch ein Sieb passieren und anschließend auf die gewünschte Konsistenz einreduzieren lassen und nochmals abschmecken.

Jus vom Ox

ZUTATEN:
- 1 kg Rinderknochen
- 500 g Rindfleisch-Abschnitte
- 5 Zwiebeln
- 2 Knoblauchzehen
- 3 Karotten
- 1 Petersilienwurzel
- 1 Lauchstange
- ½ Sellerieknolle
- 50 ml Pflanzenöl
- 2 EL Tomatenmark
- 750 ml Rotwein
- 250 ml Madeira oder Portwein
- 2 l Wasser

GEWÜRZE:
- 2 Zweige Rosmarin
- 4 Lorbeerblätter
- 10 schwarze Pfefferkörner
- 5 Wacholderbeeren
- 3 Gewürzkörner (Piment)
- 2 Nelken
- 1 Sternanis
- Brauner Zucker
- Salz

ZUBEREITUNG Den Ofen auf 200 °C vorheizen.
Die Rinderknochen auf ein Blech zusammen mit den Rindfleisch-Abschnitten verteilen und mit etwas braunem Zucker bestreuen. Dann im Ofen 30 Minuten stark anrösten. Das Gemüse schälen, in grobe Würfel schneiden und anschließend für ca. 20 Minuten in einem großen Topf anschwitzen und etwas salzen.
Die Kräuter, Gewürze und das Tomatenmark hinzugeben und weiter anschwitzen. Das Ganze mit Rotwein ablöschen und auf die Hälfte einreduzieren lassen. Dann mit Madeira oder Portwein aufgießen und nochmals auf die Hälfte einreduzieren lassen.
Nun die gerösteten Rinderknochen zusammen mit den Rindfleisch-Abschnitten dazugeben und mit Wasser auffüllen. Alles langsam zum Kochen bringen und den an der Oberfläche entstandenen Schaum (gelöste Proteine) nach und nach abschöpfen, mit Wasser aufgießen und ca. 3–4 Stunden leicht köcheln lassen.
Alles durch ein Sieb passieren und anschließend auf die gewünschte Konsistenz einreduzieren lassen.

Kalbsgold-Glace

ZUTATEN:
- 1 kg Kalbsknochen
- 500 g Kalbfleisch-Abschnitte
- 5 Zwiebeln
- 2 Knoblauchzehen
- 3 Karotten
- 1 Petersilienwurzel
- 1 Lauchstange
- ½ Sellerieknolle
- 50 ml Pflanzenöl
- 2 EL Tomatenmark
- 750 ml Rotwein
- 250 ml Madeira oder Portwein
- 2 l Wasser

GEWÜRZE:
- 5 Stängel Thymian
- 4 Lorbeerblätter
- 10 schwarze Pfefferkörner
- 5 Wacholderbeeren
- 3 Gewürzkörner (Piment)
- 2 Nelken
- 1 Sternanis
- Brauner Zucker
- Salz

ZUBEREITUNG Den Ofen auf 200 °C vorheizen. Die Kalbsknochen auf ein Blech zusammen mit den Kalbfleisch-Abschnitten verteilen und mit etwas braunem Zucker bestreuen. Dann im Ofen 30 Minuten stark anrösten. (Dieser Vorgang kann auch in einem großen Topf gemacht werden, allerdings ist darauf zu achten, dass der braune Zucker nicht am Boden des Topfes verbrennt und nach dem Rösten die Kalbsknochen und Abschnitte wieder aus dem Topf genommen werden.)
Das Gemüse schälen und in grobe Würfel schneiden. In einem großen Topf das klein geschnittene Gemüse und etwas Salz bei mittlerer Hitze ca. 20 Minuten lang anschwitzen.
Anschließend die Kräuter, Gewürze und das Tomatenmark hinzugeben und weiter anschwitzen. Mit Rotwein ablöschen und auf die Hälfte einreduzieren. Dann mit Madeira oder Portwein aufgießen und nochmals auf die Hälfte reduzieren. Nun die gerösteten Kalbsknochen zusammen mit den Kalbfleisch-Abschnitten dazugeben, mit Wasser aufgießen und ca. 3–4 Stunden leicht köcheln lassen. Alles durch ein Sieb passieren und anschließend auf die gewünschte Konsistenz einreduzieren lassen.

Reh-Tee

ZUTATEN:
- 1 kg Rehknochen
- 5 Zwiebeln
- 2 Knoblauchzehen
- 3 Karotten
- 1 Petersilienwurzel
- 1 Lauchstange
- ½ Sellerieknolle
- 50 ml Pflanzenöl
- 750 ml Rotwein
- 250 ml Portwein
- 2 l Wasser

GEWÜRZE:
- 5 Stängel Thymian
- 4 Lorbeerblätter
- 10 schwarze Pfefferkörner
- 5 Wacholderbeeren
- 3 Gewürzkörner (Piment)
- 2 Nelken
- 1 Sternanis
- Brauner Zucker
- Salz

ZUBEREITUNG Den Ofen auf 190 °C vorheizen.
Die Rehknochen auf ein Blech zusammen mit den Rehfleisch-Abschnitten verteilen und mit etwas braunem Zucker bestreuen. Dann im Ofen 30 Minuten stark anrösten. Das Gemüse schälen, in grobe Würfel schneiden, in einem großen Topf für ca. 20 Minuten anschwitzen und etwas salzen. Anschließend die Kräuter, Gewürze und das Tomatenmark hinzugeben und weiter anschwitzen.
Mit Rotwein ablöschen und auf die Hälfte einreduzieren lassen, dann mit Portwein aufgießen und nochmals auf die Hälfte reduzieren.
Die gerösteten Rehknochen zusammen mit den Rehfleisch-Abschnitten dazugeben, mit Wasser aufgießen und ca. 3–4 Stunden leicht köcheln lassen.
Alles durch ein Sieb passieren und anschließend auf die gewünschte Konsistenz einreduzieren lassen.

Fleisch Codex — Rezepte — Flüssiges Gold/Pickles & Fonds

DIE Demi-Glace

ZUTATEN:

- 300 g Rinderknochen
- 300 g Fleisch-Abschnitte
- 2 Karotten
- 1 Zwiebel
- ½ Knollensellerie
- 2 Knoblauchzehen
- 2 Rosmarinzweige
- 10 Thymianzweige
- 3 Lorbeerblätter
- 6 Wacholderkörner
- 1 EL Pfefferkörner
- 3 EL Tomatenmark
- 750 ml Rotwein

ZUBEREITUNG Abschnitte und Knochen vom Rind in einem großen flachen Topf oder einer Bratreine stark anrösten. Karotten, Zwiebel und Sellerie grob schneiden und dazugeben, die angedrückten Knoblauchzehen sowie Rosmarin, Thymian, Lorbeer, Wacholder und Pfefferkörner dazugeben. Tomatenmark ebenfalls kurz mit anrösten. Mit ⅓ des Rotweins ablöschen und komplett einreduzieren lassen, bis keine Flüssigkeit mehr vorhanden ist. Diesen Vorgang 3 Mal wiederholen.
Anschließend mit Wasser auffüllen, 2 Stunden köcheln lassen. Darauf achten, dass stets genug Wasser im Topf ist, um die Knochen und das Gemüse zu bedecken – ggf. sonst zwischendurch Wasser nachfüllen.
Durch ein feines Sieb passieren. Wieder auf den Herd stellen und weiter einreduzieren, bis die Jus die gewünschte Konsistenz erreicht hat.
Die fertige Jus mit Salz abschmecken.

Kalbsjus mit Leber gebunden

ZUTATEN:

- 2 kg Kalbsknochen, geröstet
- 4 EL Pflanzenöl
- 2 EL Tomatenmark
- ½ Knollensellerie
- 1 Petersilienwurzel
- 2 Knoblauchzehen
- 1 Lauch
- 2 Karotten
- 2 Zwiebeln
- 1 l Weißwein
- 3 l Wasser
- 4 Lorbeerblätter
- 1 EL Vadouvan, Ingo Holland
- Piment
- Salz
- Pfeffer

ZUBEREITUNG Die Knochen mit ein wenig Pflanzenöl und dem Tomatenmark bei starker Hitze anrösten, bis sich auf dem Topfboden ein dunkler Film bildet. Unter ständigem Rühren weiterrösten.
Nun das geschälte und klein geschnittene Gemüse zugeben und weiterrösten. Anschließend mit dem Wein ablöschen und stark reduzieren – so lange, bis fast keine Flüssigkeit mehr im Topf ist. Nun mit Wasser auffüllen und die Gewürze zugeben. Vorsichtig köcheln lassen und auf 1 Liter reduzieren. Anschließend durch ein Sieb passieren.

Wagyu-Hollandaise

ZUTATEN:

- 4 Bio-Eigelb
- 1 Bio-Ei
- Meersalz
- 1 Prise Cayennepfeffer
- 300 g Fett vom Wagyu (ausgelassen und passiert)
- Zitronensaft

ZUTATEN REDUKTION:

- 150 ml trockener Weißwein
- 10 ml Estragon-Essig
- 5 Rosmarinnadeln
- 4 schwarze Pfefferkörner
- 1 Lorbeerblatt

ZUBEREITUNG Für die Reduktion werden alle Zutaten bei mittlerer Hitze zusammen auf die Hälfte eingekocht, danach passiert.
Die Eigelbe, Ei, Meersalz, Cayennepfeffer und Reduktion in einen Schlagkessel geben. Auf dem kochenden Wasserbad schaumig schlagen, bis die Masse gebunden und cremig ist. Vom Wasserbad nehmen und nach und nach das heiße Wagyu-Fett (60–70 °C) in die Masse rühren. Mit etwas Zitronensaft verfeinern und abschmecken.

Tipp: Je länger das Wagyu-Fett ausgelassen wird, desto brauner wird es – und umso nussiger wird sein Geschmack.

Fleisch Codex	Rezepte		STOI Food

STOI
Food

Fleisch Codex **Rezepte** STOI Food

| Fleisch Codex | Rezepte | STOI Food |

Meine japanische Wagyu – Küche im Bayerischen Wald

| Fleisch Codex | Rezepte | STOI Food |

Am Anfang hatten wir Fleisch.

Rindfleisch. Rindfleisch, das aber irgendwie doch nicht so war wie das Rindfleisch, wie wir es kannten. Irgendwie war es halb Fleisch, halb Fett. Die berühmte, beinahe sagenumwobene Marmorierung, die verantwortlich war für die außerordentliche Zartheit, besser bekannt als Marbling & Tenderness, machte uns fast ein bisschen zu schaffen.

Ich habe mit meiner Art zu kochen – fundiert auf einer Ausbildung und Meisterprüfung, mit klassisch französischen Basics und einem Faible für die Zubereitung von Fleisch und BBQ auf offenem Feuer – so ziemlich alles gebraten, gegrillt, geschmort und im wahrsten Sinne des Wortes verwurstet, was es bis dahin an mir bekannten Rinderrassen und Qualitäten gab. Aber das, was dann aus Japan kam und wofür ich mich entschieden habe, es selbst zu züchten, das war mir neu. Also komplett neu.

Ein Unterschied wie Äpfel und Birnen.
Es hat keinen Sinn, ein Kobe-Entrecote von 300 Gramm (das übrigens einen Kilopreis von 200 Euro aufwärts hat) auf den Grill zu legen und dabei zuzuschauen, wie das Fett schmilzt, dann ins Feuer tropft und verbrennt ... oder einen Schaufelbug mit 10+Marmorierung wie einen Burgunderbraten zu schmoren und dann am nächsten Tag ⅓ Fett von der Sauce zu degraissieren.

Da musste es also noch eine andere Fleischküche geben, ganz anders als die, die ich kannte. Die japanische Küche.

So habe ich mich sehr intensiv mit der japanischen (Fleisch-)Küche beschäftigt, und auf diese Weise sind viele japanisch-niederbayerische Wagyu-Gerichte entstanden, wie sie heute im STOI serviert werden. Nachfolgend einige der beliebtesten:

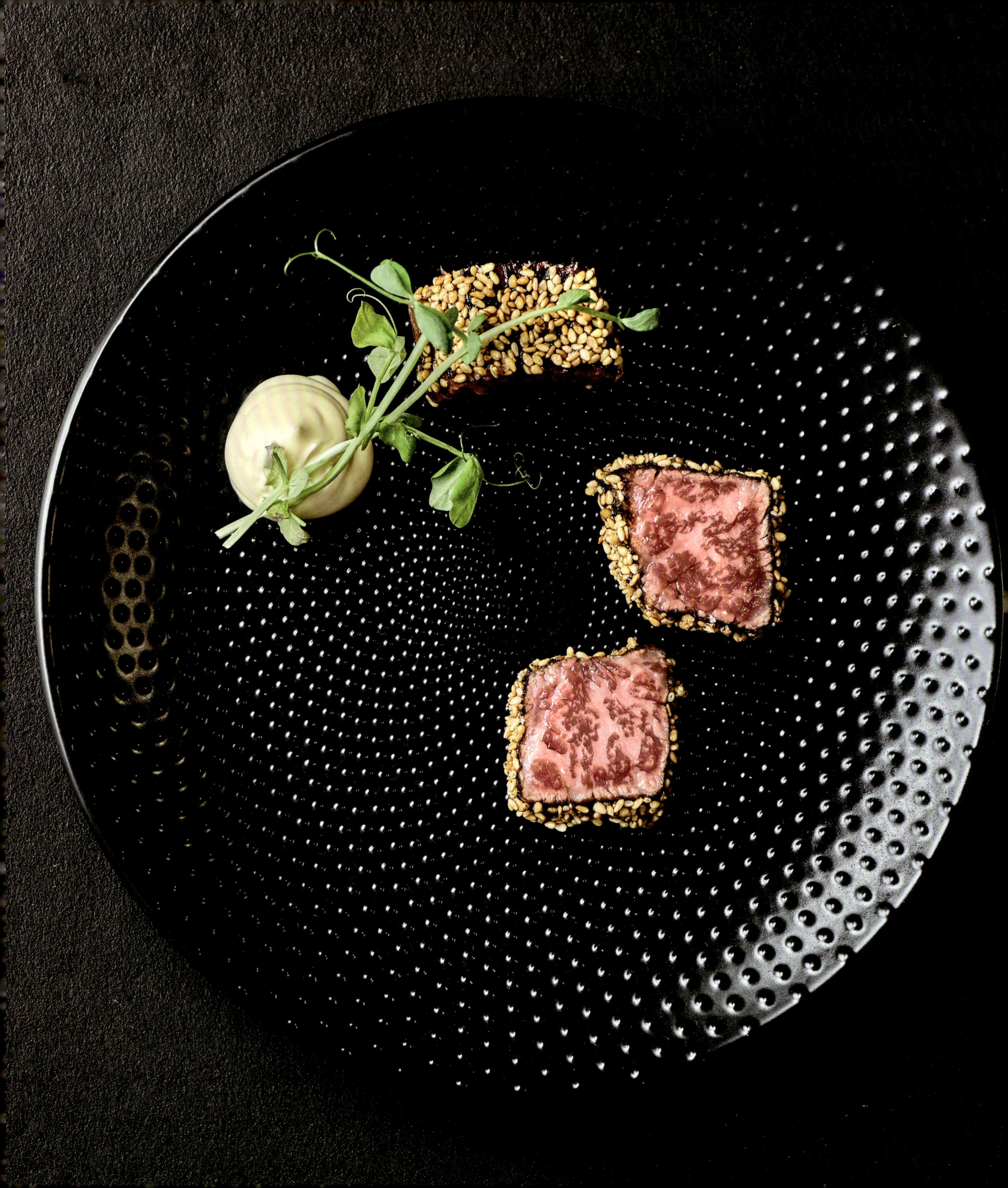

Tataki vom Wagyu Tri Tip mit Yuzu-Yaki und Erbsenkresse

Tomo Sankaku

ZUTATEN WAGYU TRI TIP:

400 g Wagyu-Bürgermeisterstück
100 ml Teriyaki-Sauce **(siehe Grundrezept → Seite 196)**
1 EL geröstetes Sesamöl
2 EL gerösteter weißer Sesam
2 EL gerösteter schwarzer Sesam
Zucker
Salz

ZUTATEN YUZU-YAKI:

50 ml japanische Mayonnaise
1 Stück Yuzu-Abrieb
1 TL braune Misopaste
frischer Wasabi

GARNITUR:

16 Stück Erbsenkresse

ZUBEREITUNG WAGYU TRI TIP Das Bürgermeisterstück in Loins à ca. 100 g mit einer Seitenlänge von ca. 3 × 3 cm schneiden. Anschließend für 4 Stunden in der Teriyaki-Sauce einlegen. Herausnehmen, gut abtropfen und mit Salz und Zucker von allen Seiten würzen. Danach mit etwas Sesamöl in einer sehr heißen beschichteten Pfanne oder auf einem Teppanyaki-Grill von allen Seiten scharf und ganz kurz anbraten. Herausnehmen und sofort in dem gerösteten Sesam wälzen, auskühlen lassen und dann in etwa 2 cm dicke Scheiben schneiden.

ZUBEREITUNG YUZU-YAKI Die japanische Mayonnaise mit dem Yuzu-Abrieb, der Misopaste und Wasabi nach Belieben verrühren.

ANRICHTEN Alles anrichten und mit Erbsenkresse garnieren.

Beef Dashi mit gebeiztem Eigelb, Gemüse und Schwammerl

Misuji dünne Scheiben vom Flat Iron

RINDERFOND ZUTATEN:

1 kg Rinderknochen
500 g Rindfleisch-Abschnitte
5 Zwiebeln
2 Knoblauchzehen
3 Karotten
1 Petersilienwurzel
1 Lauchstange
½ Sellerieknolle
50 ml Pflanzenöl
2 EL Tomatenmark
750 ml Rotwein
250 ml Madeira oder Portwein
2 l Wasser

GEWÜRZE:

2 Zweige Rosmarin
4 Lorbeerblätter
10 schwarze Pfefferkörner
5 Wacholderbeeren
3 Gewürzkörner (Piment)
2 Nelken
1 Sternanis
Brauner Zucker
Salz

ZUTATEN MISUJI:

4 Bio-Eier
200 ml alte Sojasauce
30 g Enoki-Pilze
200 g Flat Iron (Blade Steak)
etwas Daikon-Kresse
4 EL klein geschnittenes
Wurzelgemüse nach Belieben
(z. B. Staudensellerie, Karotte)
Zucker, Salz

ZUTATEN BEEF DASHI (1 LITER):

1 l Rinderfond
10 g getrocknete Kombu-Algen
3 g Bonito-Flocken
5 Shiitake-Pilze
5 Kaffir-Limettenblätter
1 TL Ingwer
½ Thai-Chili

ZUBEREITUNG RINDERFOND Den Ofen auf 200 °C vorheizen.

Die Rinderknochen zusammen mit den Rindfleisch-Abschnitten auf einem Blech verteilen und mit etwas braunem Zucker bestreuen. Dann im Ofen 30 Minuten stark anrösten.

Das Gemüse schälen und in grobe Würfel schneiden. Anschließend ca. 20 Minuten bei mittlerer Hitze in einem großen Topf anschwitzen und etwas salzen. Die Kräuter, Gewürze und das Tomatenmark hinzugeben und weiter anschwitzen.

Mit Rotwein ablöschen und auf die Hälfte einreduzieren lassen, dann mit Madeira oder Portwein aufgießen und nochmals auf die Hälfte einreduzieren lassen.

Die gerösteten Rinderknochen zusammen mit den Rindfleisch-Abschnitten dazugeben, alles langsam zum Kochen bringen und für ca. 3–4 Stunden leicht köcheln lassen. Den an der Oberfläche entstandenen Schaum (gelöste Proteine) nach und nach abschöpfen.

Zum Schluss alles durch ein Sieb passieren und auf die gewünschte Konsistenz einreduzieren lassen.

ZUBEREITUNG MISUJI Das Eigelb vom Eiweiß trennen und in der Sojasauce für ca. 1 Stunde beizen, anschließend vorsichtig herausnehmen. Das mit Salz und Zucker aktivierte Gemüse mit den rohen Enoki-Pilzen in eine Schale geben, das dünn geschnittene Fleisch darauflegen und mit Daikon-Kresse garnieren.

ZUBEREITUNG BEEF DASHI Alle Zutaten vermengen und auf ca. ⅓ reduzieren. Den Dashi-Sud passieren und ziehen lassen. Erst am Tisch angießen.

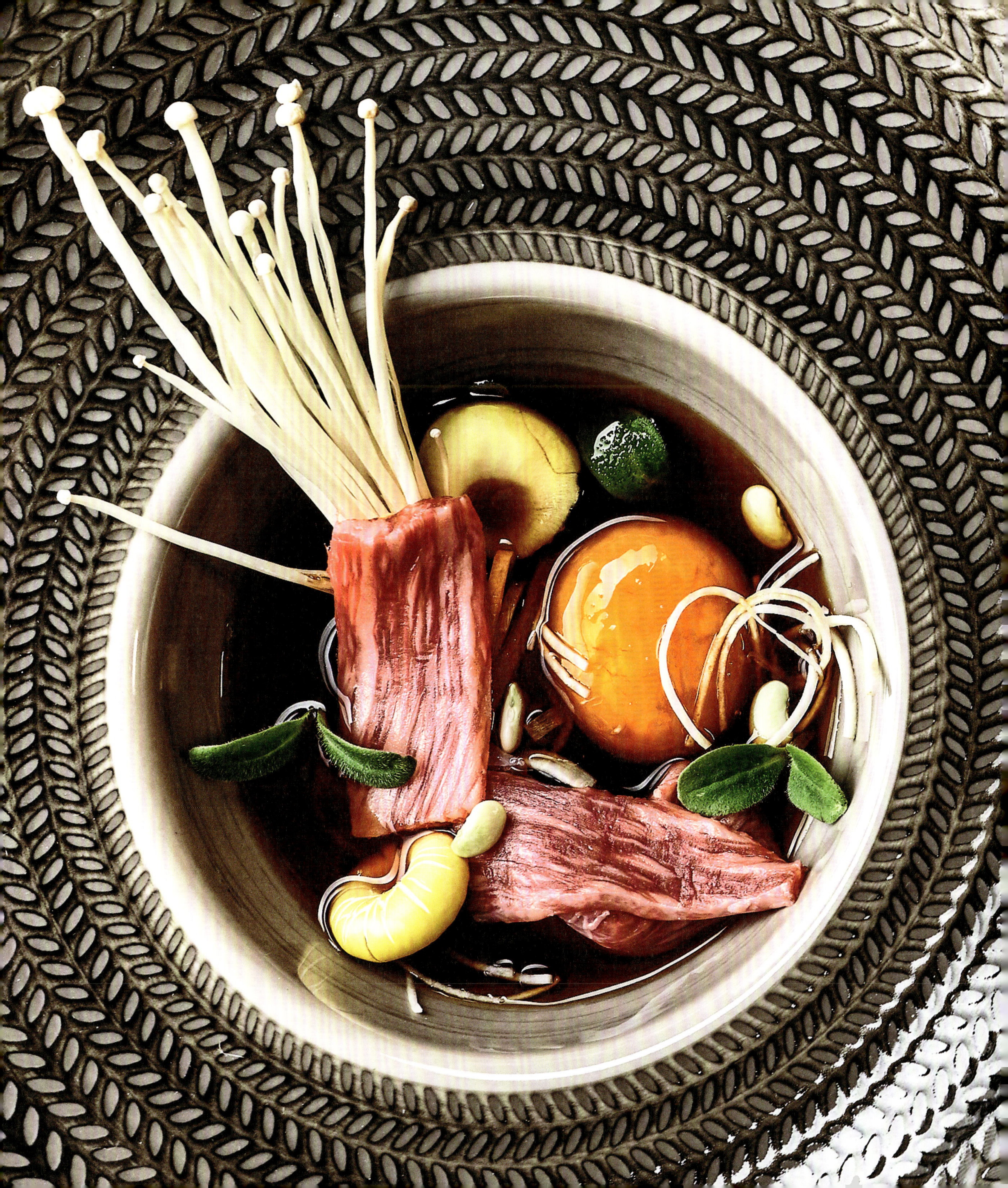

Chuck Flap Tail mit Nackenkern, Aalsauce und Mayo

Zabutan

ZUTATEN:

200 g Chuck Roll (Nackenkern)
2 Stück Babymangold
80 g japanische Mayonnaise

ZUTATEN AALSAUCE (½ LITER):

300 ml helle Sojasauce
100 ml Austernsauce
50 ml Honig
1 Stück Haut von einem
geräucherten Aal
2 cl Pflaumenlikör
½ Thai-Chili
1 Limette
etwas gerösteter weißer Sesam
Salz

GARNITUR:

ein paar fein geschnittene Nori-Blätter

ZUBEREITUNG Die Zutaten der Sauce vermischen, einmal aufkochen und für 24 Stunden kalt stellen.

Danach durch ein Sieb passieren. In eine Schale abfüllen und mit geröstetem Sesam garnieren.

ANRICHTEN Den Nackenkern in dünne Scheiben schneiden und auf einen Teller legen. Mit dem Babymangold, den Nori-Blättern und etwas Mayonnaise anrichten. Die Aalsauce in einer separaten Schale servieren.

mit Judasohren, Herbsttrompeten, Udon-Nudeln und Sojasprossen

Togarashi

ZUTATEN:

1 l Rinderfond (siehe Grundrezepte → Seite 180)
20 g getrocknete Kombu-Algen
1 TL getrocknetes Austernpulver
50 g geröstete Garnelenschalen
100 ml helle Sojasauce
50 ml Mirin
5 Kaffir-Limettenblätter
1 TL Ingwer
½ Thai-Chili
20 g getrocknete Mu-Err-Pilze (Judasohren)
20 g getrocknete Herbsttrompeten
50 g getrocknete Shiitake-Pilze
200 g gekochte Udon-Nudeln
8 frische, fein geschnittene Champignons
60 g Sojasprossen

FLEISCH:

400 g Schaufelbug

GARNITUR:

etwas Asia-Kresse

ZUBEREITUNG Alle Zutaten für die Brühe zusammengeben und einmal aufkochen. Danach passieren und die getrockneten Pilze darin quellen lassen.

Die Udon-Nudeln mit den Champignons und den Sojasprossen in die Brühe geben, ziehen lassen und alles in kleinen Suppenschalen anrichten.

Das roh aufgeschnittene Fleisch darauflegen, mit der restlichen Brühe aufgießen und mit etwas Asia-Kresse garnieren.

Wagyu-Würfel mit Gurkensalat und Radieschen-Kresse

Rib Maki

ZUTATEN:

1 Bio-Gurke
1 Yuzu (Zitrusfrucht)
1 cl Pernod
2 El Wasabi-Sesam
etwas Radieschen-Kresse
Zucker
Salz
200 g Wagyu-Lende
100 ml Teriyaki-Sauce **(siehe Grundrezepte → Seite 196)**

ZUBEREITUNG   Die Gurke der Länge nach vierteln und das Kernhaus entfernen. Mit Salz, Zucker, Yuzu-Saft und etwas Pernod für 1 Stunde vakuumieren. Danach in einer Schale servieren und mit Radieschen-Kresse garnieren.

ANRICHTEN   Die Wagyu-Lende in ca. 2 × 2 cm große Würfel schneiden und mit dem Gurkensalat und etwas Teriyaki-Sauce servieren.

Sukiyaki mit gebratenen Nudeln und Knoblauchsprossen

Tri Tip

ZUTATEN GEBRATENE NUDELN:

200 g Asia-Nudeln
(Soba oder Ramen)
20 g Butter
1 Frühlingszwiebel
1 TL fein gehackter Ingwer
10 ml Sojasauce
50 ml Mirin
10 ml Pflaumenlikör
1 Limette

ZUTAT WAGYU:

400 g Wagyu-Bürgermeisterstück, in dünne Medaillons geschnitten

GARNITUR:

Knoblauchsprossen
50 ml Goma-Dressing
(Asia-Laden)

ZUBEREITUNG GEBRATENE NUDELN Die Nudeln mit kochend heißem Wasser überbrühen und 10 Minuten quellen lassen.

Anschließend abpassieren und in einer Pfanne mit Butter anschwitzen. Die fein geschnittene Frühlingszwiebel und den Ingwer zugeben. Mit Sojasauce, Mirin und Pflaumenlikör ablöschen und reduzieren, bis sich die Nudeln schön vollsaugen.

LETZTE SCHRITTE Das Fleisch auf dem Grill (z. B. Teppanyaki oder Plancha) je nach Belieben anbraten (ich empfehle *rare*) und mit den gebratenen Nudeln servieren.

ANRICHTEN Die Nudeln abschließend mit ein paar Knoblauchsprossen und dem Goma-Dressing garnieren.

gedämpftes Wagyu mit Gemüse und asiatischen Bandnudeln

Shabu

ZUTATEN GEMÜSE:

50 Babymais
50 g wilder Brokkoli
4 Stangen grüner Spargel
8 Shiitake-Pilze
Zucker
Salz

ZUTATEN BANDNUDELN:

400 ml Rinderbrühe **(siehe Grundrezepte → Seite 180)**
100 g Nudeln (Ramen, Udon oder Soba)
50 ml Sojasauce
8 große Pak-Choi-Blätter

ZUTAT FLEISCH:

200 g Wagyu-Tafelspitz

GARNITUR:

Sesam
Koriandergrün

ZUBEREITUNG GEMÜSE Mais, Brokkoli und Spargel in Streifen schneiden und mit den geschnittenen Shiitake-Pilzen etwas salzen und zuckern.

ZUBEREITUNG BANDNUDELN Die Nudeln mit der kochend heißen Rinderbrühe übergießen, für ca. 10 Minuten ziehen lassen und dann passieren. Die Sojasauce unter die heißen Nudeln mischen. Das Gemüse in die warme abpassierte Rinderbrühe geben und etwas ziehen lassen. Danach alles auf Pak-Choi-Blättern in einem Bambusdämpfer anrichten.

ZUBEREITUNG WAGYU Das Fleisch gegen die Faser in dünne Streifen schneiden und roh auf das Gemüse legen. Mit etwas Sesam und Koriandergrün garnieren. Über der Rinderbrühe im Bambus dämpfen.

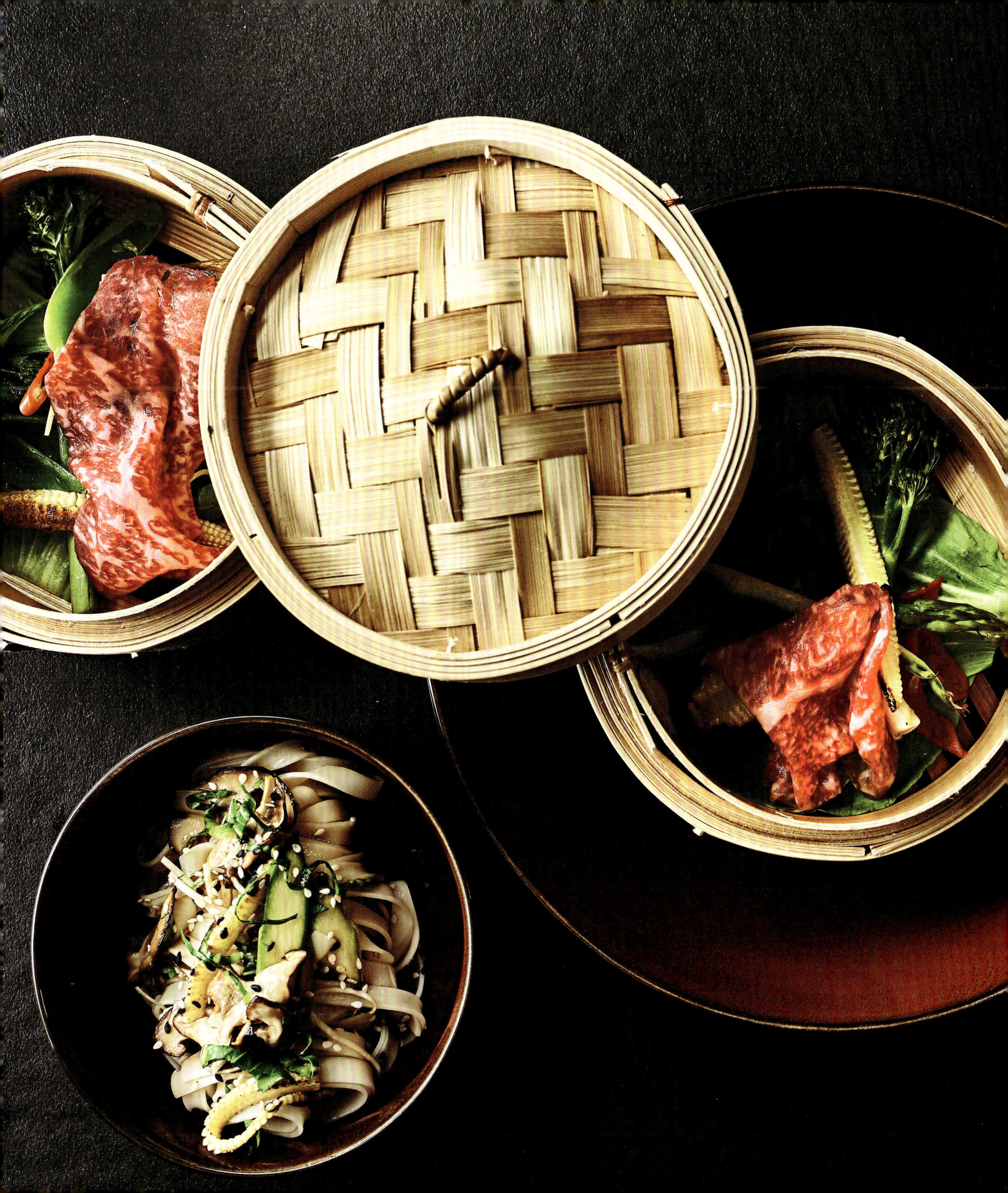

Chuck Eye log, Nackendeckel und Nigiri Wagyu Beef

Kata Shin

ZUTATEN SUSHI-REIS:

350 g Sushi-Reis
(japanischer Rundkornreis)
500 ml Wasser
6 EL Reisessig
2 TL Zucker
2 TL Salz

SONSTIGE ZUTATEN:

200 g Wagyu-Nackendeckel,
in dünne Scheiben gegen die
Faser geschnitten
20 g Wasabi
30 g japanische Mayonnaise
Daikon-Kresse
Forellenkaviar
60 ml alte Sojasauce
Sesam
Bronzefenchel

ZUBEREITUNG Den Reis mehrmals waschen und anschließend mit dem Reisessig, Salz und Zucker im Reiskocher für ca. 15 Minuten garen. Anschließend quellen und auskühlen lassen.

Den ausgekühlten Reis zu Nigiris formen und mit den dünnen Wagyu-Scheiben belegen.

Mit Wasabi, Mayonnaise, Kresse und Kaviar garnieren. Sojasauce in einer separaten kleinen Schale reichen, mit Sesam bestreuen. Die Nigiris nach Belieben mit Daikon-Kresse und Bronzefenchel ausdekorieren.

Wagyu-Hüfte mit Blitz-Kimchi

Ramjiri

ZUTATEN:

400 g Wagyu-Hüfte
½ Thai-Chili
10 ml geröstetes Sesamöl
30 ml Mirin
50 ml dunkler Reisessig
(alternativ Balsamico)
50 ml Austernsauce
2 Frühlingszwiebeln
Zucker
Salz

ZUTATEN BLITZ-KIMCHI:

½ Chinakohl
1 Thai-Chili
1 Knoblauchzehe
6 EL Sesamöl
Zucker
Salz und Pfeffer

ZUBEREITUNG Die Wagyu-Hüfte in Würfel schneiden und mit Salz, Zucker und Chili marinieren. In einer heißen Pfanne mit Sesamöl kurz scharf anbraten und sofort mit Mirin und dem dunklen Essig ablöschen. Danach die Austernsauce zugeben. Etwas einkochen und mit den in schräge Scheiben geschnittenen Frühlingszwiebeln garnieren.

ZUBEREITUNG BLITZ-KIMCHI Chinakohl in große Stücke schneiden, mit Salz und Zucker würzen, durchkneten und für ca. 15 Minuten ziehen lassen. Thai-Chili, Ingwer und Knoblauchzehe klein hacken und untermengen. Zum Schluss das Sesamöl dazugeben.

Shabu Shabu

Fondue

ZUTAT FONDUE-FLEISCH:

800 g Wagyu-Fleisch (Kugel, Nacken, Oberschale, Tafelspitz)

ZUTATEN FÜR 1 LITER BEEF-FONDUE:

150 g Hummerschalen
100 ml Sake
150 ml helle Sojasauce
1 l Rinderfond **(siehe Grundrezepte → Seite 180)**
50 ml Mirin
5 Shiitake-Pilze
5 Kaffir-Limettenblätter
1 TL Ingwer
½ Thai-Chili
1 Stange Zitronengras
50 g Sojasprossen
1 kleine rote Zwiebel

ZUBEREITUNG Die Hummerkarkassen/-schalen anrösten, bis sie kräftig rot sind. Mit dem Sake ablöschen, die restlichen Zutaten zugeben und alles auf ca. ⅓ reduzieren. Anschließend den Dashi-Sud ziehen lassen.

Je mehr Wagyu-Fleisch im Fondue-Sud gekocht wurde, desto besser schmeckt er zum Schluss.

Nakaochi und Uni Rib Sticks – Zwischenrippensteaks

Tofu Bricks

ZUTATEN:

200 g Seidentofu

200 g Rib Meat (dünn geschnittenes Fleisch von der Rippenauflage)

ZUTATEN SAUCE:

100 ml Teriyaki-Sauce **(siehe Grundrezepte → Seite 196)**

20 g Uni (Seeigelrogen)

Sesam geröstet

ZUBEREITUNG Den Seidentofu in Sticks schneiden und mit dem hauchdünn geschnittenen Rippenfleisch umwickeln, anschließend für ca. 1 Stunde kalt stellen.

Die Teriyaki-Sauce mit dem rohen Seeigelrogen pürieren und mit etwas geröstetem Sesam garnieren.

Fleisch Codex | Rezepte | Saucen

Glück

Fleisch Codex | **Rezepte** | Saucen

Sauce

Fleisch Codex   Rezepte   Glück = Sauce

Jalapeño-Senf-Sauce (STOI)

ZUTATEN:

4 EL mittelscharfer Senf
100 ml Olivenöl
1 EL Ahornsirup
¼ fein gehackte Knoblauchzehe
1 TL Kurkuma
2 EL Balsamico Bianco
1 EL grob gehackte Jalapeño-Chilischoten (eingelegt in Lake)
1 Prise getrocknetes grünes Jalapeño-Chilipulver
1 TL brauner Zucker
Salz

Steak-Sauce (STOI)

ZUTATEN:

200 ml Ketchup
1½ EL Paprikapulver
1 EL Ahornsirup
1 TL Cayennepfeffer
2 cl Bourbon Whiskey
2 cl Stout Beer
1 EL Worcestershire-Sauce, Lea & Perrins
Tabasco und Salz (nach Belieben)

Asiatisches Gurken-Relish

ZUTATEN:

60 g heller Reisessig
60 g Zucker
30 g helle Sojasauce
1 dicke Scheibe Ingwer
⅓ Stange Zitronengras
1 rote Thai-Chilischote
1 Salatgurke
20 g geröstetes Sesamöl

ZUBEREITUNG   Den Reisessig mit dem Zucker und der hellen Sojasauce aufkochen. Den Ingwer, das Zitronengras und die in feine Ringe geschnittene Chilischote dazugeben. Die Gurke halbieren und nach dem Entkernen in feine Würfel schneiden. Mit dem noch warmen Sud marinieren, das Sesamöl dazugeben und ca. 20 Minuten ziehen lassen.

Apfel-Zwiebel-Relish

ZUTATEN:

1 rote Zwiebel
20 ml Olivenöl, extra vergine
½ TL Salz
40 g brauner Rohrzucker
1 Apfel, z. B. Gala oder Elstar
20 g vorblanchierte Senfkörner
40 ml Apfelessig
40 ml Apfelsaft
1 EL frischer Majoran

ZUBEREITUNG   Die rote Zwiebel halbieren, in 0,5 cm breite Ringe schneiden und in Olivenöl glasig anschwitzen. Das Salz und den Zucker dazugeben und langsam karamellisieren lassen. Den Apfel vierteln und nach dem Entfernen des Kerngehäuses in mittelgroße Würfel schneiden. Zusammen mit den Senfkörnern zu den Zwiebeln geben, kurz mit anschwitzen, mit dem Apfelessig ablöschen und für ca. 3 Minuten auf mittlerer Temperatur einreduzieren lassen. Dann den Apfelsaft dazugeben und weitere 3 Minuten einkochen. Den grob geschnittenen Majoran untermengen und das Relish auf Raumtemperatur abkühlen lassen. Mit Salz, Zucker und Apfelessig abschmecken.

Fleisch Codex Rezepte Glück = Sauce

BBQ-Burger-Sauce (STOI)

ZUTATEN:

200 ml Ketchup
150 ml Mayonnaise
50 ml mittelscharfer Senf
1 EL Ahornsirup
1 TL Cayennepfeffer
½ frisch gehackte Knoblauchzehe
1 EL geräuchertes edelsüßes Paprikapulver
Tabasco (nach Belieben)
Salz

BBQ-Kaviar (STOI)

ZUTATEN:

30 g Zucker
80 ml Balsamico
150 g Senfsaat
100 ml Wasser
4 g Tintenfischfarbe (Sepia-Tinte)
Rauchsalz (nach Belieben)

ZUBEREITUNG Den Zucker in einer Pfanne karamellisieren und mit dem Balsamico ablöschen. Auf ein Drittel reduzieren, die Senfsaat und das Wasser dazugeben. Einmal aufkochen, dann vom Herd nehmen und quellen lassen. Die Tintenfischfarbe zugeben und mit dem Rauchsalz abschmecken.

BBQ-Zwiebel-Chutney (STOI)

ZUTATEN:

1 rote Paprika
2 Tomaten
3 getrocknete Tomatenfilets in Öl
1 rote Zwiebel
½ Knoblauchzehe
½ Thai-Chili
1 EL Balsamico Bianco
1 EL Honig
100 ml natives Olivenöl
Brauner Zucker
Salz und schwarzer Pfeffer

ZUBEREITUNG Alle Zutaten klein hacken, mit dem Balsamico, Honig und dem Olivenöl vermischen. Mit Salz, Pfeffer und etwas braunem Zucker abschmecken.

Nam Yim mit allem – Lucki-Style

ZUTATEN:

1 Bund Koriander
2 Knoblauchzehen
½ Thai-Chilischote
Saft und Abrieb von 1 Limette
1 TL Palmzucker
1 EL Sesamöl
1 EL Schmand

ZUBEREITUNG Alle Zutaten in ein hohes Becherglas geben und pürieren.

Süßkartoffel-Ketchup

ZUTATEN:

200 g Süßkartoffel
200 ml Wasser
Steinsalz
60 g vorblanchierte Senfkörner
30 ml Apfelessig
30 ml Ahornsirup
50 ml Möhrensaft
1 TL Rauchsalz
20 ml kalt gepresstes Rapsöl

ZUBEREITUNG Die Süßkartoffel schälen und in dem leicht gesalzenen Wasser mit Deckel weich kochen. Parallel die Senfkörner mit dem Apfelessig, dem Ahornsirup, dem Möhrensaft und dem Rauchsalz aufkochen und ca. 10 Minuten köcheln lassen. Die Süßkartoffeln abgießen, das Kochwasser beiseitestellen. Die Süßkartoffeln zusammen mit dem Senf-Essig-Sud und dem Rapsöl in einem Bechermixer fein mixen. Mit dem Kochwasser der Süßkartoffeln auf „Ketchup-Konsistenz" bringen, mit Salz und Ahornsirup abschmecken.

Fleisch Codex — Rezepte — Glück = Sauce

Teriyaki-Sauce (STOI)

ZUTATEN:

50 ml Sojasauce
50 ml Austernsauce
50 ml Sesamöl
Saft von ½ Limette
½ gehackter Zitronengrasstängel
1 gehackte Knoblauchzehe
1 TL gehackter Ingwer
2 Kafir-Limettenblätter
2 EL gerösteter Sesam
1 Handvoll gehackter frischer Koriander

ZUBEREITUNG Alle Zutaten bis auf Sesam und Koriander vermischen, über Nacht ziehen lassen und am nächsten Tag passieren. Erst dann den gerösteten Sesam und den frisch gehackten Koriander zugeben.

Chimichurri grün (STOI)

ZUTATEN:

1 Bund Koriander
1 kleines Bund Petersilie
1 EL gerebelter Majoran
4 EL Olivenöl
1 kleine Thai-Chili
1 Knoblauchzehe
1 TL Kapern
Saft von ½ Limette
1 TL Weißweinessig
Zucker
Salz und schwarzer Pfeffer
½ grüne Paprika

ZUBEREITUNG Alle Zutaten im Mörser zu einer feinen Salsa zerstoßen und abschmecken. Mit grünen Paprikawürfeln garnieren.

Chimichurri rot (STOI)

ZUTATEN:

1 EL getrocknete Tomaten in Öl
5 EL Olivenöl
5 EL Rapsöl
1 EL Branntweinessig
1 Spritzer Zitronensaft
1 TL gerebelter Oregano
Zucker
Salz und schwarzer Pfeffer
1 rote Paprika

ZUBEREITUNG Alle Zutaten im Mörser zu einer feinen Salsa zerstoßen und abschmecken. Mit roten Paprikawürfeln garnieren.

Tomaten-Salsa

ZUTATEN:

2 rote Tomaten
2 gelbe Tomaten
1 grüne Tomate
Brauner Rohzucker
50 ml Olivenöl, extra vergine
Salz und Pfeffer aus der Mühle

ZUBEREITUNG Die Tomaten vierteln und entkernen. Die Kerne durch ein Haarsieb in einen kleinen Topf passieren und dieses Tomatenwasser bei mittlerer Temperatur um die Hälfte einkochen. Das Fruchtfleisch der Tomaten in feine Würfel schneiden, salzen, zuckern und pfeffern. Mit dem reduzierten Tomatensud und dem Olivenöl marinieren und etwa 20 Minuten ziehen lassen.

Safran-Kartoffel-Aioli

ZUTATEN:

150 g mehligkochende Kartoffel(n)
80 ml Gemüsebrühe
0,2 g Safranfäden
½ Knoblauchzehe
80 g Mayonnaise, selbst gerührt oder eine gute Qualität aus dem Glas
1 unbehandelte Zitrone
Steinsalz und Pfeffer aus der Mühle

ZUBEREITUNG Die Kartoffel in gut gesalzenem Wasser richtig weich kochen und noch heiß pellen. Den Safran in der Gemüsebrühe aufkochen und die Pellkartoffel mit einer Kartoffelpresse hineindrücken. Mit einem Schneebesen glatt rühren und auf Raumtemperatur abkühlen lassen. Den Knoblauch mit etwas Salz mit der flachen Seite eines Kochmessers zu einer Paste zerdrücken und zusammen mit der Mayonnaise zu der Kartoffel-Safran-Creme geben. Zu einer cremigen Konsistenz rühren, mit Salz, Pfeffer, Zitronenabrieb und etwas Zitronensaft abschmecken.

Fleisch Codex Rezepte Glück = Sauce

Buttermischungen (Röstzwiebel/Chili/Trüffel/Senf/Steinpilz)

ZUTATEN:

Röstzwiebel
250 g Butter
50 g Röstzwiebeln, gehackt
½ TL Piment d'Espelette
5 g Meersalz

Chili
250 g Butter
1 kleine Chilischote ohne Kerne
1 TL Piment d'Espelette
½ TL Zitronenabrieb
5 g Meersalz

Steinpilz
250 g Butter
2 EL Steinpilzpulver
5 g Meersalz

Trüffel
250 g Butter
1 kleine Knolle schwarzer Trüffel
1 TL Trüffelöl
5 g Meersalz

Senf
250 g Butter
1 EL mittelscharfer Senf
2 EL süßer Senf
½ TL Zitronenabrieb
5 g Meersalz

ZUBEREITUNG Die Zubereitung ist bei jeder Butter gleich. Hierfür sollte man diese am Vortag aus dem Kühlschrank nehmen, damit sie am nächsten Tag die optimale Temperatur zum Weiterverarbeiten besitzt.

Die Butter in eine Schüssel geben und mit dem Rührgerät oder in der Küchenmaschine aufschlagen und die jeweiligen Gewürze/Geschmacksgeber hinzufügen und gut unterrühren.

ANRICHTEN Die noch weiche Butter in die gewünschte Form bringen oder in Schälchen geben. Hierfür kann man einen Spritzbeutel mit einer Sterntülle verwenden. Oder man gibt die Butter in eine Klarsichtfolie und macht eine Rolle daraus, stellt diese kalt und schneidet schöne Scheiben.

Gelbe Paprika-Salsa

ZUTATEN:

2 gelbe Paprika
60 ml Olivenöl, extra vergine
2 Zweige Thymian
2 Zweige Rosmarin
1 milde rote Peperoni
Brauner Rohzucker
1 Tupperdose
Fleur de Sel und Pfeffer
aus der Mühle

ZUBEREITUNG Die gelben Paprika vierteln, entkernen, gut salzen, zuckern und pfeffern. Mit Olivenöl marinieren und zusammen mit den Kräutern mit der Hautseite nach oben für ca. 10–15 Minuten bei 180 °C Umluft auf einem Backblech in den Ofen schieben. Zusammen mit dem entstandenen Sud noch warm für ca. 15 Minuten in die Tupperdose packen und den Deckel schließen. Anschließend die Paprika aus der Dose nehmen, mit einem kleinen Küchenmesser die Haut abziehen und in ca. 1 cm große Würfel schneiden. Die milde Peperoni entkernen, roh in sehr feine Würfel schneiden und dazugeben. Mit dem Schmorsud marinieren, mit Salz, Pfeffer, Zucker und Olivenöl abschmecken.

Kürbis-Zwiebel-Chutney

ZUTATEN:

1 rote Zwiebel
200 g Hokkaido-Kürbis
20 ml Olivenöl, extra vergine
1 TL Salz
2 EL brauner Rohzucker
1 Lorbeerblatt
½ Stange Zimt
1 Sternanis
40 ml Balsamico Bianco
100 ml Orangensaft

ZUBEREITUNG Die rote Zwiebel und den Kürbis in ca. 1 cm große Würfel schneiden. Zusammen in Olivenöl farblos anschwitzen. Salzen, den Zucker und die Gewürze dazugeben und langsam karamellisieren lassen. Mit dem Balsamico ablöschen und bei mittlerer Temperatur um die Hälfte einkochen lassen. Den Orangensaft dazugeben und so lange reduzieren, bis die gewünschte Chutney-Konsistenz entsteht.

Fleisch Codex   Rezepte   Saucen

| Fleisch Codex | Rezepte | Saucen |

Fleisch Codex   Rezepte   Steaks & Director's Cut

DIRECTOR'S CUT
– meine persönlichen Lieblingschnitte

Als Cuts bezeichnet man Schnitte, die vornehmlich aus einzelnen Muskelpartien des Schlachtkörpers geschnitten werden. In jedem Land gibt es ein klassisches Zerlegesystem bzw. Fleischzuschnitt und Teilstück-Einteilung. Die meisten verbinden mit dem Premium Cut noch immer das Filet und halten das Schulterscherzl einfach nur für einen Schmorbraten. Auf den folgenden Seiten sind meine Lieblingscuts aufgelistet, die man vielleicht nicht immer als Steak vermuten würde, aber dennoch für mich die absolute Steak-Offenbarung sind.

Fleisch Codex Rezepte Steaks & Director's Cut

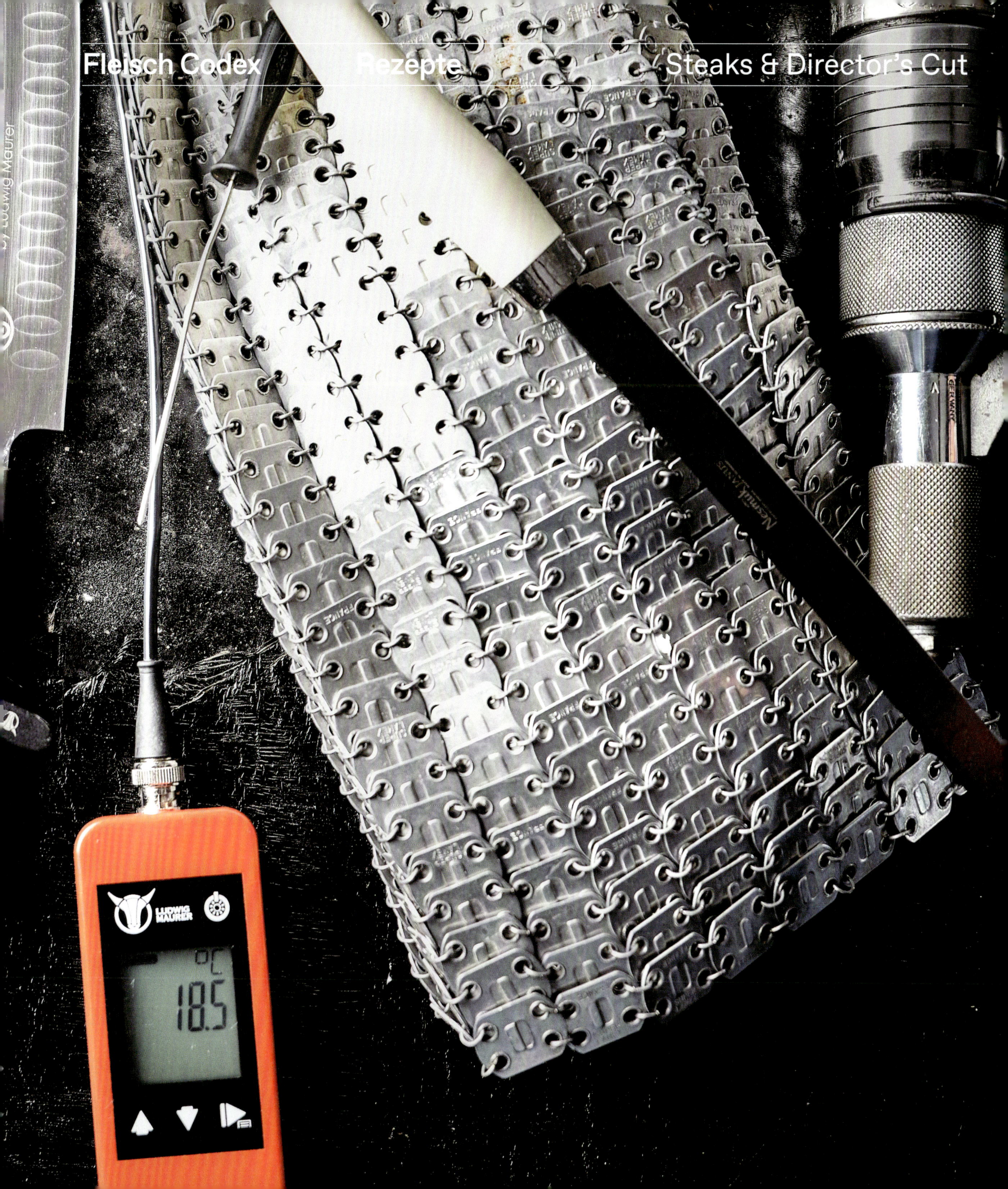

Flat Iron bzw. Blade Steak

Das Flat Iron liegt direkt unter dem Schulterblatt und ist ein Teil des Schaufelbugs, in Österreich auch Schulterscherzl genannt. Es erinnert von der Form her an ein altes Bügeleisen, deshalb nennt man es auch Flat Iron. Ein weiterer Name dafür lautet Blade Steak. Es ist besonders zart und unglaublich marmoriert. Für mich einer der absoluten Top Cuts.

Ribeyedeckel
Ribeye Cap Steak
Mein Lieblingssteak

Wenn man mich fragt, was für mich das absolut beste Stück Fleisch vom Rind ist, dann ist es der ausgelöste und gebundene Deckel der Hochrippe, das sogenannte Ribeye Cap.

| Fleisch Codex | Rezepte | Steaks & Director's Cut |

Tomahawk

Das Tomahawk-Steak hat logischerweise seinen Namen von dem indianischen Beil Tomahawk. Dabei handelt es sich um ein Entrecote, mit dem Knochen im Ganzen gereift. Ein anderes Wort für Tomahawk ist auch Bone In Ribeye. In Amerika lässt man den Knochen extralang, in Frankreich wird er gerne kurz gehalten und als Côte de Bœuf angeboten – bei uns auch als Ochsenkotelett bekannt.

Porterhouse
T-Bone   Clubsteak

Bei diesen drei Steakzuschnitten handelt es sich um direkte Nachbarn. In der Regel wird beim Reifen und vor allem beim Dry-Agen der komplette Lendenstrang mit dem Filet am Knochen veredelt. Man spricht hier auch von einem sogenannten Bone-in-Cut. Der T-förmige Knochen, der dem T-Bone-Steak seinen Namen gibt, bleibt am Fleisch und ermöglicht somit eine natürliche Reifeversiegelung. Nach der Reifung wird der Rückenstrang in ca. 4–5cm dicke Steaks geschnitten. Die Stücke mit dem großen Filetanteil werden als Porterhouse bezeichnet, die Stücke mit dem geringeren Filetanteil kennt man als T-Bone-Steaks, und diejenigen ohne Filetanteil aus dem vorderen Teil des Rückens sind die sogenannten Clubsteaks.

Flank

Das Flank, mittlerweile auch als Flank Steak bekannt, wird im deutschen Metzgerzuschnitt auch als Hose bezeichnet. Ebenso ist der französische Begriff Bavette de Flanchet weitverbreitet. Das Flank war vor 20 Jahren noch Teil des Gulaschfleisches und wurde geschnitten und geschmort; allmählich wurde es zu einem der ersten sogenannten Second Cuts, die es geschafft haben, den selteneren Schnitten mehr Bedeutung zu verleihen.

Roastbeef / Striploin als Steak

Roastbeef ist eigentlich der Ausdruck für ein fertiges Gericht bzw. die Art der Zubereitung einer ganzen Rinderlende. Manche bezeichnen die Steaks aus dem Roastbeef auch als Rumpsteak. Hier scheiden sich die Geister: Manche behaupten, das originale Rumpsteak wird aus der Hüfte, also dem Sirloin (Rump) geschnitten; in den meisten Fällen ist aber eine Tranche aus der Lende als Steak gemeint. Diese wird im Süden Deutschlands auch als Rostbraten bezeichnet.

Flap

Das Flap bzw. Flap Meat wird in Deutschland auch als dicke Bavette bezeichnet. Es sitzt im Bauchlappen und gehört zu den eher seltenen Stücken. Für mich einer der besten Cuts, da er sehr grobfaserig und in der Regel immer sehr gut marmoriert ist.

| Fleisch Codex | Rezepte | Steaks & Director's Cut |

Tri Tip Steak

Das Tri Tip wird im Deutschen als Bürgermeisterstück bezeichnet, im Österreichischen auch gerne als Hüfferschwanzl oder Pfaffenstück. Andere Worte dafür sind auch Pastorenstück oder Frauenschuh, da es von der Form her ein bisschen an einen spitz zulaufenden Damenpump erinnert. Grundsätzlich wird es in der klassischen Küche geschmort und als Braten serviert. Den Namen Bürgermeisterstück hat es aufgrund seiner geringen Größe im Gegensatz zum restlichen Schlachtkörper. So wurde dieses besondere Stück früher gerne den oberen Personen der Gemeinde serviert, z. B. dem Bürgermeister oder dem Pastor. Bei gut marmorierten Qualitäten ist es zum Schmoren viel zu schade und für mich ein absolutes Highlight zum Kurzbraten oder Grillen. Einfach salzen und zuckern und von beiden Seiten scharf anbraten, bis die Kerntemperatur von 54 °C erreicht ist, kurz ruhen lassen – fertig!

Teres Major Caveman Style

Das Teres Major ist ein sehr seltenes Stück aus der Schulter, das nach dem gleichnamigen anatomischen Muskel benannt ist. Es ist ein Teil des dicken Bugstücks, also vom hinteren Teil der Schulter. Es wird auch als Metzgerstück, Petite Tender oder flaches Filet bezeichnet. Es besteht Verwechslungsgefahr zum falschen Filet, das ebenfalls in der Schulter sitzt. Ich mache das Teres Major am liebsten im Caveman Style: ohne Rost direkt auf komplett durchgeglühten Kohlen.

Ribeye Center Trim gebunden

Beim Herstellen des Cap Steaks bleibt der Ribeye-Kern übrig. Dieser ist von Marmorierung und Konsistenz fast identisch mit dem vorderen Teil der Lende.
Ein klassischer Lady's Cut: wenig Fett und absolute Zartheit.

Onglet

Das Onglet oder Hanging Tender wird im Deutschen auch als Nierenzapfen und in Österreich als Herzzapfen bezeichnet. Es ist der Mittelpunkt des Geschlünges, an dem Herz, Leber und Lunge angewachsen sind. Obwohl es meistens zu den Innereien gezählt wird, ist es reines, sehr grobfaseriges Muskelfleisch mit sehr intensivem Geschmack. Der Nierenzapfen ist einer der ganz wenigen Fleischteile, die im Rind nur einmal vorkommen.

| Fleisch Codex | Rezepte | Steaks & Director's Cut |

Skirt Steak

Das Skirt Steak liegt auf dem inneren Rippenbogen und wird hierzulande auch als Saumfleisch oder Kronfleisch bezeichnet. In den englischen und amerikanischen Metzgereien wird es aufgerollt in der Ladentheke präsentiert, was ihm den Namen Skirt eingebracht hat, weil es aussieht wie ein Rock. Es ist sinnbildlich und namensgebend für die klassisch bayerische Innereienküche (Kronfleischküche), ist aber vor allem kurz gebraten als Steak eine wahre Offenbarung.

Nackensteak
Chuck Roll

Als Chuck Roll wird der Kern des Rindernackens bezeichnet. Er ist in der Regel sehr stark marmoriert und wird auch als Chuck Flap Edge Roast bezeichnet. Belässt man das Fett am Chuck Roll, wird es auch als Chuck Eye bezeichnet, wobei sich das Eye wie beim Ribeye auf den größten Muskel im Cut bezieht.

| Fleisch Codex | Rezepte | Steaks & Director's Cut |

Ibérico Presa

Das Presa ist ein Stück aus dem Schweinenacken, das vor allem im spanischen Zuschnitt separat ausgelöst wird. Speziell beim Ibérico-Schwein ist es unglaublich marmoriert und in Spanien beliebter als jedes Filet.

Ibérico Pluma

Pluma bedeutet wörtlich übersetzt Feder. Es ist ein dreieckiges, flaches Stück, das im vorderen Rücken liegt. Die Form erinnert an einen Flügel.

| Fleisch Codex | Rezepte | Steaks & Director's Cut |

Ibérico Papada

Papada ist ein spanischer Zuschnitt aus dem unteren Backenbereich. Er wird umgangssprachlich auch als Schweinekinn bezeichnet.

Ibérico Secreto

Das Secreto ist ein grobfaseriger, fächerförmiger Muskel, der sich zwischen Rücken und Rückenspeck versteckt. Schneidet man den Muskel quer durch, ist der Muskelbereich zwischen der Fettschicht kaum zu erkennen; setzt man den Schnitt aber längs an, ist der Muskel sofort zu sehen, daher auch die Bezeichnung „geheimes" Filet. Das Secreto ist extrem marmoriert und erinnert von der Optik an einen ausgelösten Rochenflügel.

Fleisch Codex von Ludwig Maurer

Fleisch Codex   **von** Ludwig Maurer

Fleisch Codex

David Pietralla

Die alte Kuh
– der Mythos um die fette galicische Dame

Fleisch Codex — Rubia Gallega — David Pietralla

STECKBRIEF
Hohe Anteile dicken gelben Fetts, weich und mit einem niedrigen Schmelzpunkt. Das Fleisch von einer dunklen, tiefroten Farbe. In den oberen Qualitätsstufen möglichst stark marmoriert. Charakteristisch ist ein sehr ausgeprägtes Fettauge in der Ribeye-Sektion.

AROMATIK
Ein sehr intensiver Fleischgeschmack, der sowohl die mineralischen Aromen von Heu und Wiese als auch die süßlichen Noten von gebräunter Butter vereint.

TASTING-PUNKTE

Zartheit	6.5/10
Saftigkeit	7.0/10
Geschmack	9.5/10

Bei Steaks von der Rubia Gallega ist zu beachten, dass Varianz bei Zartheit und Saftigkeit von Tier zu Tier sehr hoch ist. Die angegebenen Zahlen bilden den Mittelwert aus mehreren Verkostungen.

ZUBEREITUNG RUB   Die Kerntemperatur sollte hier proportional zur Marmorierung verlaufen. Also magere Stücke sehr *rare* und extrem fettige Steaks bis an die Grenze zu *medium*.

CROSS-TASTING-IDEE   Im interdisziplinären Vergleich kommt dieses Steak in die Liga torfiger Whiskys oder kräftiger, gehaltvoller Rotweine und Zigarren. Nicht jedermanns Liebling, aber unter Kennern sehr geschätzt.

WISSENSWERTES   Die Zartheit bei alten Kühen ist generell ein problematisches Thema, da diese von Tier zu Tier sehr stark variiert und bei der Zubereitung kaum Spielraum für Fehler lässt. Es liegt in der Natur der Sache, dass Bindegewebe sich im Alter immer weiter verfestigt, daher sind die Second Cuts bei der alten Kuh weitestgehend uninteressant. Der Fokus liegt klar auf den Steaks aus dem Rücken. (Das Filet lassen wir mal außen vor, da es eigentlich immer bedingungslos zart ist.) Aus den genannten Gründen lässt sich nur durch starke Selektion erreichen, dass das Qualitätsempfinden beim Verzehr dem Mythos gerecht wird. Genau darauf hat sich die Firma Txogitxu spezialisiert und es geschafft, den Firmennamen als Begriff für genau diesen Mythos zu etablieren. Dabei sollte man im Hinterkopf behalten, dass es sich hier um einen Markennamen handelt, der gerne als Synonym für Fleisch von alten spanischen Kühen verwendet wird. (So wie Tempo fälschlicherweise gerne allgemein ein Taschentuch bezeichnet.) Auch hier gilt: Nicht jede alte spanische Kuh ist ein Txogitxu, und nicht jedes Txogitxu ist wirklich eine alte Kuh aus Spanien. Warum das so ist, behandeln wir im nächsten Absatz.

Die zweite Schwierigkeit liegt in der Verfügbarkeit. Wir sprechen hier über Kühe einer Fleischrasse (wie z.B. die Rubia Gallega) aus Mutterkuhhaltung, die ihr Leben auf den galicischen Wiesen verbringen durfte. Im Idealfall verbringen sie ihren Ruhestand nochmals damit, sich genüsslich durch die grünen Weiden zu futtern. Das sind schon einige Anforderungen, doch erschwerend kommt jetzt noch hinzu, dass einfach nicht alle Kühe im Alter von acht bis zwölf Jahren zu einer starken Fetteinlagerung neigen. Glücklicherweise haben andere Länder auch schöne alte Kühe, und um die Verfügbarkeit und Absätze auszuweiten, haben schlaue Köpfe eine Möglichkeit gefunden, Kühe jeglicher Nationalitäten einfach zu spanischem Fleisch zu machen. Und ob man es glaubt oder nicht – dafür ist weder schwarze Magie noch ein Einbürgerungstest erforderlich. Letzten Endes müssen die fetten alten Kühe nur in Spanien geschlachtet werden, um das begehrte Label zu bekommen. Über die Sinnhaftigkeit darf sich gerne jeder seine eigenen Gedanken machen, wir möchten an dieser Stelle nur die Möglichkeit erläutern. Die Firma Txogitxu bietet daher auch verschiedene Selektionen und Qualitäten, wobei nur die höchste Stufe wirklich eine original galicische Kuh ist.

Wenn jetzt also diese ganzen Hürden gemeistert wurden, kommen wir endlich zum einzigartigen Geschmacksprofil. Das tiefe, kräftige und meist auch eher intensive Fleischaroma wird bei einer ausreichenden Marmorierung sehr ausgebreitet in den Mundraum transportiert. Je feiner die intensive Fetteinlagerung im Fleisch verteilt ist, umso besser wird die über die Jahre fester gewordene Faser aufgebrochen und lässt die Textur feiner und zarter wirken. Das tiefgelbe Fett lässt das Fleisch nicht nur saftig wirken, sondern bringt auch noch einen deutlichen Eigengeschmack mit. Das helle Fett aus der herkömmlichen Mast ist vergleichsweise eher flach und schmeckt nicht so sehr hervor. Kombiniert man diese Geschmäcker noch mit einer Trockenreifung, können sehr extreme und komplexe Geschmacksbilder entstehen. Die sehr dunkelrote Fleischfarbe lässt das Fleisch auch bei höheren Garpunkten weiterhin rot und optisch weniger gegart aussehen.

Abschließend lässt sich sagen, dass man mitunter bereit sein muss, etwas mehr zu kauen, da die Tiere besonders im Bereich der Sehnen deutlich fester sind – doch dafür wird man bei den guten fetten und alten Kühen mit einer unvergleichlichen Geschmacksexplosion belohnt.

Fleisch Codex — Side Dishes

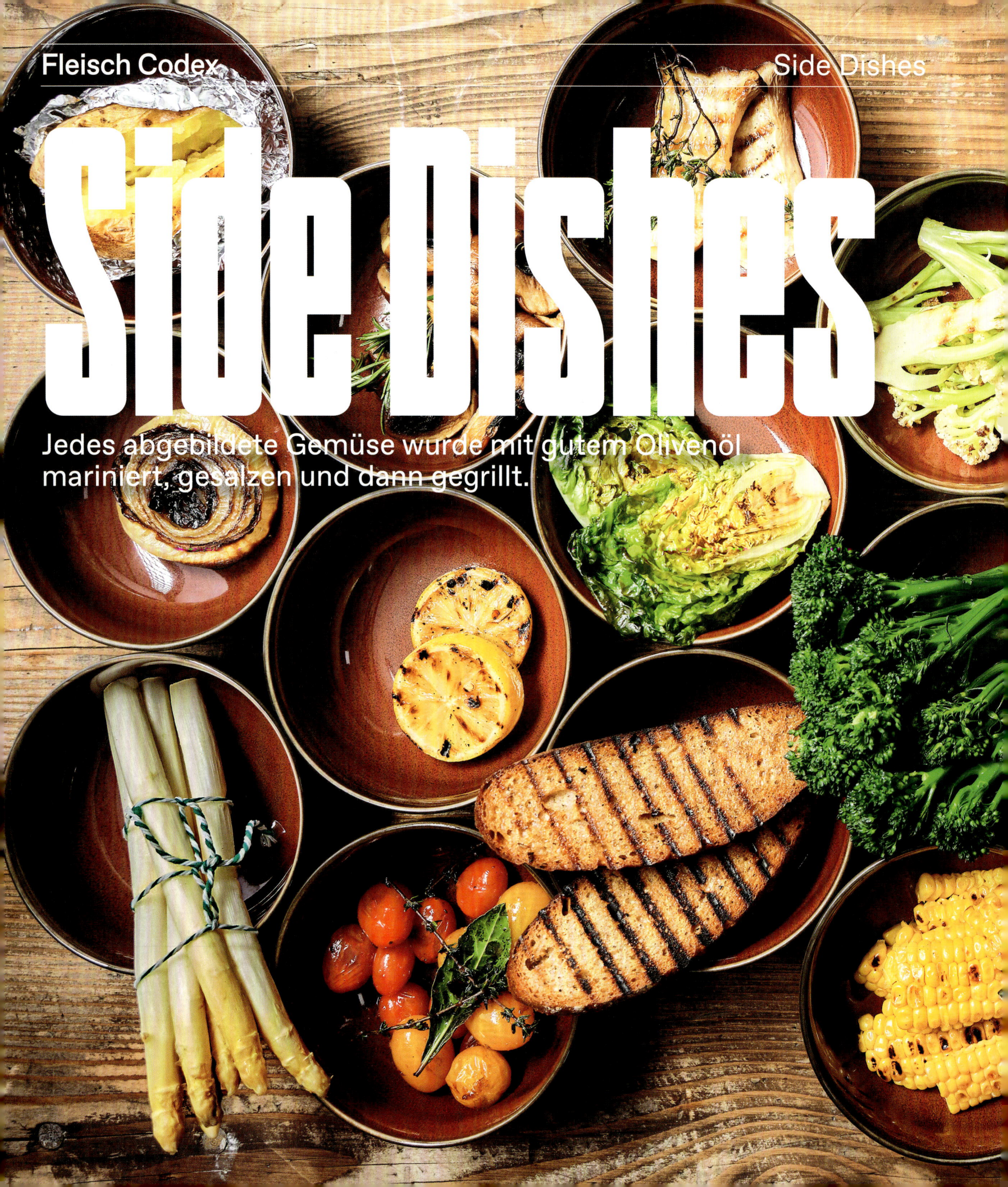

Side Dishes

Jedes abgebildete Gemüse wurde mit gutem Olivenöl mariniert, gesalzen und dann gegrillt.

Fleisch Codex

Side Dishes

Fleisch Codex | Rezepte | Low and Slow

Low and Slow

Die meisten verbinden mit der Zubereitung von Fleisch unweigerlich eines: Grillen! Wird das Kochen im normalen Haushalt meist noch als die Aufgabe der Frau bzw. der Mutti angesehen, ist beim Grillen eigentlich immer klar: Das übernimmt der Mann – so weit zumindest das gängige Klischee. Ich glaube, das kommt irgendwie aus einer uralten Intention: vom Steinzeitmenschen, der das erlegte Tier nach Hause bringt, es zerlegt und über offenem Feuer zubereitet.

Für mich war Grillen lange Zeit keine komplexe Form der Essenszubereitung, sondern einfach nur Kohle, Feuer, Rost, krosse Würstel und marinierte Nackensteaks, die zum Finale noch mit einem Spritzer Bier in die heiße Glut „verfeinert" wurden.

Die letzten 15 Jahre habe ich meinen Horizont erweitert und auch aufgrund meiner kulinarischen Reisen viel Neues gelernt. Ich habe mich intensiv mit Barbecue beschäftigt, und da lag es nur nahe, die verschiedenen Cuts auch auf diese archaische Codex ursprüngliche Art zuzubereiten. Heute sehe ich, wie viele sich mittlerweile zu Barbecue-Gruppen und -Mannschaften zusammengeschlossen haben und ihr Können auf Contests und Meisterschaften beweisen. Das Web ist voll mit Barbecue-Tutorials und Grill-Influencern. Ein Video über Bacon Sushi wird mittlerweile über 7,5 Millionen Mal geklickt, und das Verständnis für Fleisch und dessen Zubereitung hat wieder einen viel höheren Stellenwert bekommen. Das freut mich sehr! Menschen, die sich vorher nie in eine Küche begeben hätten, bereiten jetzt mit voller Hingabe und Inbrunst ein 5-Gänge-Menü auf ihrem Grill zu. Sie sind keine Köche, sie sind Griller und Pitmaster.

Es gibt ewige Grundsatzdiskussionen auf dieser Welt: Wer ist besser: die Rolling Stones oder die Beatles? Guns N' Roses oder Metallica? Opel oder VW? Grillen mit Holzkohle oder mit Gas? – Für mich steht eines fest: Grillen und Barbecue mit Holzkohle, das Anfeuern und Bewachen der Glut, Herr über das Feuer sein … und ganz zum Schluss: nebenbei tolle Gespräche führen über Motorräder, schöne Frauen, Rock 'n' Roll Bands.

Und ganz wichtig: dabei Bier trinken!

| Fleisch Codex | Rezepte | Low and Slow |

Ich liebe das Feuer, ich liebe Grillen und Barbecue!

Fleisch Codex Low and Slow von Florian Knecht

| Fleisch Codex | Low and Slow | von Florian Knecht |

GRILLEN MIT INFRAROTWÄRME

Klingt nach Science-Fiction, ist aber über 8.000 Jahre alt! Die Rede ist von Kamado-Grills. Kamados wurden ursprünglich in Japan zum Reiskochen verwendet. US-Soldaten haben diese nach dem Zweiten Weltkrieg zu Grills umfunktioniert und nach Amerika importiert, da das Gegrillte einfach besser schmeckte als in herkömmlichen Grills. Das liegt an der Keramik, welche Feuchtigkeit aufnimmt und an das Grillgut wieder abgibt. Aber auch die Fähigkeit, Wärme zu speichern, macht den Grill nicht nur unglaublich effizient, sondern auch präzise, denn er ist auf das Grad genau steuerbar, was gerade bei großen Fleischstücken beim BBQ, die ja über einen längeren Zeitraum garen, wichtig ist. Zudem gibt die Keramik die Hitze von allen Seiten gleichmäßig an das Fleisch ab, was auch als Strahlungs- bzw. Infrarotwärme bezeichnet werden kann. Durch das gleichmäßigere Garen wird auch das Endprodukt geschmacksintensiver. Damit vereinen Kamados perfekt die Eigenschaft, direkt und indirekt zu grillen, und sind gleichzeitig ideal für jedes BBQ – das ist einzigartig.

In den USA hat Big Green Egg dann als erste Firma diese Kamado-Grills perfektioniert und modernisiert – unter anderem mit einer Beschichtung, entwickelt von der NASA, die im Space Shuttle zum Einsatz kam. Durch diese Beschichtung und dank der Keramik sind Temperaturen jenseits der 400 °C kein Problem für das Big Green Egg – bei herkömmlichen Grills ist schon viel früher Schluss.

Das Big Green Egg vereint Tradition mit Moderne und ist dabei selbst schon ein echter Klassiker! Grillen, Pizza- und Brotbacken wie im Steinofen, Räuchern, authentisches BBQ, Niedergaren oder Schmoren – das alles ist kein Problem für das Big Green Egg. Oder wie es Lucki auch nennt: „Die eierlegende Wollmilchsau", denn mit dem EGG gelingt einfach alles.

Durch seine Vielseitigkeit, aber auch durch die hohe Qualität und Zuverlässigkeit ist das Big Green Egg aus der Spitzengastronomie nicht mehr wegzudenken. Seit Jahrzehnten arbeiten die besten Köchen der Welt, wozu zweifelsohne auch Lucki gehört, mit dem EGG und schwören auf den vielfältigsten Grill der Welt.

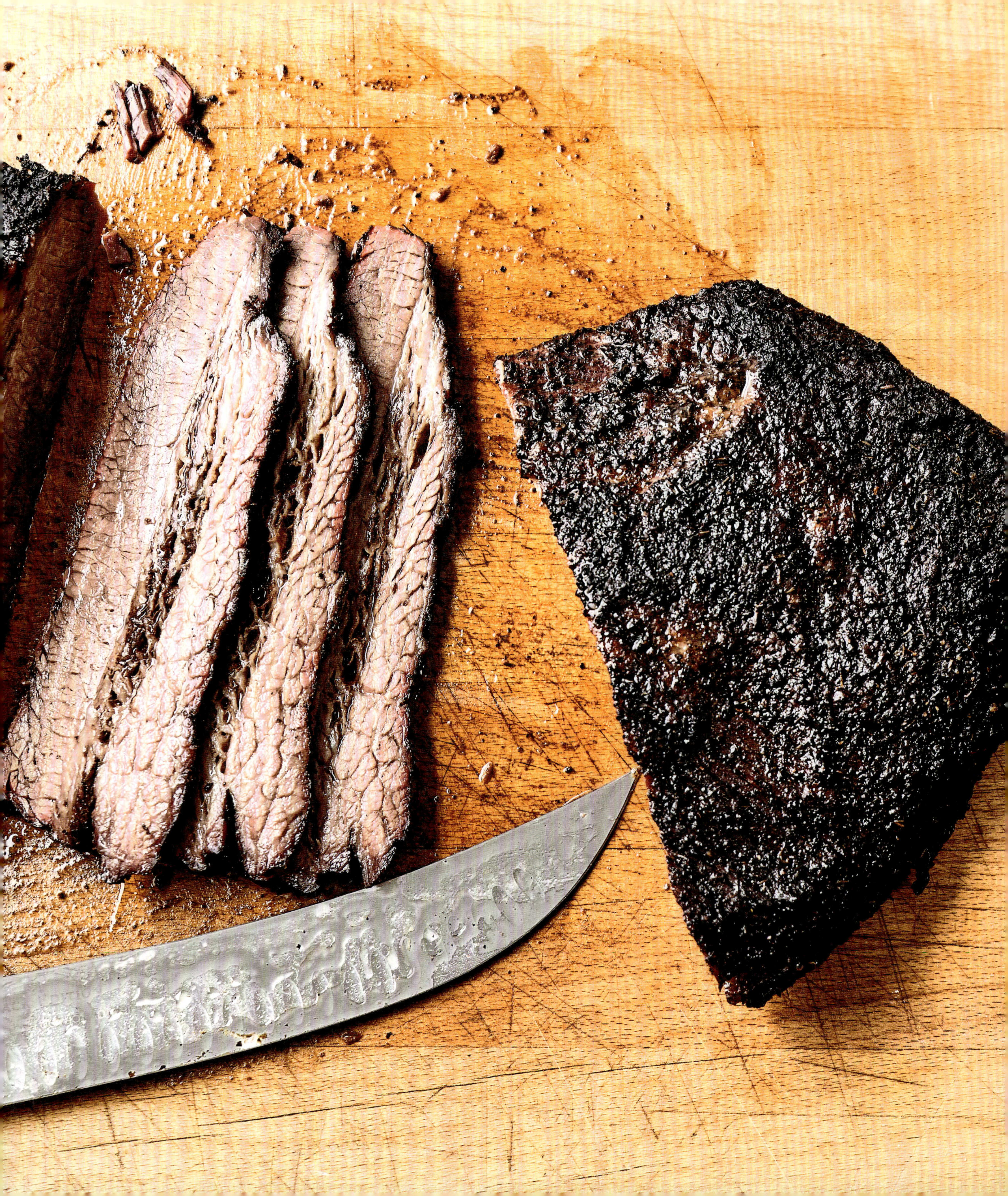

als Beilage: Bier

Brisket mit STOI Dust

ZUTATEN:

1 Wagyu-Rinderbrust
Stoi Magic Dust **(siehe → Seite 244)**

ZUBEREITUNG Das Brisket mit der Gewürzmischung einreiben und ca. 1 Stunde einziehen lassen.

Im vorgeheizten Holzkohlegrill bei ca. 120 °C für 8–12 Stunden indirekt mit einem convEGGtorstein garen. Das Brisket ist fertig, wenn es eine Kerntemperatur von 90 °C erreicht hat.

Die Rinderbrust wird in der bayerischen Küche gekocht oder als Kalbsbrust gefüllt gebraten, selten aber verbindet man sie mit einem Grillgericht. Oftmals wird das kulinarische Verständnis der Amerikaner nicht ganz zu Unrecht belächelt, aber beim Brisket haben sie ganz klar die Nase vorn. Zur heiligen Dreifaltigkeit des Barbecue gehört unter anderem das Beef Brisket. Ich mache es so pur wie möglich, einfach nur mariniert mit unserem STOI Dust im Big Green Egg. Gefühlt gibt es in Deutschland Hunderttausende Pitmaster, die das perfekte Beef Brisket zubereiten … doch ich habe für diese ganzen Competition-Tutorials nicht viel übrig. Schmecken muss es! By the way: Ich schneide vom Brisket fast kein Fett weg.

Brioche, Trüffelmayo, Zwiebelmarmelade und Romanasalat

Pulled Beef Burger

ZUTATEN BRIOCHE:

200 ml Wasser
4 EL Milch
35 g Zucker
500 g Mehl
½ Hefewürfel
80 g Butter
1 Ei
8 g Salz

ZUSÄTZLICH:

1 Ei
2 EL Milch
1 EL weißer Sesam

ZUTATEN TRÜFFELMAYO:

1 Eigelb
90 ml Rapsöl
10 ml Trüffelöl
1 EL Trüffelpaste
1 TL frisch geriebener Trüffel
Zucker
Salz und schwarzer Pfeffer

ZUTATEN ZWIEBELMARMELADE:

4 rote Zwiebeln
50 g Butter
20 ml Rotweinessig
100 ml Rotwein
100 g brauner Zucker
Salz und schwarzer Pfeffer

ZUTATEN ROMANASALAT:

8 Blätter Romanasalat
2 EL Nussbutter
Salz
Zucker

ZUBEREITUNG BRIOCHE Das warme Wasser, Milch und den Zucker mit der Hefe verrühren und 5 Minuten stehen lassen. Anschließend mit den restlichen Zutaten zu einem geschmeidigen Teig verkneten. An einem warmen Ort abgedeckt für 1 Stunde gehen lassen.

Nach dieser Stunde formt man den Teig zu Buns und lässt diese nochmals abgedeckt 1 Stunde gehen. Danach die Milch mit dem Ei verquirlen und die Buns damit bestreichen, anschließend mit Sesam bestreuen.

Im vorgeheizten Backofen bei 200 °C Ober- und Unterhitze ca. 15 Minuten backen.

ZUBEREITUNG TRÜFFELMAYO Aus dem Eigelb und dem Rapsöl Mayonnaise herstellen. Mit Salz, schwarzem Pfeffer und Zucker abschmecken und das Trüffelöl, die Trüffelpaste sowie den geriebenen Trüffel untermischen.

ZUBEREITUNG ZWIEBELMARMELADE Die Zwiebeln schälen und in Spalten schneiden, salzen und zuckern und etwas stehen lassen. Dann in Butter anschwitzen, den restlichen Zucker dazugeben und karamellisieren lassen.

Mit Rotweinessig und Rotwein ablöschen und so lange reduzieren lassen, bis keine Flüssigkeit mehr vorhanden ist. Auskühlen lassen, nochmals abschmecken und kalt verwenden.

ZUBEREITUNG ROMANASALAT Den Romanasalat waschen und anschließend die Blätter salzen und zuckern und in der Nussbutter anbraten.

VOR DEM SERVIEREN Die Buns halbieren und in derselben Pfanne auf der Schnittseite anbraten und im Anschluss gleich die Burger zusammenbauen.

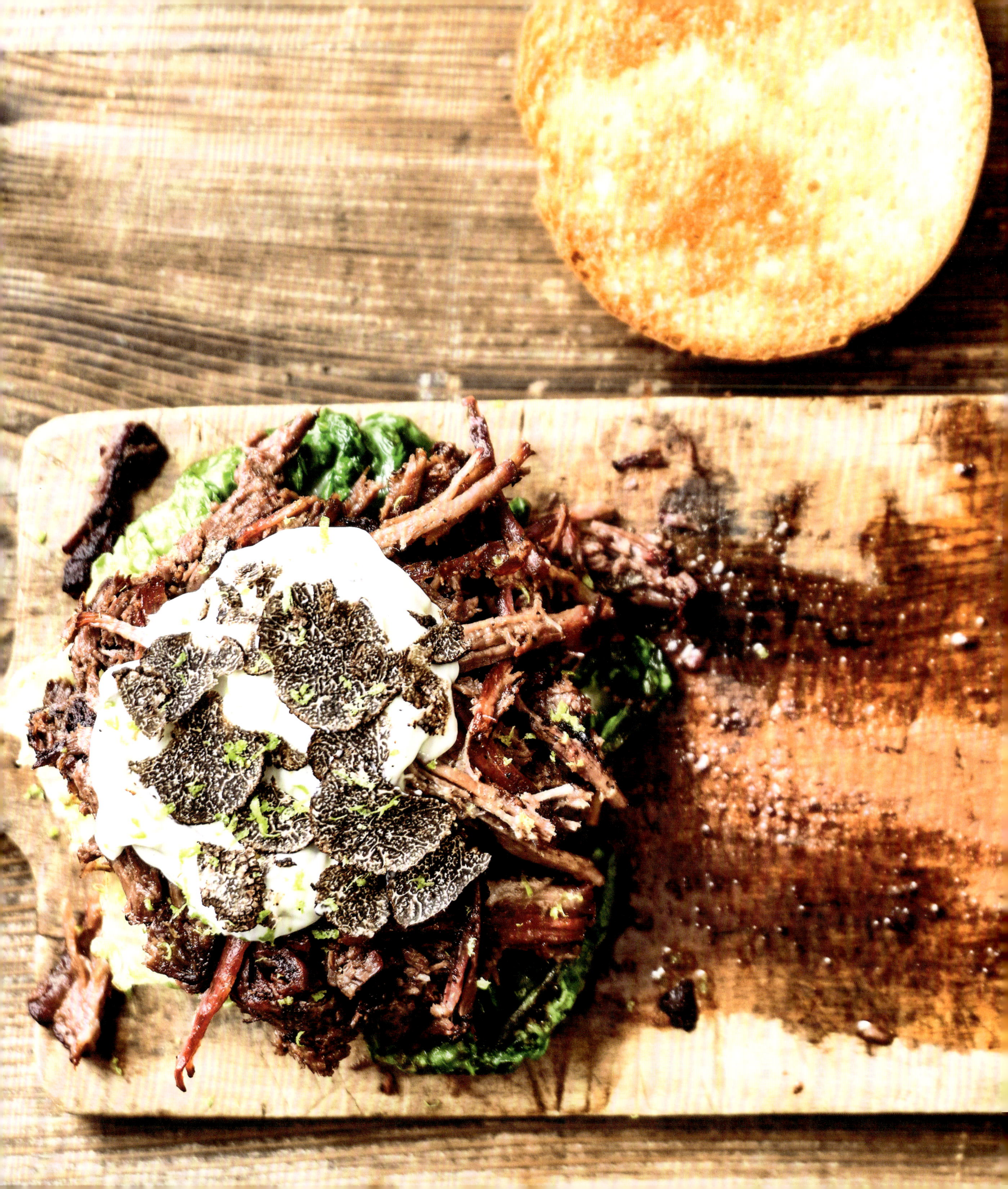

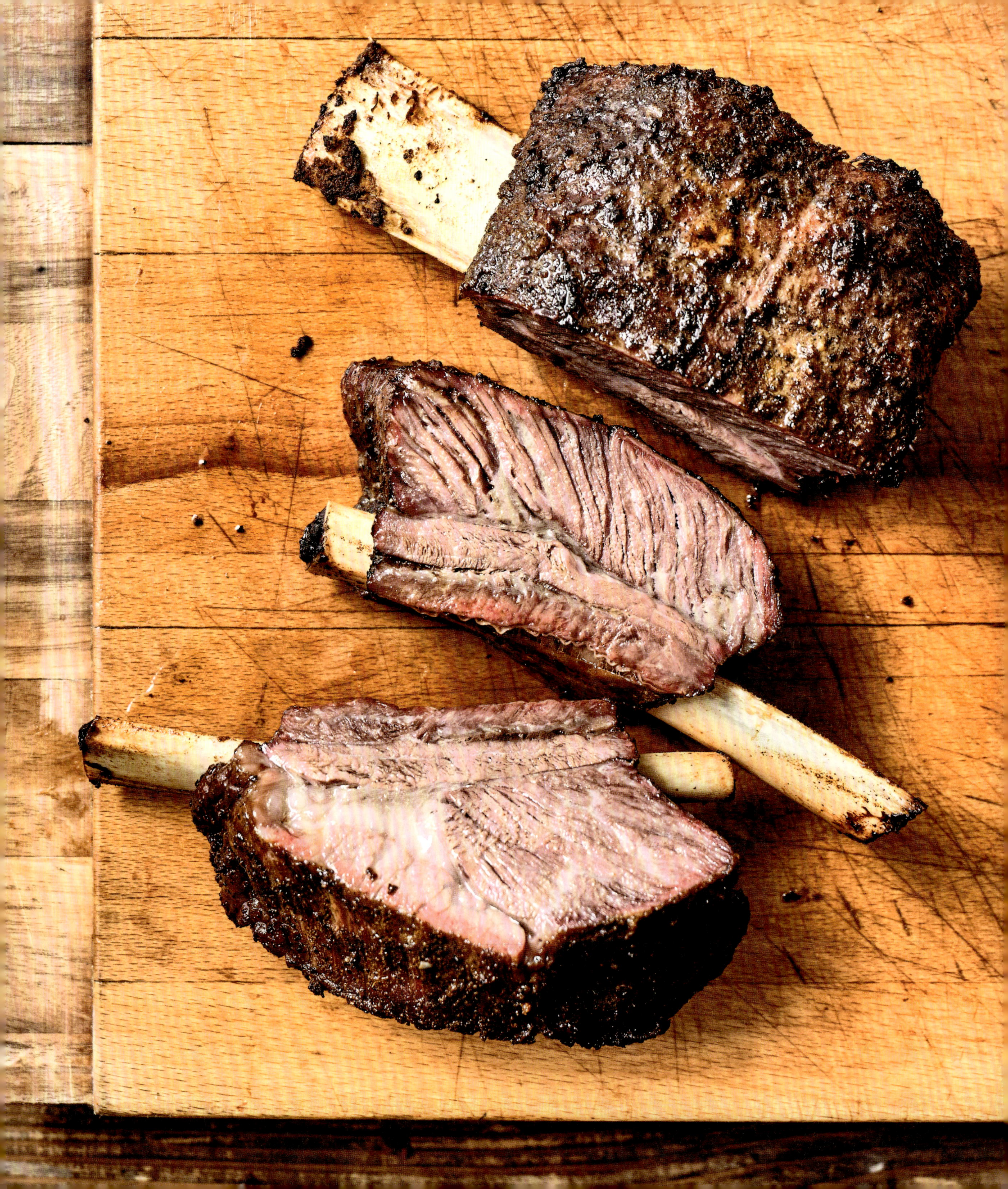

just meat

Texas Beef Ribs

ZUTAT BEEF RIBS:

2 kg Navel Short Ribs (Wagyu)

ZUTATEN „BRITU" RUB =
BEST RIBS IN THE UNIVERSE:

1 TL Selleriesalz
1 TL Knoblauchpulver
1 TL gemahlener schwarzer Pfeffer
2 TL gemahlenes Cumin (Kreuzkümmel)
1 TL Zwiebelpulver
¼ Tasse Salz
¼ Tasse Zucker
1 TL Cayennepfeffer
4 TL Chilipulver
⅛ Tasse grober brauner Zucker

ZUBEREITUNG RUB Alle BRITU-Rub-Zutaten vermischen.

ZUBEREITUNG Die Rippen großzügig marinieren, dann ca. 30 Minuten ziehen bzw. ruhen lassen.

Anschließend 4–5 Stunden bei 110 °C im Grill indirekt bei geschlossenem Deckel garen lassen. Die Ribs sind fertig, wenn eine Kerntemperatur von 90 °C erreicht ist.

aus dem Dutch Oven

Pulled Chicken/Pork/Beef

ZUTATEN:

1 Maishähnchen
150 g STOI Rub
Sesamöl
2 Zwiebeln
2 Zitronengras
Koriander
5 g Curry
Ingwer
Knoblauch
Salz

Für die Zubereitung von Pulled Beef und Pork auf Seite 254 nachblättern.

ZUBEREITUNG Das Hähnchen mit dem Rub marinieren und ca. 2 Stunden ruhen lassen. Den Dutch Oven mit den geschnittenen Zwiebeln, Zitronengras, Ingwer, Knoblauch auslegen. Mit Salz, Curry und Sesamöl marinieren. Das Hähnchen auf das Gemüsebeet setzen. Das Big Green Egg auf 150 °C indirekte Hitze vorheizen. Ca. 1½ Stunden schmoren. Danach das Hähnchen zupfen und mit dem Fond aus dem Dutch Oven marinieren. Natürlich kann man das Pulled Chicken auch ganz klassisch im Bräter machen *(siehe Rezept Asia Pulled Chicken → Seite 251).*

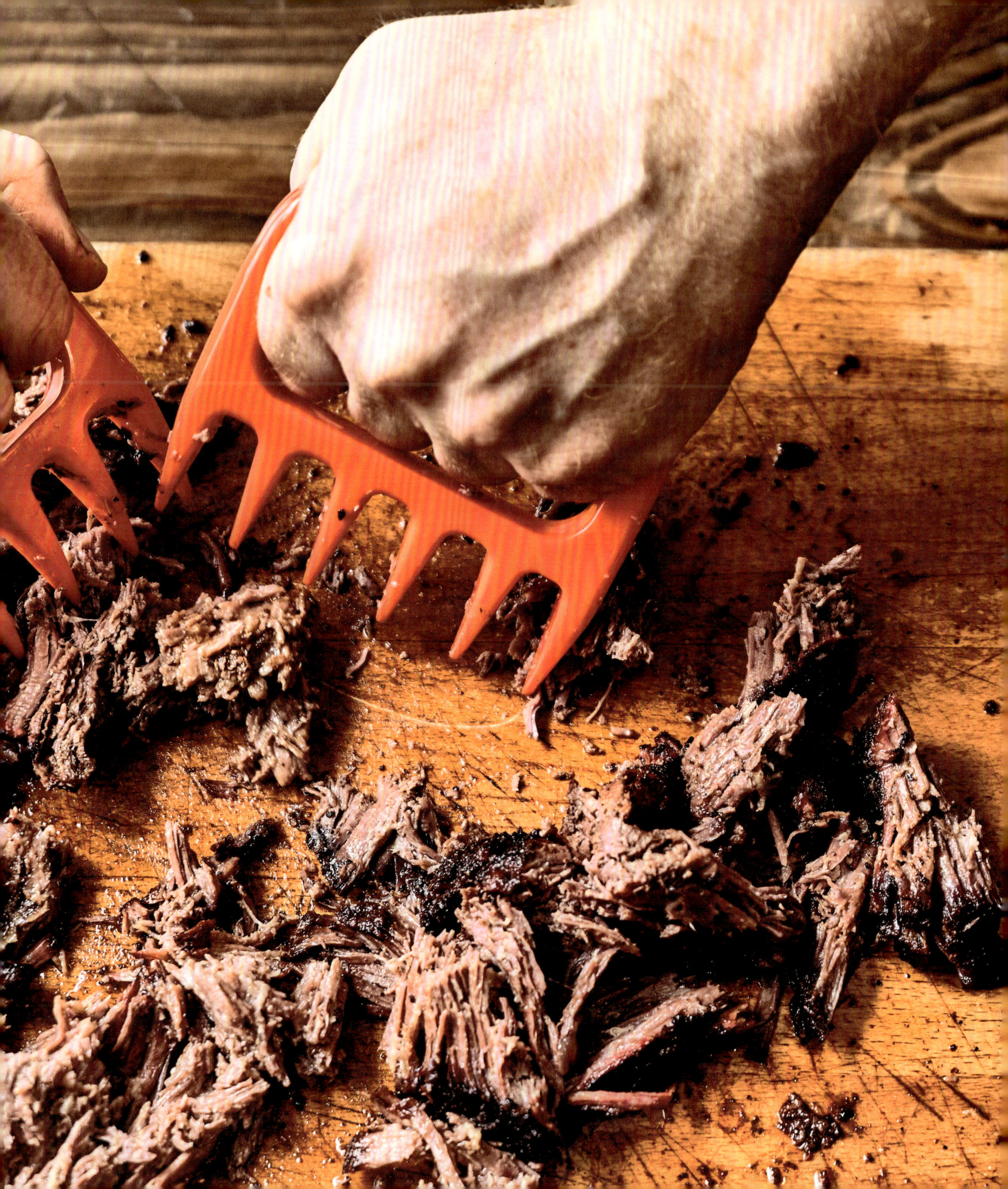

| Fleisch Codex | Rezepte | Low and Slow |

| Fleisch Codex | Rezepte | Low and Slow |

Polenta mit gegrilltem Mais

Top Blade Roast

ZUTATEN SHOULDER:

1 Schaufelbug (ca. 1,2 kg)
1 TL Salz
1 TL Zucker

ZUTATEN MAIS:

12 Babymaiskolben
20 g Butter
Getrocknete Maiskörner
Zucker
Salz

ZUTATEN POLENTA:

400 ml Milch
1 Knoblauchzehe
1 Thymianzweig
1 Rosmarinzweig
40 g Butter
200 g Polentagrieß
Salz

ZUBEREITUNG SHOULDER Den Schaufelbug salzen, zuckern und vakuumieren. Danach für 8 Stunden bei 56 °C sous-vide garen. Aus dem Beutel nehmen und von beiden Seiten scharf angrillen.

ZUBEREITUNG MAIS Den Babymais der Länge nach halbieren, mit Salz und Zucker aktivieren und in der Pfanne mit Butter goldgelb anbraten.

ZUBEREITUNG POLENTA Die Milch mit Knoblauch, Thymian und Rosmarin aufkochen lassen, durch ein Sieb passieren und die Butter hinzugeben. Den Polentagrieß einrühren, mit Salz abschmecken und etwa 8 Minuten zu einer cremigen Masse kochen.

ANRICHTEN Die Polenta auf einen Teller geben, das gegrillte Schaufelstück tranchieren, darauf anrichten und mit gegrilltem Babymais und den getrockneten Maiskörnern garnieren.

Fragt man mich nach der größten kulinarischen Zwickmühle, die ich kenne, dann ist das das Top Blade Roast, zu Deutsch: Schaufelbug oder auch Schulterscherzl. Pariert man diesen Muskel aus der Schulter, kommt dabei eines der besten Steaks überhaupt heraus: das Flat Iron. Bereitet man den ganzen Schaufelbug aber als Braten zu, hat man diese tolle gallertartige Sehne. Beide Wege führen zu einem grandiosen Geschmackserlebnis. Eine der schwersten Entscheidungen im Leben!

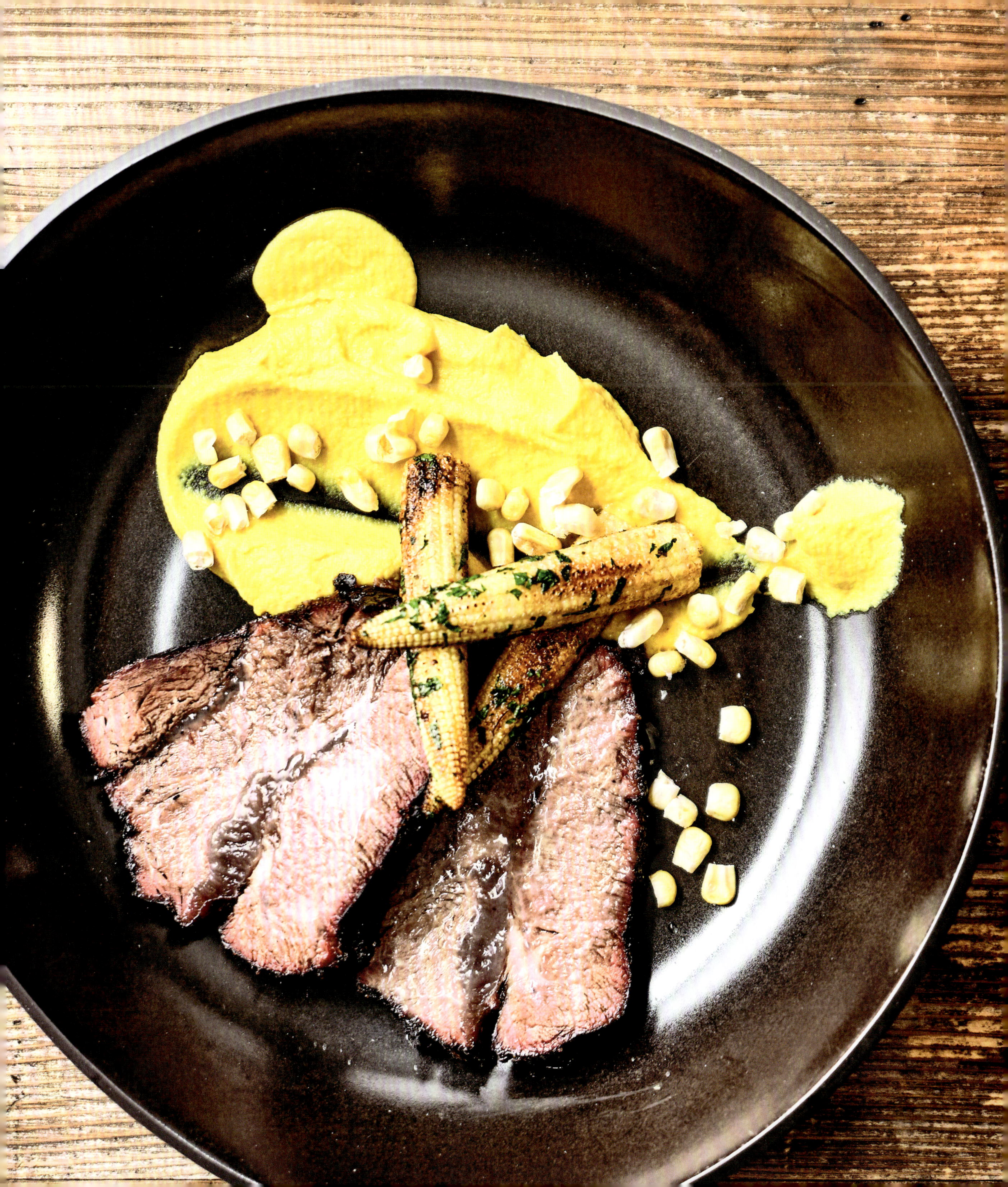

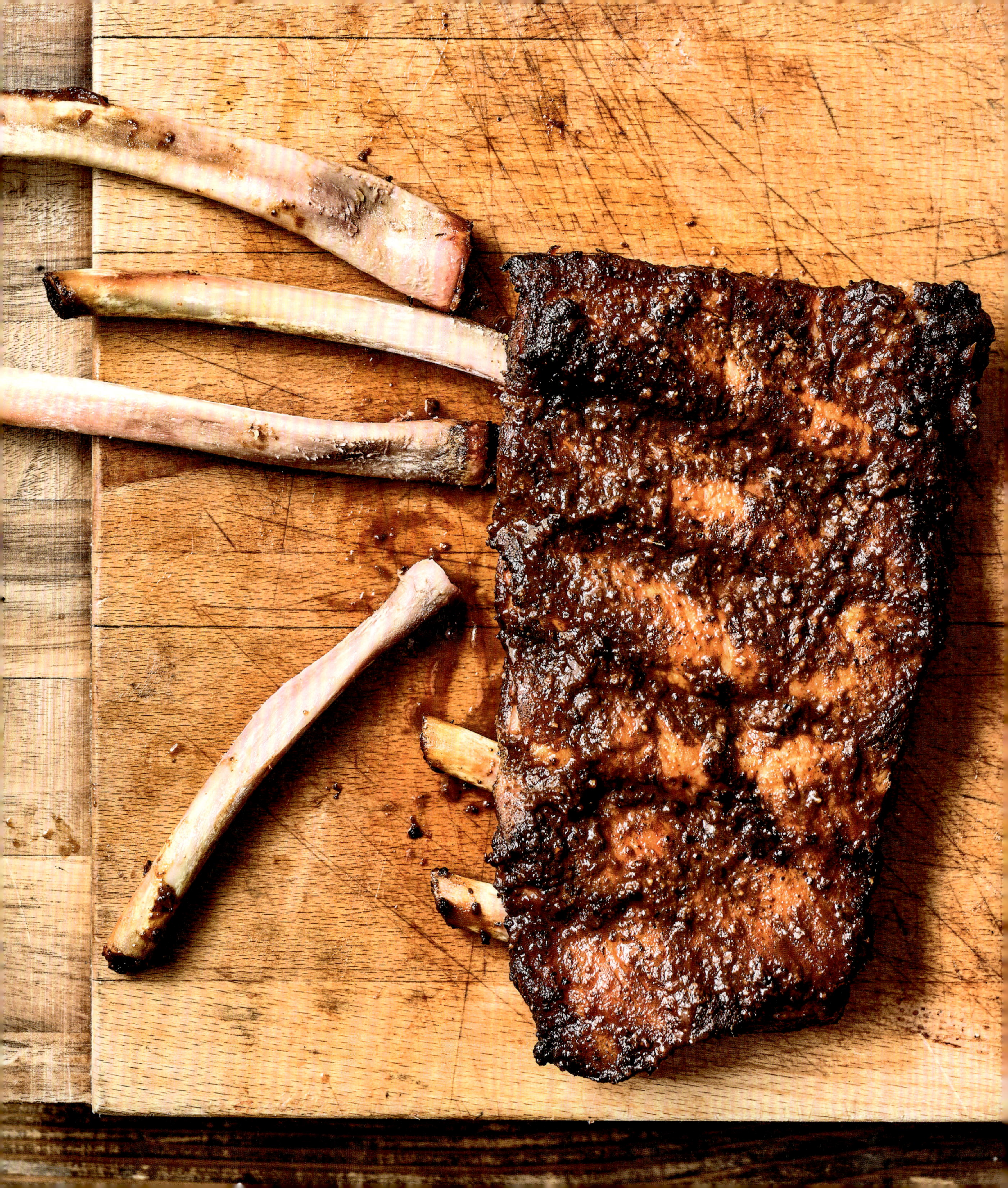

Das 3-2-1-Prinzip

St Louis Ribs

ZUTAT BBQ ST. LOUIS RIBS:

1 St. Schweinerippchen (Louis Cut vom Schwein, ca. 1 kg)

ZUTATEN CAROLINA PORK RUB:

2 EL brauner Zucker
2 EL Chilipulver
2 EL schwarzer Pfeffer
2 EL gemahlener Kreuzkümmel
1 EL Cayennepfeffer
¼ Tasse edelsüßer Paprika
2 EL Salz
2 EL Zucker

ZUTATEN BBQ-MOP:

1 EL Honig
4 EL Ketchup
2 EL Tomatenmark
2 EL Apfelessig
1 EL Zwiebelpulver
1 EL Cayennepfeffer
1 EL Senfpulver
1 Zehe junger Knoblauch
frischer Meerrettich
Salz

ZUBEREITUNG *3–2–1*

Die Rippchen mit dem Rub würzen, dann *3 Stunden* grillen. Anschließend *2 Stunden* in Alufolie – oder besser noch: in Butcher Paper – eingewickelt im Grill weitergaren. Auspacken, dann *1 Stunde* weitergrillen, dabei regelmäßig mit Mop glasieren (ca. alle 15–20 Minuten).

Die dicksten und fleischigsten Stücke vom Schwein. Silberhaut (Knochenhaut) immer vorher abziehen. Dann von beiden Seiten großzügig „einrubben". Bevor alles in den Ofen geht, 30 Minuten ziehen lassen.

mit STOI Mop 321 und Coleslaw

Schweinebauch

ZUTATEN SCHWEINEBAUCH:

2 kg Schweinebauch
Zucker
Salz

BBQ Mop (Grundrezept siehe → Seite 244)

ZUTATEN BBQ MOP:

2 EL Tomatenpüree oder Tomatenmark
2 EL Honig
2 EL Apfelessig
1 EL Melasse (alternativ Zuckerrübensaft/Goldsaft)
2 EL Senf
1 EL Kurkuma
1 EL Zwiebelpulver
1 TL Knoblauchpulver
1 EL edelsüßes Paprikapulver
1 EL Cayennepfeffer
4 EL Cola
1 EL Worcestershire-Sauce, Lea & Perrins
Tabasco (nach Belieben)
Salz

ZUTATEN BAVARIAN COLESLAW:

½ halber Kopf Weiß- oder Blaukraut
1 Karotte
1 kleine Zwiebel
2 EL Weißweinessig
80 g süße Sahne / Schlagsahne
1 EL Zitronensaft
200 g Mayonnaise
4 EL Zucker
Salz und schwarzer Pfeffer

GARNITUR:

2 EL gehackter frischer Koriander

ZUBEREITUNG SCHWEINEBAUCH   Schwarte und Rippenknochen entfernen. Aktivieren (salzen und zuckern) und ein bisschen ziehen lassen. Anschließend mit der Hälfte des BBQ Mop marinieren.

Nun den Schweinebauch vakuumieren und bei 60 °C für 16 Stunden sous-vide garen. Saft aus dem Vakuumbeutel auf die Hälfte einkochen und zum restlichen BBQ-Mop geben. Anschließend nochmals um die Hälfte zu einem Lack reduzieren.

Schweinebauch bei voller Hitze auf den offenen Grillrost legen, zwischendurch immer wieder glasieren. Anschließend einmal drehen und von der anderen Seite angrillen.

Mit gehacktem Koriander anrichten. Den Schweinebauch abschließend nochmals mit etwas Lack bestreichen.

ZUBEREITUNG BAVARIAN COLESLAW   Den Kohl auf einem Küchenhobel fein hobeln. Die Karotte grob raspeln und die Zwiebel in feine Streifen schneiden. Mit Salz und Zucker vermischen und alles ordentlich durchkneten. Weißweinessig, süße Sahne und Zitronensaft dazugeben. Mit der Mayonnaise und schwarzem Pfeffer abschmecken.

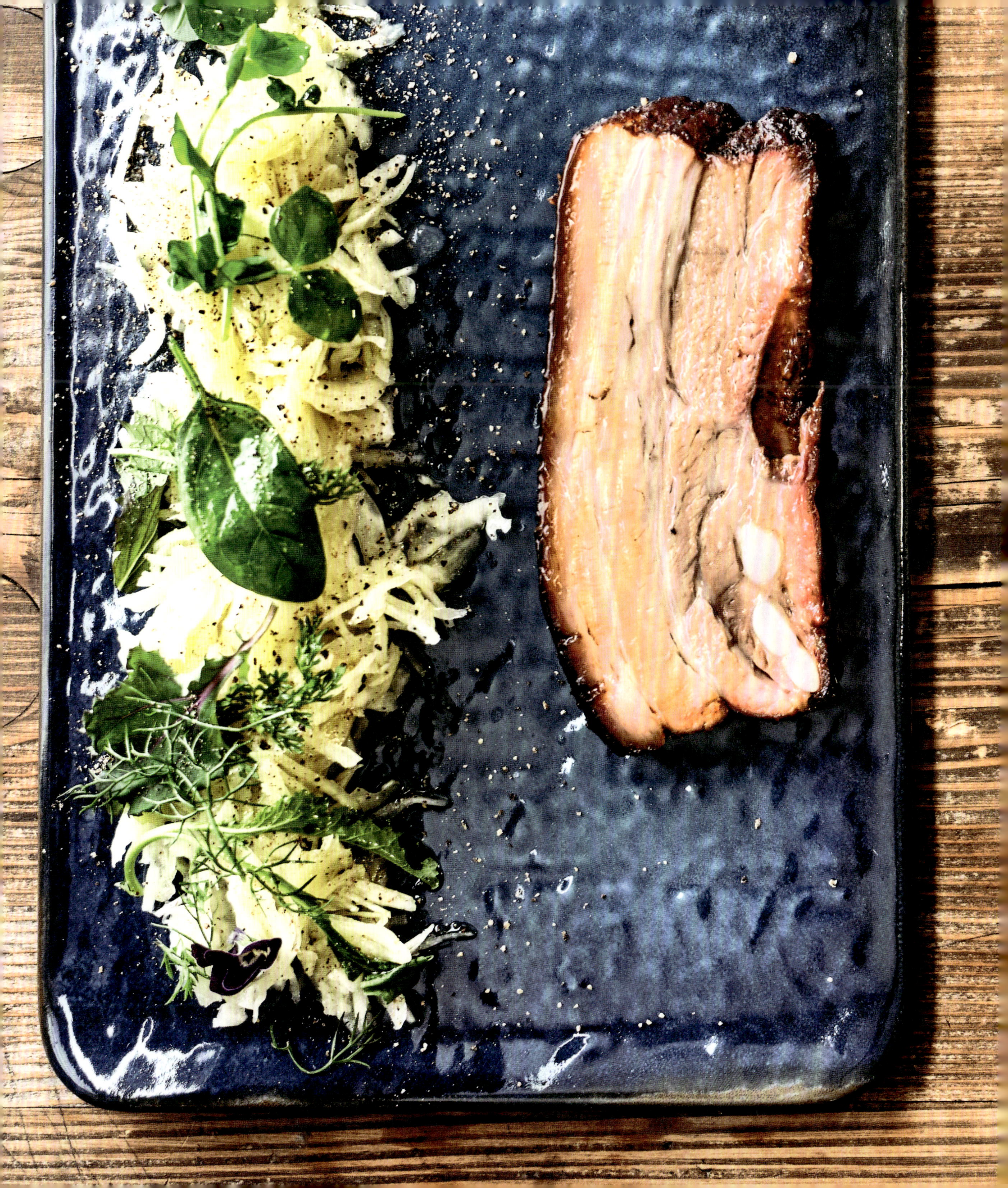

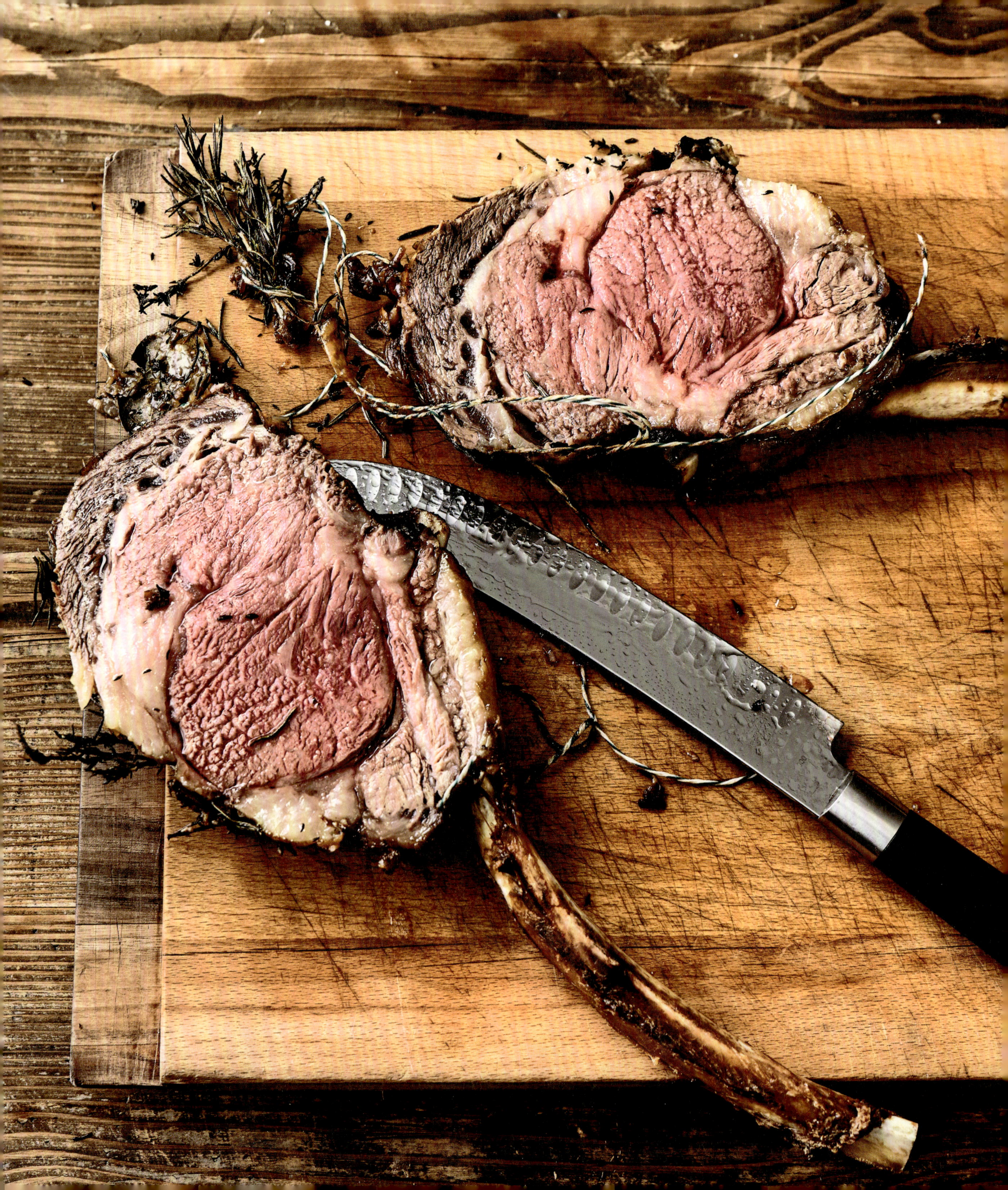

ganzer Braten

Ribeye Roast

ZUTATEN:

1 Hochrippe mit Knochen (ca. 2,5 kg)
4 EL DP Rub (Siehe Grundrezept → Seite 244)
4 Thymianzweige
4 Rosmarinzweige
70 g Butter
1 Knoblauchzehe

ZUBEREITUNG Die Hochrippe mit dem DP Rub marinieren, dann ca. 30 Minuten ziehen bzw. ruhen lassen.

Anschließend 2 Stunden bei 110 °C im Grill indirekt bei geschlossenem Deckel garen lassen.

Bei einer Kerntemperatur von 56 °C vom Grill nehmen und mit Thymian und Rosmarin belegen. Das Ganze mit Küchengarn einbinden und nochmals in zerlassener Butter mit der angedrückten Knoblauchzehe in einer Pfanne nachbraten.

einfach pur

Zitronen-Rosmarin-Hähnchen

ZUTATEN:

1 Schwarzfeder-Huhn (ca. 1,5 kg)
4 Rosmarinzweige
2 Knoblauchzehen
2 Thymianzweige
1 Zitrone
2 EL Olivenöl
1 TL Salz
1 TL Honig
1 TL schwarzer Pfeffer

ZUBEREITUNG Das Hähnchen mit Rosmarin, angedrücktem Knoblauch und Thymian füllen. Die Zitrone in Scheiben schneiden und unter die Haut schieben. Aus dem Olivenöl, Salz, Honig und Pfeffer eine Marinade herstellen und das Hähnchen damit einpinseln.

Anschließend auf eine Grillform setzen und bei 180 °C mit geschlossenem Deckel indirekt für ca. 1,5 Stunden grillen. Das Hähnchen während des Grillvorgangs mehrfach mit der Marinade einpinseln.

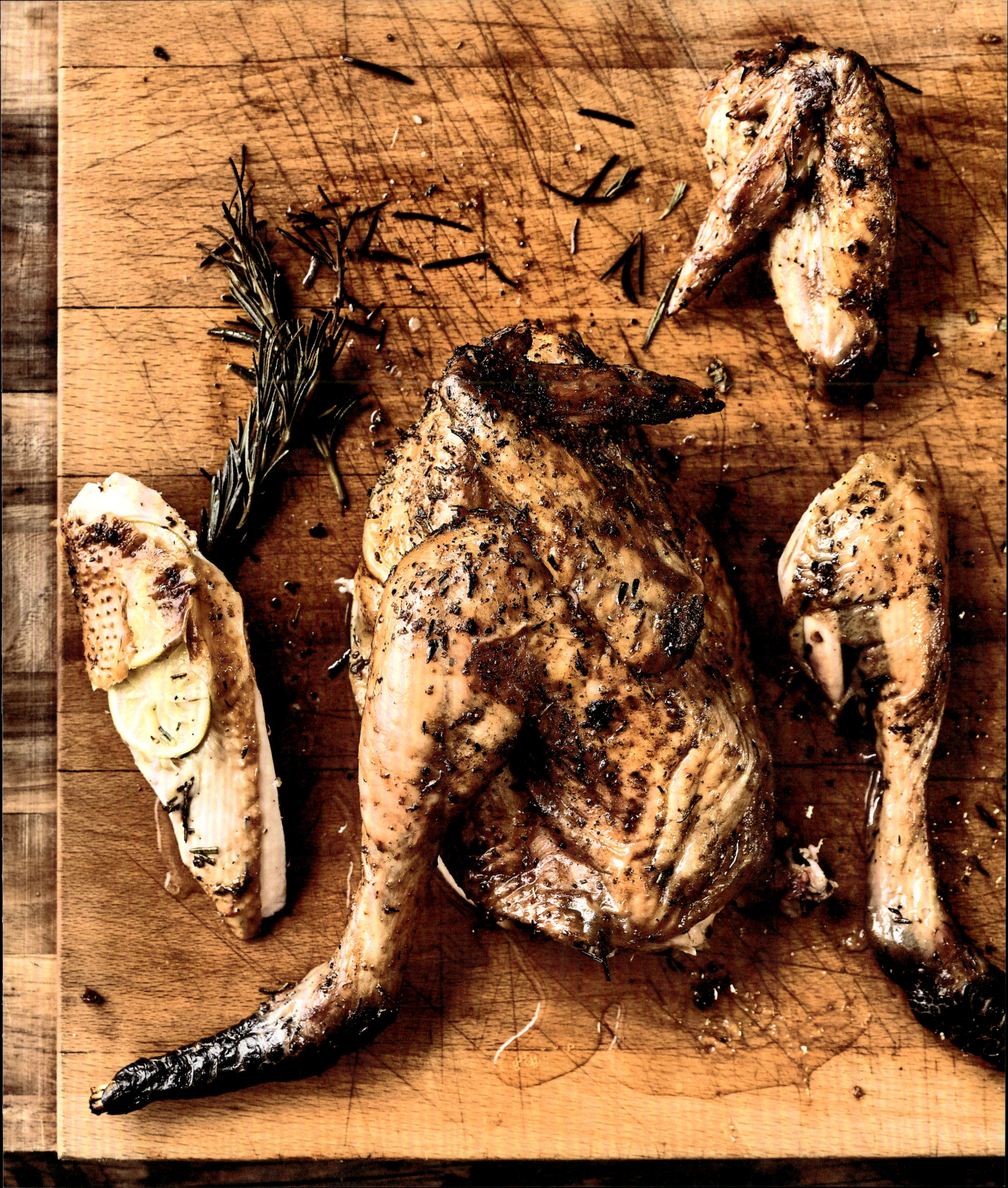

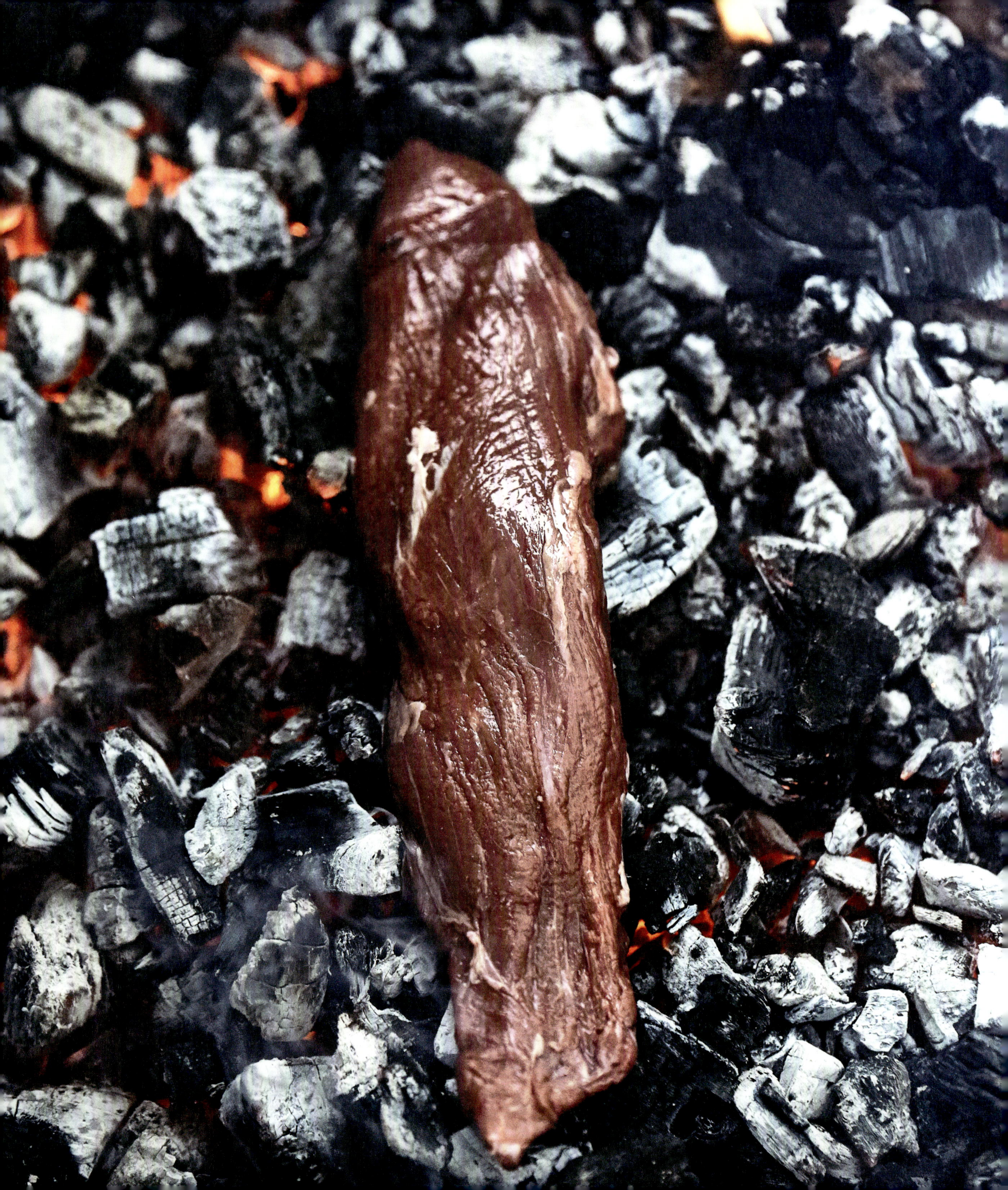

Caveman Style

Teres Major

ZUTATEN:

1 Teres Major (ca. 400 g)
1 EL grobes Meersalz
Olivenöl
frisch gemahlener schwarzer Pfeffer

ZUBEREITUNG Das Fleisch mit dem Meersalz würzen und ca. 10 Minuten einziehen lassen. Danach ein Nest aus glühend heißen Kohlen vorbereiten. Das Fleisch direkt auf die heißen Kohlen legen und mehrfach wenden. Bei 54 °C im Kern von der Glut nehmen und ca. 5 Minuten ruhen lassen. Anschließend in Tranchen schneiden und mit etwas Olivenöl und schwarzem Pfeffer würzen.

Caveman Style ist die älteste Form des Grillens und funktioniert komplett ohne Rost. Hier wird das Fleisch direkt in der glühenden Kohle gegart.

Fleisch Codex   Rezepte   Low and Slow

| Fleisch Codex | Rezepte | Low and Slow |

Rubs und Mops

Fleisch Codex — Rezepte — Rubs & Mops

ZUBEREITUNG:

Alle Zutaten gründlich vermischen.

STOI Magic Dust (Pulled Beef & Spareribs/Pork)

ZUTATEN:

- ½ Tasse Paprikapulver, edelsüß
- ¼ Tasse Knoblauchpulver
- ¼ Tasse Zwiebelpulver
- ¼ Tasse gemahlener Kreuzkümmel/Cumin
- 2 EL Senfpulver
- 2 EL Cayennepfeffer
- ¼ Tasse brauner Zucker
- ¼ Tasse Salz
- 1 EL gemahlener schwarzer Pfeffer

BBQ Mop

ZUTATEN:

- 2 EL Tomatenpüree oder Tomatenmark
- 2 EL Honig
- 2 EL Apfelessig
- 1 EL Melasse (alternativ Zuckerrübensaft/Goldsaft)
- 2 EL Senf
- 1 EL Kurkuma
- 1 EL Zwiebelpulver
- 1 TL Knoblauchpulver
- 1 EL edelsüßes Paprikapulver
- 1 EL Cayennepfeffer
- 4 EL Cola
- 1 EL Worcestershire-Sauce, Lea & Perrins
- Tabasco (nach Belieben)
- Salz

Old School Mop

ZUTATEN:

- 5 EL Ketchup
- 2 EL Senf
- 2 EL Cola
- 1 EL Tabasco
- 1 EL Worcestershire-Sauce, Lea & Perrins
- 2 EL Honig
- 1 EL Melasse (Zuckersirup)
- 1 EL Zwiebelpulver
- 1 EL Knoblauchpulver
- 1 EL gemahlener Kreuzkümmel/Cumin
- 1 EL Paprika edelsüß
- 1 EL Cayenne
- 1 EL Salz

Meerrettich-Mop

ZUTATEN:

- 5 EL Ketchup
- 2 EL Senf
- 2 EL Cola
- 1 EL Apfelessig
- 2 EL Honig
- 1 EL Melasse (Zuckersirup)
- 1 EL Zwiebelpulver
- 1 EL Knoblauchpulver
- 1 EL gemahlener Kreuzkümmel/Cumin
- 1 EL edelsüßes Paprikapulver
- 1 EL Cayennepfeffer
- 1 EL Salz
- ½ Zitrone
- 1 EL frischer Meerrettich

BRITU RUB (Beef Ribs)

ZUTATEN:

- 4 TL Chilipulver
- 2 TL gemahlener Kreuzkümmel/Cumin
- 1 TL Cayennepfeffer
- 1 TL Knoblauchpulver
- 1 TL Zwiebelpulver
- ⅛ Tasse brauner Zucker
- ¼ Tasse Zucker
- ¼ Tasse Salz
- 1 TL gemahlener schwarzer Pfeffer

DP Rub (Brisket)

ZUTATEN:

- ¼ Tasse Knoblauchpulver
- ¼ Tasse Zwiebelpulver
- 1 EL getrockneter/gerebelter Thymian
- ½ Tasse brauner Zucker
- ½ Tasse grobes Meersalz
- ¼ Tasse grober Pfeffer

Gewürzsäckchen

ZUTATEN:

- 1 TL ganzer Koriander
- 1 TL helle Senfsaat
- 1 TL schwarze Pfefferkörner
- 1 TL weiße Pfefferkörner
- 1 TL gerebelter Thymian
- 1 TL ganzer Kümmel
- 1 TL gerebelter Majoran
- 1 TL ganze Fenchelsamen
- 1 TL gerebelter Oregano
- 1 TL gerebelter Salbei
- 1 TL getrockneter Basilikum
- 2 grob gehackte Lorbeerblätter
- 2 ganze Gewürznelken

Gewürzbeutelchen à 4 g
Dosierung: 1 Beutel auf 1 Liter Flüssigkeit.

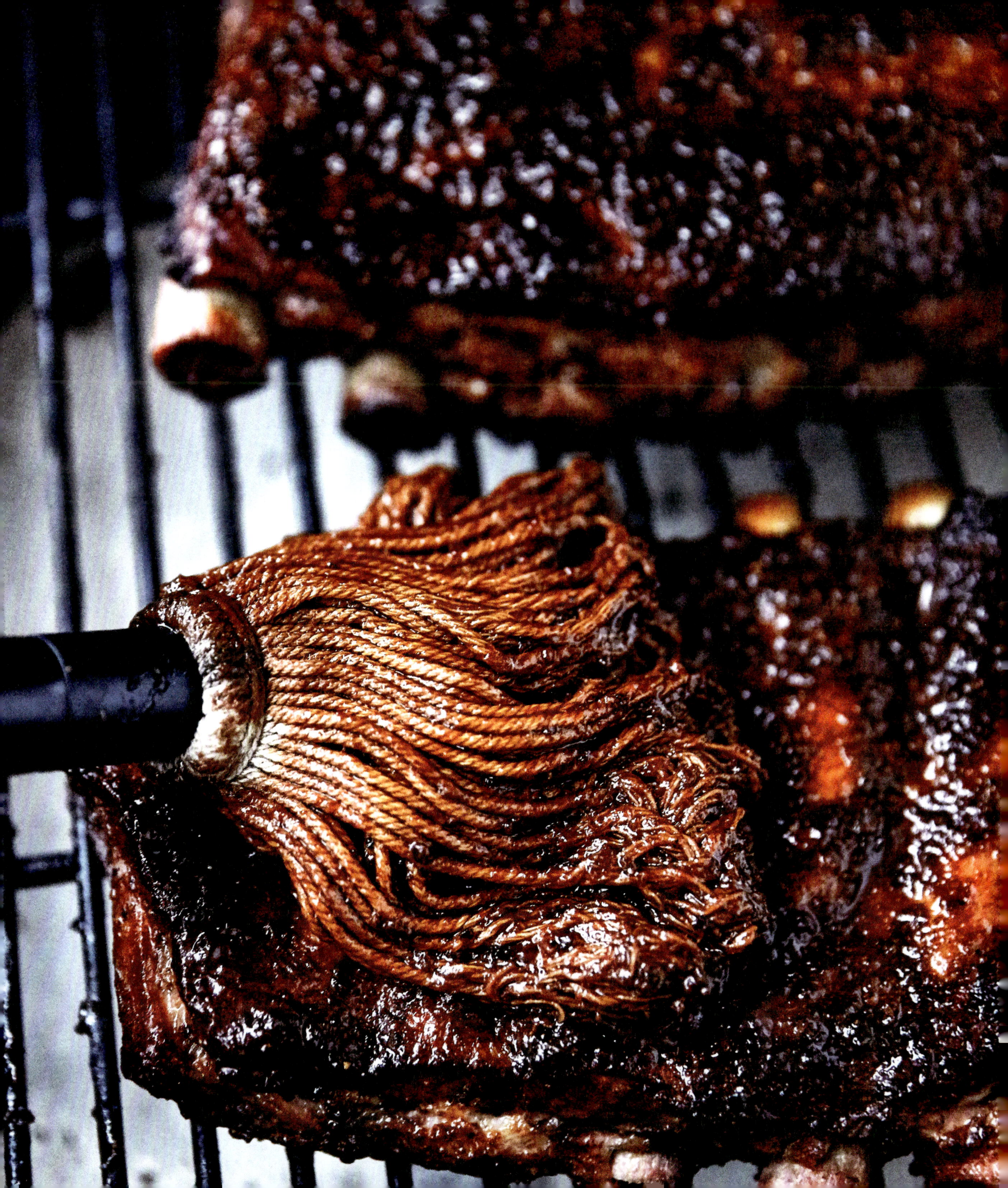

| Fleisch Codex | Rezepte | Fast Food |

Fleisch Codex | Rezepte | Fast Food

Fast Food

Fast Food hört sich im ersten Moment immer auch ein bisschen nach Trash Food an. Viele verbinden damit schnelles Essen ohne nachhaltige Zutaten, in der Regel fettig und ungesund. Ich kann mich noch sehr gut an meinen ersten „Hamburger" erinnern – das war am Schulkiosk in der Grundschule 1988. Die Hausmeisterin Fanny Breu hatte heiße Fleischpflanzerl in eine frische Semmel gegeben, etwas HELA Gewürzketchup darauf und das Ganze mit einer Essiggurke garniert. Sie hat uns das als „Hamburger" serviert. Ein, zwei Jahre später war ich zum ersten Mal in Straubing beim McDonald's, und meine Mama hat mir eine Juniortüte gekauft (so hieß damals das Happy Meal). Als Goodie war eine Mundharmonika von Roland McDonald in der Tüte, neben Pommes, einem Cheeseburger, Ketchup und einer Cola.

Das war für mich tatsächlich ein sehr besonderer Moment, vor allem weil es so was nur zu ganz besonderen Anlässen gab. Nicht, dass es besonders teuer gewesen wäre oder wir nicht so oft in der Stadt waren – meine Mama dachte wohl eher an den Zucker im Cola, das Fett im Burger und in den Pommes. Noch heute liebe ich einen perfekten Burger, am liebsten natürlich von meinem Team im STOI zubereitet.

Fast Food bedeutet für mich lediglich, dass man etwas schnell essen kann, was aber trotzdem mit Liebe und Bedacht gemacht wird. Für mich ist es ein kulinarisches Großereignis, wenn ich mir am Sonntag zum Tatort vom Gino aus Rattenberg eine Pizza hole, sie selbst zu Hause noch mit Tabasco verfeinere und eine Flasche Chianti dazu trinke. Ich liebe auch eine schnelle Rosswurst mit süßem Senf und Semmel. Auch eine Bratwurstsemmel im Eishockeystadion mit einer Halbe Bier bei den Straubing Tigers ziehe ich manchmal einem 8-Gänge-Menü vor.

Klar sind wir im STOI ein Fine Dining Restaurant, und wir sind auf Platz 27 der 100 Best Chefs; Aber so viel möchte ich sagen: Ein schöner fettiger und vielleicht auch ungesunder Burger ist für mich auch ein absoluter Hochgenuss.

mit Fenchelsalat und Tomatensalsa

Chorizo-Burger

ZUTATEN BURGER-PATTY:

600 g frisch faschiertes Rinderhack aus der Rinderbrust
2 EL Butterschmalz
Zucker
Salz und schwarzer Pfeffer

ZUTATEN PERLZWIEBEL-TOMATEN-SALSA:

250 g eingelegte Perlzwiebeln
350 g Cocktailtomaten
2 Knoblauchzehen
50 g getrocknete Tomaten
8 g geräuchertes edelsüßes Paprikapulver
1 EL Tomatenmark
150 ml Apfelsaft
1 EL brauner Zucker
1 TL Cayennepfeffer
1 EL gemahlene Fenchelsaat
Olivenöl
Zucker
Salz

ZUTATEN FENCHELSALAT:

400 g Fenchel
2 Limetten
50 ml Olivenöl
Zucker
Salz und schwarzer Pfeffer

ZUTAT CHORIZO-CHIP:

1 ganze Chorizo

ZUBEREITUNG BURGER-PATTY Das frisch gewolfte Rinderhack mit Salz, Pfeffer und Zucker würzen und in Form bringen. Danach die Burger-Pattys in Butterschmalz anbraten und *medium* garen (Kerntemperatur 56 °C).

ZUBEREITUNG PERLZWIEBEL-TOMATEN-SALSA Die Perlzwiebeln schälen und vierteln, die Cocktailtomaten halbieren und mit den Zwiebeln glasig anbraten. Mit Tomatenmark tomatisieren, salzen und zuckern. Mit dem Apfelsaft ablöschen, die getrockneten Tomaten zugeben und kurz einreduzieren. Mit den restlichen Gewürzen abschmecken.

ZUBEREITUNG FENCHELSALAT Den Strunk des Fenchels entfernen und in feine Streifen hobeln. Mit Salz, Pfeffer, Zucker und Olivenöl würzen. Den Abrieb und den Saft der Limetten zugeben und vermengen.

ZUBEREITUNG CHORIZO-CHIP Die Chorizo in feine Streifen schneiden und in einer Pfanne langsam braten. Danach im Ofen bei 70 °C trocknen.

ANRICHTEN Den Burger kann man in beliebiger Reihenfolge belegen; wichtig ist, dass er sich am Ende noch gut halten lässt.

mit Kürbis-Schalotten-Chutney, Kräuterseitlingen und Endivie

Hirschburger

ZUTATEN BURGER-PATTY:

600 g frisch faschierter Hirschnacken oder Hirschkeule
2 EL Butterschmalz
Zucker
Salz und schwarzer Pfeffer

ZUTATEN PREISELBEER-BBQ-SAUCE:

1 rote Zwiebel
3 Knoblauchzehen
3 EL brauner Zucker
30 ml Whiskey
300 ml Cola
500 ml Tomatenketchup
400 g Preiselbeeren aus dem Glas
4 EL Honig
1 TL Chilipulver
½ TL Kreuzkümmel
2 EL edelsüßes Paprikapulver
2 EL Salz
1 EL Pfeffer

ZUTATEN KÜRBIS-SCHALOTTEN-CHUTNEY:

400 g Butternut-Kürbis
5 kleine Schalotten
2 Knoblauchzehen
1 Ingwerknolle
3 EL Zucker
80 ml Balsamico Bianco
60 g Senfsaat
150 ml Gemüsebrühe
Geriebener Meerrettich

ZUTATEN SALAT & KRÄUTERSAITLINGE:

1 Handvoll Endivienblätter
6 Kräutersaitlinge
Öl
Zucker
Salz

ZUBEREITUNG BURGER-PATTY Das frisch gewolfte Hirschhack mit Salz, Pfeffer und Zucker würzen und in Form bringen. Danach die Burger-Pattys in Butterschmalz anbraten und *medium* garen (Kerntemperatur 56 °C).

ZUBEREITUNG PREISELBEER-BBQ-SAUCE Die klein geschnittene Zwiebel goldgelb anbraten, den Knoblauch zugeben und mit braunem Zucker karamellisieren. Mit Whiskey und Cola ablöschen und einreduzieren, danach den Ketchup und die Preiselbeeren einrühren. Die Masse abkühlen lassen und mit dem Honig und den Gewürzen abschmecken.

ZUBEREITUNG KÜRBIS-SCHALOTTEN-CHUTNEY Den Kürbis und die Schalotten schälen und in feine Würfel schneiden. In der Pfanne mit Knoblauch und Ingwer anbraten, sofort mit Salz und Zucker würzen und mit weißem Balsamico ablöschen. Die eingelegte Senfsaat zugeben, mit der Gemüsebrühe ablöschen und glasig dünsten. Danach mit Pfeffer und Meerrettich abschmecken.

ZUBEREITUNG ENDIVIENSALAT Den Endiviensalat putzen und zupfen.

ZUBEREITUNG KRÄUTERSAILINGE Die Saitlinge in Scheiben schneiden und in Öl goldbraun braten. Mit Salz und Zucker abschmecken.

ANRICHTEN Den Burger kann man in beliebiger Reihenfolge belegen; wichtig ist, dass er sich am Ende noch gut halten lässt.

mit Röstzwiebel-Relish, Wildkräutersalat und Kartoffelstroh

Chili-Cheese-Burger

ZUTATEN BURGER-PATTY:

600 g frisch faschiertes Rinderhack aus der Rinderbrust
2 EL Butterschmalz
Zucker
Salz und schwarzer Pfeffer

ZUTATEN RÖSTZWIEBEL-RELISH:

500 g rote Zwiebeln
80 g Butter
50 ml Sherryessig
150 ml Rotweinessig
30 ml Grenadine
50 g Zucker
1 TL Koriandersaat
100 ml Whiskey
1 EL gehackter Majoran

ZUTATEN WILDKRÄUTERSALAT:

100 g Wildkräuter nach Belieben

ZUTAT BACON:

200 g Bacon

ZUTATEN KARTOFFELSTROH:

400 g vorwiegend festkochende Kartoffeln
Öl
Salz und schwarzer Pfeffer

ZUBEREITUNG BURGER-PATTY Das frisch gewolfte Rinderhack mit Salz, Pfeffer und Zucker würzen und in Form bringen. Danach die Burger-Pattys in Butterschmalz anbraten, den Cheddar schmelzen und das Patty *medium* garen (Kerntemperatur 56 °C).

ZUBEREITUNG RÖSTZWIEBEL RELISH Die Zwiebeln grob würfeln und bei kleiner Hitze in der Butter 30 Minuten dünsten. Sherryessig, Rotweinessig, Grenadine, Zucker und Koriandersaat hinzugeben und ca. 50–60 Minuten einköcheln lassen. 20 Minuten vor Ende der Kochzeit den Whiskey und den Majoran hinzufügen. Salzen, pfeffern und abkühlen lassen.

ZUBEREITUNG BACON Den Bacon in einer Pfanne braten, bis er goldbraun ist.

ZUBEREITUNG KARTOFFELSTROH Die Kartoffeln schälen, in feine Streifen schneiden und in heißem Öl frittieren. Danach auf einem Küchentuch abtropfen lassen und mit Salz und Pfeffer würzen.

ANRICHTEN Den Burger kann man in beliebiger Reihenfolge belegen; wichtig ist, dass er sich am Ende noch gut halten lässt.

mit Pak-Choi-Salat, Teriyaki und Erdnüssen

Asia-Burger

ZUTATEN ASIA PULLED CHICKEN:

1 Maishähnchen
150 g STOI Rub
Sesamöl
2 Zwiebeln
2 Zitronengrasstängel
5 g Curry
Ingwer
Knoblauch
Salz

PAK-CHOI-SALAT:

4 kleine Pak Choi (chinesischer Senfkohl)
1 Schale Sojasprossen
frischer Koriander
Mirin (Reiswein zum Kochen)
2 Limetten
Sesamsaat
Chili
Erdnussöl
20 g gehackte Erdnüsse
Salz

TERIYAKI-SAUCE:

Grundsauce siehe → Seite 196

ZUBEREITUNG ASIA PULLED CHICKEN Das Hähnchen mit dem Rub marinieren und ca. 2 Stunden ruhen lassen. Einen Bräter mit den geschnittenen Zwiebeln, Zitronengras, Ingwer und Knoblauch auslegen. Mit Salz, Curry und Sesamöl marinieren. Das Hähnchen auf das Gemüsebeet setzen. Den Bräter in das Ofenrohr geben und bei 180 °C Umluft für ca. 60 Minuten kochen. Danach das Hähnchen zupfen und mit dem Fond aus dem Bräter marinieren.

ZUBEREITUNG PAK-CHOI-SALAT Den Pak Choi waschen, in feine Streifen schneiden und mit Koriander und den Sojasprossen mischen. Den Limettenabrieb und Mirin zugeben, dann mit geröstetem Sesam, dem Erdnussöl und Salz abschmecken und ziehen lassen. Zum Schluss geschnittenen Koriander und Chili unterheben und mit den gehackten Erdnüssen garnieren.

ANRICHTEN Den Burger kann man in beliebiger Reihenfolge belegen; wichtig ist, dass er sich am Ende noch gut halten lässt.

| Fleisch Codex | Rezepte | Fast Food |

| Fleisch Codex | Rezepte | Fast Food |

mit Blue Coleslaw, Kren, Pfifferlingen und STOI Dust BBQ-Sauce

Pulled Pork

ZUTATEN PULLED PORK:

800 g Schweinenacken
180 g STOI Dust
(siehe → Seite 244)

ZUTATEN BLUE COLESLAW/KREN:

1 kleiner Blaukrautkopf
2 Orangen
Kreuzkümmel
Meerrettich
Distelöl
Zucker
Salz und schwarzer Pfeffer

ZUTATEN PFIFFERLINGE:

320 g Pfifferlinge
Öl
Salz
Pfeffer

ZUBEREITUNG PULLED PORK Den Schweinenacken mit dem STOI Dust würzen und über Nacht im Kühlschrank ruhen lassen.

Das Big Green Egg auf 90 Grad indirekte Hitze vorheizen und die glühende Kohle mit Chunks (gewässerte Holzspäne/Holzsplitter) aromatisieren. Den Schweinenacken 10 Stunden smoken. Anschließend mit den Pulled-Pork-Krallen zerrupfen.

ZUBEREITUNG BLUE COLESLAW Das Blaukraut waschen, den Strunk entfernen und in feine Streifen schneiden. Mit Salz, Zucker, Pfeffer, Kreuzkümmel und geriebenem Meerrettich würzen. Die Schale einer Orange und den Saft beider Orangen mit dem Distelöl zugeben und abschmecken.

ZUBEREITUNG PFIFFERLINGE Die Pfifferlinge putzen und in Scheiben schneiden. Danach die Scheiben in einer Pfanne goldgelb rösten mit Salz und Pfeffer abschmecken.

ANRICHTEN Den Burger kann man in beliebiger Reihenfolge belegen; wichtig ist, dass er sich am Ende noch gut halten lässt.

Sandwich (vom Bisket)

Reuben Pastrami

ZUTATEN FÜRS PÖKELN:

600 g Rinderbrust (diese wird später zur Pastrami)
2 EL Koriandersaat
2 EL Knoblauchpulver
1 EL Zwiebelpulver
100 g Rohrzucker
100 g Pökelsalz
40 g schwarzer Pfeffer

ZUTATEN RUB:

1 TL Chiliflocken
3 EL Koriandersaat
1 EL Thymian
1 TL Knoblauchpulver
1 TL Senfpulver
3 EL schwarzer Pfeffer (geschrotet)

ZUTATEN SANDWICH:

200 g Weißkraut
4 EL japanische Mayonnaise
1 EL Weißweinessig
1 EL Zitronensaft
8 Scheiben Toastbrot
50 g Butter
Brauner Zucker
Salz und schwarzer Pfeffer

ZUBEREITUNG FÜRS PÖKELN   Die Rinderbrust grob parieren, die Zutaten mischen und das Fleisch damit einreiben. Anschließend das Fleisch vakuumieren und ca. 7 Tage pökeln.

Danach die Rinderbrust aus dem Vakuumbeutel nehmen und unter fließendem Wasser gründlich waschen, sodass nahezu alle Gewürze entfernt werden. Dann 30 Minuten wässern, nochmals waschen und erneut 30 Minuten wässern.

ZUBEREITUNG RUB/FORTSETZUNG RINDERBRUST   Aus den Gewürzen einen Rub herstellen und die Rinderbrust darin wälzen. Bei 110 °C indirekt mit geschlossenem Deckel für 3 Stunden auf dem Grill garen. Dabei immer wieder Räucherspäne auf die Glut legen.

ZUBEREITUNG SANDWICH   Das Weißkraut in feine Streifen schneiden und mit Salz und braunem Zucker aktivieren.

Anschließend das Kraut gut durchkneten, damit es weich wird. Mit japanischer Mayonnaise, Weißweinessig, Zitronensaft und schwarzem Pfeffer abschmecken.

Die Toastbrotscheiben in schaumiger Butter in einer Pfanne von beiden Seiten goldgelb anbraten, damit sich das Toastbrot mit der Butter vollsaugt.

ANRICHTEN   Das Pastrami in dünne Scheiben schneiden und zusammen mit dem Weißkrautsalat auf das Toastbrot geben.

mit Röstzwiebeln

Hotdog

ZUTATEN:

4 Paar Wiener Würstchen
4 Hotdog-Brötchen
1 kleine Flasche mittelscharfer Senf
1 kleine Flasche japanische Mayonnaise
1 kleine Flasche Tomatenketchup
1 Packung Röstzwiebeln
4 Essiggurken
Salz

ZUBEREITUNG Die Wiener Würstchen in leicht gesalzenem Wasser erwärmen. Die Hotdog-Brötchen halbieren und in den Toaster geben oder in einer Pfanne auf der Schnittseite anbraten. Anschließend jeweils 1 Paar Würstchen darauflegen und Senf, Mayonnaise und Ketchup darübergeben. Die Röstzwiebeln und die in feine Scheiben geschnittenen Gurken darauflegen und den Deckel daraufsetzen.

mit Jalapeños

Chili con Carne

ZUTATEN:

2 Ochsenherztomaten

2 Dosen geschälte Tomaten (je ca. 250 g)

2 Zwiebeln

1 Knoblauchzehe

200 g geräucherter Bauchspeck (in Würfel)

2 EL Pflanzenöl

600 g fein geschnittene Rindfleischwürfel aus der Unterschale (oder alternativ faschiertes Rindfleisch oder Hackfleisch)

50 ml Balsamico

150 ml Gemüsebrühe **(siehe Grundrezept → Seite 170)**

1 Kartoffel

1 Dose Kidneybohnen (ca. 400 g)

1 Dose Mais (ca. 400 g)

1 TL edelsüßes Paprikapulver

½ TL rosenscharfes Paprikapulver

Cayennepfeffer

gemahlener Kümmel

Kreuzkümmel

Zucker

Salz und schwarzer Pfeffer

1 Bund Koriandergrün

2 Jalapeños aus der Dose

ZUBEREITUNG Die Ochsenherztomaten kreuzförmig einschneiden und kurz blanchieren, anschließend die Haut abziehen und in grobe Würfel schneiden und zusammen mit den Dosentomaten in eine Schüssel geben.

Einen hohen Topf bei mittlerer Hitze aufstellen und die Zwiebeln und den Knoblauch schälen, würfeln und zusammen mit dem Bauchspeck in Pflanzenöl anschwitzen.

Das Rinderhackfleisch dazugeben und alles weiter anbraten.

Wenn alles gleichmäßig angebraten ist, mit Balsamico ablöschen und so lange einreduzieren, bis keine Flüssigkeit mehr vorhanden ist. Dann mit der Gemüsebrühe auffüllen, die vorbereiteten Tomaten dazugeben und alles langsam aufkochen. Währenddessen die Kartoffel schälen und mit einer feinen Reibe zum Andicken in die Sauce reiben.

In der Zwischenzeit die Kidneybohnen waschen und abtropfen lassen. Den Mais nicht abwaschen, sondern nur abtropfen lassen, dann alles in den Topf geben und für ca. 30 Minuten köcheln lassen.

Die Gewürze dazugeben und alles mit Salz und Zucker abschmecken.

ANRICHTEN Kurz vor dem Servieren die frischen Jalapeños in Scheiben schneiden und mit in das Chili geben. Den gewaschenen Koriander kann man, grob gezupft oder fein gehackt, in das Chili geben, dieser gibt dem ganzen Gericht seinen eigenen Charakter. Noch besser schmeckt es, wenn man das Chili con Carne schon am Vortag zubereitet.

mit süßem Senf

Rosswurst

ZUTATEN:

12 Rosswürste (3 pro Person/
Stück ca. 70 g)
1 Glas süßer Senf,
z. B. Händlmaier
4 Semmeln

ZUBEREITUNG   Die Würste eignen sich zum Kalt- oder Heißverzehr, sind aber auch ideal für Pfanne oder Grill geeignet.

Rosswürste sind würzig im Geschmack und sehr mager. Bei der Herstellung werden ausschließlich die folgenden hochwertigen Zutaten verwendet: 44 % Pferdefleisch, 11 % Rindfleisch, 13 % Schweinespeck, außerdem Trinkwasser und Gewürze.

Die Rosswurst wird in einen Schäldarm (Kunstdarm) gefüllt.

ohne Darm mit Currysauce

Berliner Currywurst

ZUTATEN CURRYSAUCE:

2 EL Cola
6 EL Ketchup
2 EL edelsüßes Paprikapulver
1 EL Worcestershire-Sauce,
Lea & Perrins
Tabasco
2 EL Currypulver
Salz

ZUTAT CURRYWURST:

8 Wollwürste (Geschwollene)
(Stück ca. 100 g)

ZUBEREITUNG CURRYSAUCE Das Cola in einem kleinen Topf auf die Hälfte reduzieren und mit Ketchup, Paprikapulver und Worcestershire-Sauce mischen. Mit Salz und Tabasco nach Belieben abschmecken.

ZUBEREITUNG CURRYWURST Die Wollwürste auf dem Grill oder in der Pfanne anbraten, mit Currysauce nappieren und mit Currypulver bestreuen.

Wollwürste sind meist etwas länger und dünner als Weißwürste. Das Grundrezept unterscheidet sich kaum von dem für Weißwürste, wobei im Allgemeinen weniger Schwarten und keine Petersilie verwendet werden. Die Wurstmasse wird nicht in Därme gefüllt, sondern direkt mit einer Tülle in kochendes Wasser gespritzt, etwa zehn Minuten bei mäßiger Temperatur gegart und anschließend abgeschreckt, was den „nackten" Würsten eine weiche, „wollige" Oberfläche gibt. Dann können sie sofort verzehrt werden.

ungarische Art

Currywurst

ZUTATEN:

4 Bratwürste
1 Zwiebel
2 rote Paprika
3 Essiggurken
1 EL edelsüßes Paprikapulver
400 ml passierte Tomaten
½ TL Cayennepfeffer
5 EL Pflanzenöl
Zucker
Salz und schwarzer Pfeffer

BEILAGE:

4 Semmeln, frisch vom Bäcker

ZUBEREITUNG Die Würste einschneiden. Die Zwiebel schälen, die Paprika putzen und zusammen mit den Essiggurken in Würfel schneiden.

In einem Topf Zwiebeln, Paprika und Essiggurken leicht anschwitzen, dann mit Paprikapulver bestäuben und weiter leicht anschwitzen. Danach mit den passierten Tomaten ablöschen und alles leicht köcheln lassen.

Zum Schluss mit Salz, schwarzem Pfeffer, Zucker und Cayennepfeffer abschmecken.

ANRICHTEN Die eingeschnittenen Currywürste in Pflanzenöl von beiden Seiten anbraten und anschließend mit der Sauce und mit Currypulver bestreut anrichten.

mit Kren/Purple Curry/Händlmaier-Chili-Sauce

Bayerische Currywurst

ZUTATEN:

8 dicke Bratwürste
1 Glas Händlmaier Weißwurstsenf
1 TL Tabasco Sriracha-Sauce
1 TL Sauerrahm
1 EL frischer Kren
1 EL Purple Curry, Ingo Holland
2 EL Schnittlauch

ZUBEREITUNG Die Würste einschneiden und von beiden Seiten anbraten. Anschließend den Weißwurstsenf mit der Sriracha-Sauce, dem Sauerrahm und dem Curry mischen und darübergeben. Frischen Meerrettich darüberreiben und mit Schnittlauch garnieren.

Japan – Wagyu Style

Philly Cheese Steak Sandwich

JALAPEÑO-CHEDDAR-SAUCE:

4 EL mittelscharfer Senf
100 g fein geriebener Cheddar
2 EL Salatmayonnaise
1 EL weißer Balsamico
1 EL grob gehackte Jalapeño-Chilischoten (eingelegt in Lake)
1 Prise getrocknetes grünes Jalapeño-Chilipulver
Salz

ZUTATEN SANDWICH:

400 g stark marmoriertes Wagyu, 1–2 mm dünne Scheiben/Streifen
120 g dünne Zwiebelstreifen
120 g in Streifen geschnittene Enoki-Pilze
20–40 g Butter
4 Hotdog-Brioches
Lauchzwiebelringe nach Belieben
Koriander oder Kerbel nach Belieben
Salz und schwarzer Pfeffer

ZUBEREITUNG JALAPEÑO-CHEDDAR-SAUCE Alle Zutaten der Sauce vermischen.

ZUBEREITUNG STEAK SANDWICH Die Zwiebelstreifen und die Pilze in Butter kräftig anbraten. Die Hotdog-Brioche mit Butter bestreichen und auf der Innenseite angrillen.

Die Fleischstreifen mit Salz und Pfeffer würzen und scharf anbraten. Nicht durchbraten und nicht zu viel wenden, beim Wenden durch Zupfen weiter zerkleinern. Die Pilze und die Zwiebeln in die Pfanne geben. Alles noch mal kurz erhitzen und nach Belieben noch etwas Cheddar hinzugeben.

ANRICHTEN Das Fleisch und Zwiebel-Pilz-Gemisch auf der Brioche verteilen und mit der Sauce sowie nach Belieben Frühlingszwiebeln, Koriander oder Kerbel garnieren.

hausgemacht mit Sauerkraut

Schweinsbratwürstel

ZUTATEN SAUERKRAUT:

2 Zwiebeln
200 g gewürfelter Speck
30 g Butter
100 ml Weißwein
500 g Weinsauerkraut
5 Wacholderbeeren
3 Lorbeerblätter
2 EL gezupfte Petersilie
Zucker
Salz und weißer Pfeffer

ZUTATEN BRATWÜRSTE:

1 kg Schweinebauchfleisch
1 g Koriander
1 g Piment
1 g Muskatnuss
2 g gerebelter Majoran
1 Knoblauchzehe
2 m Schafssaitling
18 g Salz
2 g gemahlener schwarzer Pfeffer

ZUBEREITUNG SAUERKRAUT Die Zwiebeln in Würfel schneiden und zusammen mit dem Speck in Butter glasig anschwitzen, dann mit Weißwein ablöschen und das Sauerkraut dazugeben. Die Wacholderbeeren und den Lorbeer hinzufügen und alles zugedeckt für ca. 30 Minuten köcheln lassen.
Anschließend mit Salz, weißem Pfeffer und Zucker abschmecken und mit frischer Petersilie anrichten.

HERSTELLUNG BRATWÜRSTE Das Fleisch grob schneiden und durch die mittlere Lochscheibe (ca. 4 mm) von einem Fleischwolf drehen.
Die Gewürze abwiegen, anschließend Koriander und Piment anrösten und zusammen mit Muskatnuss, Majoran, schwarzem Pfeffer und dem Knoblauch mörsern. Dann unter die gewolfte Fleischmasse geben und diese mit dem Salz abschmecken, alles durchkneten, bis die Masse klebrig wird.
Auf den Wurstfüller den gewaschenen Saitling aufziehen, den Anfang verknoten und diesen mit der Wurstmasse langsam füllen. Die Wurst alle 15 cm eindrücken, sodass sich an dieser Stelle keine Wurstfülle mehr befindet. Wenn die Wurst eingeteilt ist, die Stücke mit beiden Händen abdrehen. Dann hängt man sie auf und lässt sie gekühlt für ca. 30 Minuten ruhen, bis der Darm leicht angetrocknet ist. (Wenn die Wurst zu früh verarbeitet wird, kann sie beim Grillen platzen.)

ANRICHTEN Die Bratwürste in einer Pfanne oder auf dem Grill anbraten und zu dem Sauerkraut geben.

Fleisch Codex | Rezepte | Brotzeit

Fleisch Codex | Rezepte | Brotzeit

Brotzeit

mit Kren und Zwiebeln

Tellerfleisch

ZUTATEN:

800 g Suppenfleisch mit Knochen
1 Bund Radieschen
1 kleines Glas Silberzwiebeln
100 ml Weißweinessig
50 ml Rapsöl
2 EL gepickelte Senfkörner
2 EL frisch geriebener Kren
1 Bund Schnittlauch
Zucker
Salz und schwarzer Pfeffer

ZUBEREITUNG   Das Suppenfleisch weich kochen *(siehe Grundrezept – Gewürz-Bouillon → Seite 170)* anschließend auskühlen lassen, in feine Scheiben schneiden und auf dem Teller anrichten.

Radieschen waschen und in eine beliebige Form schneiden (ggf. pickeln/*siehe Grundrezept → Seite 170*).

Die Silberzwiebeln halbieren und auf dem Fleisch zusammen mit den Radieschen anrichten. Den Abtropfsaft zusammen mit Essig und Rapsöl durchmixen und mit Salz, Pfeffer und Zucker abschmecken, dann die Senfkörner dazugeben und das fertige Dressing über das Tellerfleisch geben.

Mit frisch geriebenem Kren und Schnittlauch anrichten.

mit roten Zwiebeln, Schnittlauch, Bauernbrot & a kalte Halbe

Ochsenmaulsalat

ZUTATEN:

400 g gepresster Kalbskopf
oder Ochsenmaul
3 EL Essigessenz
5 EL Pflanzenöl
50 ml Essiggurken-Wasser
3 rote Zwiebeln
12 Cornichons
1 Bund Schnittlauch
Maggi
Zucker
Salz und schwarzer Pfeffer

ZUBEREITUNG   Das Rindermaulfleisch kochen, anschließend in sehr dünne Scheiben schneiden und mit Essigessenz, Pflanzenöl und dem Essiggurken-Wasser marinieren. Mit Salz, schwarzem Pfeffer und einer Prise Zucker abschmecken.

ANRICHTEN   Den Ochsenmaulsalat mit frischen Zwiebelringen, Cornichon-Scheiben und frisch geschnittenem Schnittlauch anrichten. Nach Belieben noch ein paar Spritzer Maggi zugeben.

mit Kalbskopf

Panzanella

ZUTATEN PANZANELLA (BROTSALAT):

1 Stange Baguette (alternativ alte Semmeln vom Vortag)
8 EL Olivenöl
4 Thymianstiele
4 Rosmarinzweige
2 EL klein geschnittene getrocknete Tomaten
4 EL dunkler Balsamico
Salz und schwarzer Pfeffer aus der Mühle

ZUTATEN KALBSKOPF:

5 EL Senfkörner
10 EL Balsamico Bianco
½ Zitrone
Gepresster Kalbskopf
200 g Kalbskopf-Terrine

GARNITUR:

2 Ochsenherztomaten
4 EL Parmesanflocken
20 Kapernäpfel

ZUBEREITUNG PANZANELLA Das Baguette in Scheiben schneiden und in Olivenöl mit Thymian und Rosmarin in einer Pfanne anrösten. Die getrockneten Tomaten dazugeben. Mit Balsamico ablöschen und mit Salz und Pfeffer abschmecken.

ZUBEREITUNG KALBSKOPF Die Senfkörner im Balsamico aufkochen und dann ziehen lassen. Anschließend etwas Zitronensaft zugeben und den Kalbskopf marinieren.

ANRICHTEN Die Ochsenherztomaten aufschneiden und mit dem Kalbskopf auf einen Teller geben. Die warme Panzanella daraufgeben und mit Parmesan und Kapernäpfeln garnieren. Mit dem Bratansatz aus der Pfanne nappieren.

666

Teufelsalat

ZUTATEN RINDFLEISCH:

500 g Rindfleisch (Lende oder Hüfte)
(oder bereits gegarte Steaks vom Vortag)
Salz und schwarzer Pfeffer

ZUTATEN SALAT:

2 rote Paprikaschoten
2 gelbe Paprikaschoten
50 ml Sud von Perlzwiebeln
20 ml Weißweinessig
1 EL Zucker
Salz

ZUTATEN GARNITUR:

4 EL Worcestershire-Sauce, Lea & Perrins
1 Spritzer Tabasco
200 g Perlzwiebeln
4 EL Kapern
1 Schale Erbsensprossen

ZUBEREITUNG RINDFLEISCH Das Fleisch im Ganzen mit Salz und Pfeffer würzen und im Ofen bei ca. 65–70 °C für 4–5 Stunden langsam garen (je nach Dicke). Alternativ eignen sich auch kalte Steaks vom Vortag.

ZUBEREITUNG SALAT Die Paprikaschoten putzen und in Streifen schneiden, mit Salz und Zucker aktivieren und anschließend mit dem Sud der Perlzwiebeln und dem Weißweinessig marinieren.

FORTSETZUNG RINDFLEISCH Das Rindfleisch herausnehmen, kalt stellen und mit einer Aufschnittmaschine in dünne Scheiben, dann in Streifen schneiden.

ANRICHTEN Die Fleischstreifen mit Worcestershire-Sauce und Tabasco marinieren und in die Mitte des Tellers legen. Die Paprikastreifen darübergeben und mit Perlzwiebeln, Kapern und Erbsensprossen garnieren.

Fleisch Codex | Rezepte | Butchery @home

Butchery @home

Fleisch Codex | Rezepte | Butchery @home

Butchery @home

Luckis Wurstbaukasten

REGEL   1 kg Fleisch = 18 g Salz

FLEISCH   ⅔ gutes mageres Fleisch, ⅓ fettes, durchwachsenes Fleisch,
z. B. Schweineschulter oder Schweinebauch

Mit dieser Anleitung lassen sich alle Rezepte des Wurstbaukastens zubereiten:

Fleisch klein schneiden und durch die mittlere Scheibe im Fleischwolf drehen. Alternativ Fleisch beim Metzger schon „wolfen" lassen.

Fleischmasse bzw. Hackfleisch in einer großen Schüssel mit der Gewürzmischung vermengen, bis sich das Fleisch bindet. Wenn es an den Händen oder Handschuhen klebt, ist die Bindung perfekt. Abschließend die Wurstmasse abschmecken.

Butchery @home

Bratwurst

ZUTATEN:

1 kg Schweinefleisch
1 Knoblauchzehe
1 g Muskatnuss
1 g Koriander
1 g Piment
2 g gerebelter Majoran
18 g Salz
2 g gemahlener schwarzer Pfeffer

ZUBEREITUNG   Piment, Pfeffer und Koriander kurz in der Pfanne anrösten und dann im Mörser zerstoßen. Anschließend das Salz dazugeben. Entweder klein gehackten frischen Knoblauch oder Knoblauchpulver sowie den Majoran zu dem gewolften Schweinefleisch dazugeben.

Butchery @home

Salsiccia

ZUTATEN:

1 g Fenchelsaat
1 kg Schweinefleisch
2 Knoblauchzehen (bzw. Pulver, wenn die Würste eingefroren, geräuchert etc. werden)
20 g Pimentón de la Vera (geräucherte edelsüße Paprika)
1 EL Weißwein nach Belieben
18 g Salz

ZUBEREITUNG   Fenchelsamen vorher anrösten. Alle Gewürze wieder mit der Fleischmasse vermengen, bis eine Bindung entsteht.

Butchery @home

Surf & Turf Bratwurst

ZUTATEN:

1 EL Koriander, ganz
1 Knoblauchzehe (bzw. Pulver, wenn die Würste eingefroren, geräuchert etc. werden)
1 EL Ingwer
2 EL Cayennepfeffer
1 kg Rindfleisch
150 g Garnelen (oder Carabineros)
18 g Salz

ZUBEREITUNG Koriander anrösten. Knoblauch, Ingwer und Koriander in mittelfeine bis grobe Stücke schneiden. Salzen und dann mit dem Messer zerdrücken und noch mal durchhacken, bis eine Paste entsteht. Cayennepfeffer und den gerösteten und gemörserten Koriander dazugeben.

Köpfe und Darm von den Garnelen entfernen und die Köpfe aufheben.

Grundrezept für ca. 1 kg Brät

Weißwurst

ZUTATEN:

500 g Schweineschulter (alternativ Kalbsschulter)

300 g Schweinespeck (Rücken)

200 g Scherbeneis
oder Crushed Eis

½ Zwiebel

2 g Senfpulver

1 g Ingwerpulver

1 g Kardamom

1 g Macisblüte (Muskatblüte)

20 g Blattpetersilie

½ Zitrone

18 g Salz

3 g weißer Pfeffer

ZUBEREITUNG Das Fleisch und den Speck gut kühlen und in grobe Würfel schneiden. Mit der Zwiebel und den Gewürzen durch die mittlere Scheibe des Fleischwolfes drehen. Danach mit dem Eis fein kuttern. Dabei stets beachten, dass die Masse nicht wärmer als 5 °C wird.

Anschließend mit dem Abrieb einer halben Zitrone und der gehackten Petersilie verfeinern.

In einen Wurstfüller geben und in Schweinedärme mit dem Kaliber 30/32 abfüllen. Für ca. 22 Minuten in 75 °C heißem Wasser brühen.

rot/weiß

Leberkäs

ZUTATEN:

500 g Schweineschulter
500 g Schweinebauch
1 Zwiebel
0,5 g Senfpulver
0,5 g Ingwerpulver
0,5 g Macisblüte (Muskatblüte)
20 g Blattpetersilie
0,5 g Thymian
0,5 g Majoran
22 g Pökelsalz oder Speisesalz
3 g weißer Pfeffer
300 g Scherbeneis oder Crushed Eis

Das Salz entscheidet, welche Farbe der Leberkäs bekommt:
rot = Pökelsalz
weiß = Speisesalz

ZUBEREITUNG Das Fleisch vorher gut kühlen, in grobe Würfel schneiden und mit der Zwiebel und den Gewürzen durch die mittlere Scheibe des Fleischwolfes drehen. Danach mit dem Eis fein kuttern. Dabei stets beachten, dass die Masse nicht wärmer als 5 °C wird. Anschließend die Masse in eine Kuchenform oder Aluschale füllen und bei 180 °C für ca. 1,5 Stunden backen.

Fleisch Codex   von Ludwig Maurer

Fleisch Codex

von Ludwig Maurer

Fleisch Codex   Register

Register

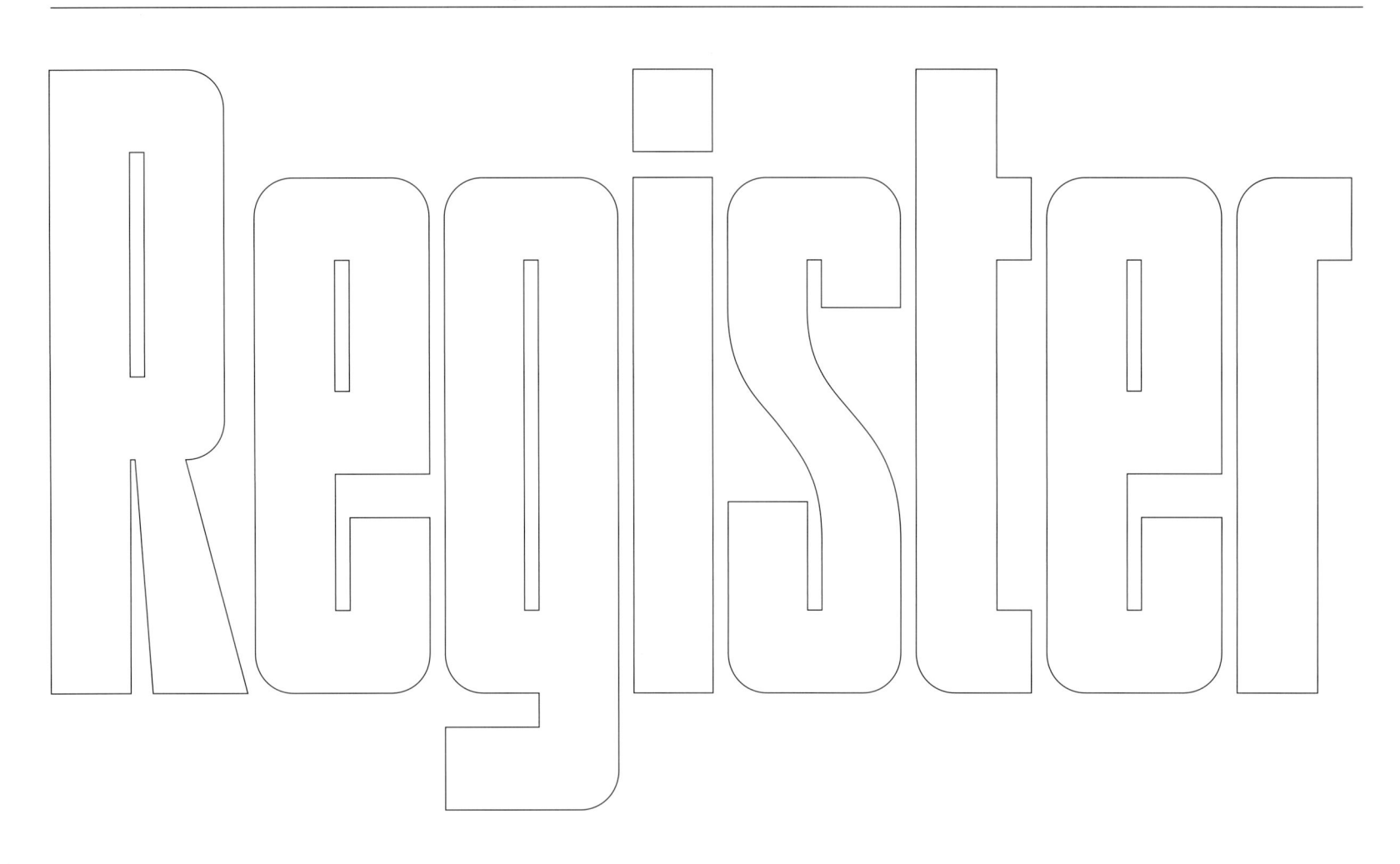

For more information, booking,
merchandise & other STUFF check our page:
www.ludwigmaurer.com

Fleisch Codex   Register   A–K

A

Apfel-Zwiebel-Relish
→ S. 194

Asia Burger
mit Pak-Choi-Salat, Teriyaki und Erdnüssen
→ S. 251

Asia Schweinebauch
mit BBQ-Lack und Glasnudelsalat
→ S. 162

Asiatisches Gurken-Relish
→ S. 194

B

BBQ Mop
→ S. 244

BBQ-Burger-Sauce (STOI)
→ S. 195

BBQ-Kaviar (STOI)
→ S. 195

BBQ-Zwiebel-Chutney (STOI)
→ S. 195

Beef-Sashimi
mit Teriyaki und Saiblingskaviar, Nori und Sushireis
→ S. 98

Bœuf Bourguignon
aus der Rinderschulter, gegrillte Champignons mit Bandnudeln
→ S. 119

Bœuf Stroganoff
mit Filetspitzen und Rote-Bete-Dreierlei
→ S. 120

Bratwurst
→ S. 273

Brisket mit STOI Dust
→ S. 221

Britu Rub
(Beef Ribs)
→ S. 244

Burgunderbraten
à la Sepp Maurer: Semerrolle mit Festtagsnudeln
→ S. 111

Buttermischungen
(Röstzwiebel/Chili/Trüffel/Senf/Steinpliz)
→ S. 244

C

Carne Cruda:
Kalbstatar mit Staudensellerie, Parmesan und Pistazien
→ S. 96

Carpaccio
mit Ceasar Salad, Pfifferlingen, Pecorino und Pistazien
→ S. 97

Chili-Cheese-Burger
mit Röstzwiebel-Relish, Wildkräutersalat und Kartoffelstroh
→ S. 250

Chili con Carne
→ S. 257

Chiliöl
→ S. 168

Chimichurri grün (STOI)
→ S. 196

Chimichurri rot (STOI)
→ S. 196

Chorizo-Burger
→ S. 248

Consommé Double
→ S. 171

Currywurst (Bayerische)
mit Kren, Purplecurry, Händlmaier Chili-Sauce
→ S. 261

Currywurst (Berliner)
ohne Darm mit Currysauce
→ S. 259

Currywurst
ungarische Art
→ S. 260

D

Demi-Glace
→ S. 173

DP Rub
(Brisket)
→ S. 244

E

Elefantenohr
„Matambre de Cuadrill"
→ S. 157

Essenz vom Ox
→ S. 173

F

Fondue
Shabu Shabu
→ S. 190

G

Gebratene Bauernente
mit Blaukraut und Semmelknödel mit Speck und Petersilie
→ S. 131

Gebräunte Kräuterbutter
→ S. 169

Gelbe Paprika-Salsa
→ S. 197

Gepickelte Radieschen
→ S. 170

Gepickelte rote Zwiebeln
→ S. 169

Geschmorte Ochsenbacke
getrüffeltes Selleriepüree und gegrilltes Wurzelgemüse
→ S. 137

Gewürzbouillon
→ S. 170

Gulyás
Rinderschulter 1:1 mit Zwiebeln und allem, was passt
→ S. 107

Gurken-Fond
→ S. 169

H

Helle Gemüsebrühe
→ S. 170

Hirschburger
Kürbis-Schalotten-Chutney, Kräuterseitlingen und Endivie
→ S. 249

Hotdog
→ S. 256

I

Involtini
aus Cima di Rapa mit getrockneten Tomaten und Pinienkernen
→ S. 100

J

Jalapeño-Senf-Sauce (STOI)
→ S. 194

Jus vom Ox
→ S. 172

K

Kalbsbackerl geschmort
mit Schlagrahm wildem Blumenkohl und Herzoginkartoffeln
→ S. 90

Fleisch Codex — Register

Kalbsbries gebacken
mit Limettenfilet
Kartoffelsalat und Endiviensalat
→ S. 63

Kalbsbries gebraten
mit Sauce Café de Paris und
geschmortem Chicorée
→ S. 62

Kalbsbrust (gefüllt)
mit Semmelfülle, Endiviensalat
und Senfsauce
→ S. 73

Kalbsfleischpflanzerl
mit Blaukraut
und Petersilienwurzel-Püree
→ S. 86

Kalbsgeschnetzeltes
mit Kartoffel und Hokkaido-Rösti
→ S. 81

Kalbsgold Glace
→ S. 172

Kalbshaxen
mit Kartoffelsalat
→ S. 65

Kalbsjus
mit Leber gebunden
→ S. 173

Kalbskopf Dreierlei:
Kalbskopf-Praline, Kalbszunge
süß-sauer, Kalbsbacke geschmort
→ S. 68

Kalbsleber Berliner Art
mit Apfel, Zwiebel
und Kartoffelmousseline
→ S. 78

Kalbsnieren (Ragout)
mit Gnocchi und Parmesan
→ S. 66

Kalbsnierenbraten
mit Schmorsauce und
unseren Waldschlösslknödeln
→ S. 70

Kalbsrahmbraten
mit Spätzle und Preiselbeeren
→ S. 77

Kalbsschnitzel
mit Bratkartoffeln
und Gurkensalat
→ S. 74

Kata Shin
Chuck Eye log, Nackendeckel
und Nigiri Wagyu Beef
→ S. 188

Kerbelöl
→ S. 168

Königsberger Beef Klopse
mit gebratenem Spargel,
Kapernsauce und Kartoffelstroh
→ S. 103

Kürbis-Zwiebel-Chutney
→ S. 197

L

Lammkarée
mit Whiskeysauce, Speckbohnen
und Salzkartoffeln
→ S. 125

Leberkäs
rot/weiß
→ S. 277

M

Meerrettich-Mop
→ S. 244

Metzgertatar
Bratwurstgehäck auf
gegrilltem Bauernbrot
→ S. 101

Misuji
Beef Dashi mit gebeiztem Eigelb,
Gemüse und Schwammerl
→ S. 180

N

Nam Yim
mit allem – Lucki Style
→ S. 195

O

Ochsenherz kurz gebraten
mit Balsamico, Palmherzen
und Selleriepüree
→ S. 142

Ochsenmark
als Bone Pudding mit
„Frankfurter Vinaigrette"
→ S. 149

Ochsenmaulsalat
mit roten Zwiebeln, Schnittlauch, Bauerbrot &
a kalte Halbe
→ S. 267

Ochsenschwanz
mit Oliven, Pastinakenpüree
und Kartoffelspalten
→ S. 138

Old School Mop
→ S. 244

Onglet
geschmort mit viel Rotwein,
geschmorten Schalotten und
Rosenkohllaub
→ S. 150

Ossobuco
mit Flotte-Lotte-Gemüsesauce
und gebratener Polenta
→ S. 115

Ox und Kren
Tafelspitz mit Salzkartoffeln
und Kohlrabi
→ S. 116

P

Panzanella
mit Kalbskopf
→ S. 268

Philly Cheese Steak Sandwich
Japan-Wagyu Style
→ S. 262

Picanha
mit Süßkartoffelcreme
und Chimichurri
→ S. 158

Porterhouse Steak
vom Kalb mit Petersilienkartoffeln
und STOI Hollandaise
→ S. 89

Pulled Beef Burger
Brioche, Trüffelmayo, Zwiebel-
marmelade und Romanasalat
→ S. 222

Pulled Chicken
aus dem Dutch Oven
→ S. 226

Pulled Pork
Blue Coleslaw, Kren, Pfifferlingen
und STOI Dust BBQ-Sauce
→ S. 254

Q

Querrippe
als Asado mit grüner Sauce
→ S. 161

R

Ramjiri
Wagyu-Hüfte mit Blitz-Kimchi
→ S. 189

Rauchöl/Holzkohle
→ S. 168

Reh-Tee
→ S. 172

Rehbraten geschmort
in Wacholder-Rahm-Sauce,
Serviettenknödel & Rosenkohl
→ S. 127

Fleisch Codex — Register — K–Z

Reuben Pastrami
Sandwich (Bisket)
→ S. 255

Rib Maki
Wagyu-Würfel mit Gurkensalat
und Radieschen-Kresse
→ S. 184

Ribeye Roast
ganzer Braten
→ S. 237

Rinderfilet Madagaskar
in Pfeffersauce mit
Kartoffelplätzchen
→ S. 123

Rinderzunge
in Madeirasauce mit
Kartoffelgratin und Radicchio
→ S. 141

Rindsrippen
als Tellerfleisch mit Kren
→ S. 146

Rindsrouladen
Oberschale mit Kartoffelpüree
→ S. 108

Rosswurst
mit süßem Senf
→ S. 258

S

Safran-Kartoffel-Aioli
→ S. 196

Salsiccia
→ S. 274

Sauerbraten vom Pferd
Semerrolle mit Korinthen,
Kartoffelknödel, Blaukraut
→ S. 112

Saures Lüngerl
mit Kartoffelknödel und Feldsalat
→ S. 128

Schweinebauch
mit Mop: STOI Mop 321 Coleslaw
→ S. 234

Schweinebraten
mit Knödel und Sauerkraut
→ S. 124

Schweinsbratwürstel
hausgemacht mit Sauerkraut
→ S. 263

Senflack
→ S. 169

Shabu
gedämpftes Wagyu mit Gemüse
und asiatischen Bandnudeln
→ S. 186

Spicy Beef Tokány
mit Reis (aber bitte
ganz normalem Reis ;-))
→ S. 122

St. Louis Ribs
→ S. 233

Steak-Sauce
(STOI)
→ S. 194

STOI Magic Dust
(Pulled Beef & Spareribs/Pork)
→ S. 244

Surf & Turf Bratwurst
→ S. 275

Süßkartoffel-Ketchup
→ S. 195

T

Tajine mit Lamm
geschmortes Lamm mit
Rauchmandeln und Zitrone
→ S. 165

Tatar klassisch
mit Senf-Mayonaise und Eigelb
→ S. 94

Tatar STOI
mit gebeiztem Eigelb
und Gurke-Daikon-Rettich
→ S. 95

Taube
Mohn-Schupfnudeln mit
Gewürz-Jus-Trüffeln und
Pfifferlingen
→ S. 132

Tellerfleisch
mit Kren und Zwiebeln
→ S. 266

Teriyaki-Sauce
(STOI)
→ S. 196

Teres Major
hell geschmort mit Hummus
und wildem Brokkoli
→ S. 241

Teres Major
Caveman Style
→ S. 205

Teufelsalat 666
→ S. 269

Texas Beef Ribs
just meat
→ S. 225

Tofu Bricks
Nakaochi und Uni Rib Sticks –
Zwischenrippensteaks
→ S. 191

Togarashi
mit Judasohren, Herbsttrompeten,
Udon-Nudeln und Sojasprossen
→ S. 183

Tomaten-Salsa
→ S. 196

Tomo Sankaku
Tataki vom Wagyu Tri Tip mit
Yuzu-Yaki und Erbsenkresse
→ S. 179

Tope Blade Roast
mit gegrilltem Mais
→ S. 230

Tri Tip
Sukayaki mit gebratenen Nudeln
und Knoblauchsprossen
→ S. 185

V

Vitello Tonnato
aus der Semerrolle mit
rosa Pfeffer und Kapern
→ S. 85

W

Wagyu-Hollandaise
→ S. 173

Weißwurst
→ S. 276

Wiener Bruckfleisch
mit böhmischen Knödeln
und Gurkensalat
→ S. 145

Z

Zabutan
Chuck Flap Tail mit Nackenkern,
Aalsauce und Mayo
→ S. 182

Zitronen-Rosmarin Hähnchen
einfach pur
→ S. 238

Fleisch Codex

Lucki Maurer & Fleischglück auf YouTube:

Unsere Videoserie für mehr Fleisch-Bewusstsein

Genuss und Verantwortung liegen ganz nah beieinander. Das spüre ich als Landwirt jeden Tag im Umgang mit meinen Tieren, die ja gleichzeitig Lebewesen und Lebensmittel sind. Damit wir im STOI gemeinsam Fleisch zelebrieren können, muss ein Tier sterben. Das passiert bei uns direkt auf dem Hof. Ich stelle mir dabei regelmäßig die Frage: Ist das für mich vertretbar? Und ich finde, dass sich noch viel mehr Menschen diese Frage stellen sollten.

Mit Fleischglück.de ist vor drei Jahren ein Portal entstanden, dessen Entwicklung ich von Anfang an beobachtet habe. Die Haltung von Roman, Max und David, den Machern von Fleischglück, spiegelt meine Sicht auf das Thema Fleisch so gut wider wie kein anderes Portal im Netz. Fleischglück verbindet Hintergrundwissen, Aufklärung und Inspiration, ohne dabei Fleischkonsum zu glorifizieren. „Bewusster Konsum" ist das Stichwort, das der Schlüssel für einen zukunftsfähigen Umgang mit der Ressource Fleisch sein könnte. Und Fleischglück schärft genau dieses Bewusstsein.

Gemeinsam mit Fleischglück habe ich mich deshalb Anfang des Jahres auf den Weg gemacht, noch mehr Menschen für einen bewussten Fleischkonsum zu begeistern. Unser Mittel: Ein neues Videoformat auf dem YouTube-Kanal von Fleischglück, das spannende Fleischthemen in einer Tiefe behandelt, die dem Thema angemessen ist. Wir zerlegen, kochen, grillen und smoken, während wir mit ausgewählten Gästen richtig tief eintauchen. Brisket, Pastrami, Beef Jerky – aber auch Themen wie Innereien oder argentinisches Asado. Gleichzeitig erklären wir, wie Fleischgenuss und Fleischerzeugung zusammenhängen. Ich nenne das „Meatertainment" mit Tiefgang. Schaut unbedingt mal rein!

Fleisch Codex

Behind the Scenes

Fleisch Codex   Dank

Dank

Ich habe vor vielen Jahren mal einen Bericht über die Entstehungsphase des Rammstein-Albums „Mutter" gelesen, bei dem sich die Band in einem Haus verschanzt und dort ein temporäres Studio installiert hat. Rausgekommen sind sie erst, als das Album im Kasten war… Es ist ein grandioses Album!

Genauso hat sich das Shooting für dieses Buch angefühlt. Wir haben für eine Woche ein komplettes Foodstyling-Atelier, Fotostudio und eine Experimentierküche in unserem Restaurant installiert. Eine sehr intensive Zeit mit einem grandiosen Ergebnis!!!

Fleisch Codex — Dank

Danken möchte ich hierfür allen, die an der Produktion dieses Buches so intensiv dabei waren und die Stimmung auch während der Produktion so einzigartig gemacht haben:

Production Picture, Light & Magic:
Volker Debus & Véronique Witzigmann
Band, Crew, Backline:
Stefan Lemberger, Eva Brandl, Julian Koller
Tourbook:
Lisa Schönberger
Session Musicans & Special Artists:
Volker Beuchert & David Pietralla
Stage Hands, Backup & Coolincoordinator of Beer:
Christian Schott
Special Guests:
Lea Trampenau & Ronny Paulusch
Artist Management & Liner Notes:
Stephanie Maurer
Production & Recordlabel:
Dr. Marcella Prior-Callwey & Amber Holland-Cunz
Soundtrack of the production:
Thundermother, Dog from Hell

Band & Crew is powered & endorsed by:
STAGE: Reinhard Hanusch & Lohberger, Steffen Würstl & MCR Römhild, Roman Adam for all!
AMPLIFIERS: Big Green Egg, Rational, Pira & Beefer
GUITARS: Nesmuk, F. Dick

BACKLINE: Asa Selection, Dry Ager, Julabo Fusionchef
FOOD: Otto Gourmet, Niklas Pilze, Txogitxu, Kochstoff, Bosfood, Keltenhof
COSTUME & FASHION: Karlowsky Fashion & King Kerosin & Harley Davidson – Bavarian Lion
VIDEO & SCREEN: Michael Krasemann & Meisterklasse

Special Thanks:
Florian Knecht, Dr. Benjamin Junk, Dr. Bruno Siegmund, Ronny Paulusch, David Pietralla, Lea Trampenau
Very Special Thanks to:
YOU

Ludwig Maurer would personaly like to thank the following people:
Heiko Antoniewicz, Stefan Marquard, Wolfgang Otto, Ralf Bos, Tim Mälzer, Wolfgang Müller, Frank Buchholz, Jan Bröcker, Thomas Justus, Anni Preuß, Ernst Geyer, Sonja Kochendörfer, Thomas Pfeiffer, Diana Binder, Stephan Lahrsen, Kirsten Machedanz, Bruni Thiemeyer, Justin Leone

the whole STOI Crew:
Lisa Schönberger, Eva Brandl, Julian Koller, Stefan Lemberger, Trami Nguyen, Franziska Huwer, Elisabeth Schedlbauer, Katharina Dietl, Philipp von der Decken, Börni Börnsn, Katrin Schönberger, Korbinian Schmucker, Julia Kolbeck, Wolfgang Laschtowitz, Jonas Brandt, Sebastian Wild, Johannes Selmeyer, Martina Schierer, Christine Gietl, Verena Vogl

My Family, Marianne & Sepp Maurer sen., Sepp Maurer jun. & Katrin Ebert
Steffi, die Liebe meines Lebens

A lot of greetings to the culinary BANDS we shared the stage with!!!
Christoph Brand & Fliegende Köche, Heiko Schulz & Walde Müller, Kochbox Berlin
The Wirtshausbuam: Alexander Huber, Jockl Kaiser & Anton Schmaus,
Our Guestchefs: Thomas Bühner, Björn Freitag, Roland Trettl, Frank Oehler, Harald Wohlfahrt, Hans Neuner, Meta Hiltebrand, Maria Groß, Otto Koch, Mike Süsser, Franz Keller

The MEGAzines for the great PR:
Jürgen Pichler & Bernhard Leitner & Mona Strobl from Rolling Pin
Jan Spielhagen & Monique Dressel from BEEF!
Elmar Fetscher from Fire & Food
Alexandra Gorsche from Falstaff profi

Fleisch Codex — Impressum

CALLWEY
SEIT 1884

© 2021 Callwey GmbH
Klenzestraße 36
80469 München
buch@callwey.de
Tel.: +49 89 8905080-0
www.callwey.de

Wir sehen uns auf Instagram:
www.instagram.com/callwey

ISBN 978-3-7667-2546-2
1. Auflage 2021

Bibliografische Information der Deutschen Nationalbibliothek
Die Deutsche Nationalbibliothek verzeichnet diese Publikation in der Deutschen Nationalbibliografie; detaillierte bibliografische Daten sind im Internet über <http://dnb.d-nb.de> abrufbar.

Das Werk einschließlich aller seiner Teile ist urheberrechtlich geschützt. Jede Verwertung außerhalb der engen Grenzen des Urheberrechtsgesetzes ist ohne Zustimmung des Verlages unzulässig und strafbar. Das gilt insbesondere für Vervielfältigungen, Übersetzungen, Mikroverfilmungen und die Einspeicherung und Verarbeitung in elektronischen Systemen.

Der Autor
Ludwig Maurer, jüngster Spross einer alteingesessenen Gastronomen- und Wirtsfamilie aus Bayern, erlernt mit 15 Jahren den Beruf Koch. Nach einigen Stationen in Deutschland macht er auf der Hotelfachschule die Ausbildung zum Hotelfachmann und später seinen staatlich geprüften Küchenmeister. Im TV ist Maurer in Formaten wie „Das perfekte Profi Dinner", Galileo, der *BR* Landfrauenküche, „Kitchen Impossible" mit Tim Mälzer und seiner eigenen Show „In 80 Steaks um die Welt" zu sehen.

Der Fotograf
Volker Debus ist ein wunderbarer Geschichtenerzähler, der es aufs Feinste versteht, mit seiner Kamera den Spannungsbogen genauso präzise wie authentisch zu entfalten. Der gebürtige Hesse mit Lehr- und Wanderjahren über die nördlichste Metropole Deutschlands in den Osten der USA passt in keine Schublade. Er beherrscht die gesamte Klaviatur von opulent bis reduziert, setzt den perfekt angerichteten Teller genauso sicher in Szene wie das Porträt der Konditorin. Seine Foodfotografie ist die eines Genussmenschen mit Leidenschaft für gutes Essen und Kulinarik, seine Porträts Ausdruck eines sehr feinen Gespürs für den idealen Augenblick.

Dieses Buch wurde in CALLWEY-QUALITÄT für Sie hergestellt:
Beim Inhaltspapier haben wir uns für ein MagnoMatt in 150 g/m² entschieden – ein matt gestrichenes Bilderdruckpapier. Die gestrichene, mattierte Oberfläche gibt dem Inhalt einen edlen und hochwertigen Charakter. Die Hardcover-Gestaltung besteht aus dem Einbandmaterial Lynel Fur SG Charbon, mit Fellstruktur, gesponsort von Gebr. Schabert GmbH & Co. KG und wurde mit einer Folienprägung in matt weiß veredelt. Dieses Buch wurde in Deutschland gedruckt und gebunden bei optimal Media, Röbel/Müritz.

Bildnachweis
S. 9, 16: Thomas Pfeiffer, Pfeiffer Kreativ
S. 24: Dr. Benjamin Junck
S. 25, 284: Fleischglueck.de
S. 174/175: Thomas Pfeiffer
S. 210: ‚In 80 Steaks um die Welt'/Blueprint Media GmbH
S. 219: Big Green Egg
Übrige Bilder: Volker Debus

Viel Freude mit diesem Buch wünschen Ihnen:
Projektleitung: Amber Holland-Cunz
Lektorat: Andreas Leinweber
Gestaltung & Satz: Rose Pistola
Fotografie: Volker Debus
Herstellung: Dominique Scherzer

ISBN 978-3-7667-2546-2